武川年鉴

（2020）

中共武川县委员会办公室　编

方志出版社
Publishing House of Local Records

编写说明

一、《武川年鉴（2020）》以马克思列宁主义、毛泽东思想、邓小平理论、“三个代表”重要思想、科学发展观、习近平新时代中国特色社会主义思想为指导，坚持辩证唯物主义和历史唯物主义的立场、观点和方法，着力体现时代特征和年度特点，为武川县经济、社会发展服务。

二、《武川年鉴（2020）》由中共武川县委、武川县人民政府主办，中共武川县委办公室、武川县县志办公室编纂，是一部地方综合性年鉴和资料工具书。该年鉴旨在全面、系统、翔实地载录内蒙古自治区呼和浩特市武川县2019年度政治、经济、文化、科技及社会的基本面貌和发展情况，为各级领导决策提供参考依据，为社会各界和海外人士了解、研究武川县提供基本资料，也为编纂各类志书积累丰厚史料。

三、《武川年鉴（2020）》采用分类编纂法，主体内容分类目、分目和条目3个层次。全书设特载、大事记、县情概览、中国共产党武川县委员会、武川县人民代表大会、武川县人民政府、中国人民政治协商会议武川县委员会、纪检监察、群众团体、法治、军事、经济管理与监督、工业、交通信息产业、金融、商贸流通、农牧林水、城建环保、教育科技文化旅游体育、卫生计生、乡镇等21个类目。

四、《武川年鉴（2020）》所辑资料，由县属各部门、各企事业单位及各镇乡提供，并经供稿单位审核。个别单位不重视、不供稿，未能收录。文中数据，个别由于统计口径、时间不同而有差异，使用时应以统计部门数据为准。

五、行文用记叙文和说明文两种文体。

六、考虑到社会使用习惯，全书中亩不统一换算，增加数字用法、计量。

《武川年鉴（2020）》编纂人员

主　　编：彭少冲（兼）
执行主编：郭建东
编　　辑：王宏宇
　　　　　苏　晶
审　　核：彭少冲
　　　　　郭建东
　　　　　王志青

目 录

纪检监察

群众团体

法　治

军　事

经济管理与监督

工　业

交通信息产业

金　融

商贸物流

农牧林水

城建环保

教育·文化·旅游·体育

医疗卫生

乡　镇

特　载

在县委十四届十一次全会第一次全体会议上的讲话

武川县委书记　云　海

（2019 年 9 月 12 日）

同志们：

这次全会的主要任务是，深入学习贯彻习近平总书记考察内蒙古重要讲话精神，按照自治区党委十届十次全会和《内蒙古自治区党委关于贯彻落实习近平总书记考察内蒙古重要讲话精神的决定》及市委十二届九次全会和《呼和浩特市委关于贯彻落实习近平总书记考察内蒙古重要讲话精神的实施意见》部署要求，审议县委贯彻落实实施意见，动员全县各级党组织和广大党员干部进一步提振精神，不忘初心、牢记使命，担当实干、大抓落实，为打造祖国北疆亮丽风景线作出更大的贡献。

下面，我代表县委常委会，讲三点意见。

一、坚定思想政治行动自觉，沿着习近平总书记指引的方向奋勇前进

习近平总书记对内蒙古工作一直高度重视，寄予殷切希望。在喜迎新中国成立 70 周年的大庆之年，在决胜全面建成小康社会的关键之年，在全党深入开展“不忘初心、牢记使命”主题教育的重要时刻，习近平总书记再次亲临内蒙古考察指导工作并发表重要讲话，这在自治区发展史上具有里程碑意义，为新时代内蒙古改革发展注入了强劲动力。学习好、领悟好、贯彻好习近平总书记重要讲话精神，是一项长期重大政治任务。全县各级党组织和广大党员干部，要牢固树立“四个意识”，坚定“四个自信”，坚决做到“两个维护”，从讲政治的高度，深刻领悟、准确把握，始终以习近平总书记考察内蒙古重要讲话精神引领航向。

一要准确把握习近平总书记考察内蒙古重要

讲话精神思想内涵，进一步做到学思用贯通。在自治区高质量发展蓄势跨越、谋求突破的关键时刻，习近平总书记再次亲临内蒙古考察指导工作，就事关内蒙古长远发展的根本性、方向性、全局性重大问题进行面对面指导，深刻回答了内蒙古在新形势下“怎么看、怎么干”的时代命题。习近平总书记考察内蒙古重要讲话，具有极强的战略性、思想性和针对性，通篇闪耀着马克思主义政治家的远见卓识，体现了对内蒙古发展的全局谋划，既与习近平总书记2014年对内蒙古工作提出的“四个着力”重点任务一脉相承，又根据时代发展提出新的更高要求，是做好内蒙古各项工作的总方针总纲领总遵循，是指导新时代内蒙古改革发展的定盘星，为内蒙古发展标注了目标定位、指明了前进方向。我们要准确把握、深刻认识总书记对内蒙古战略地位的重要论述，找准武川在“两个屏障”“一个桥头堡”“国家重要能源和战略资源基地”“我国重要农畜产品生产基地”中的位置和作用，立足实际条件、发挥比较优势，在服务大局中更好实现自身发展。要准确把握、深刻认识总书记对奋斗目标的重要论述，不断深化对“建设亮丽内蒙古，共圆伟大中国梦”和“把祖国北部边疆这道风景线打造得更加亮丽”的认识，振奋精神、勇往直前，不断开创武川发展新局面。要准确把握、深刻认识总书记对发展路子的重要论述，深刻领悟习近平生态文明思想，保持加强生态文明建设的战略定力，持续发力、久久为功，打造绿色家园、建设绿色武川。要准确把握、深刻认识总书记对重点任务的重要论述，深化对推进经济高质量发展、加强生态文明建设、保障和改善民生、推进民族团结和边疆稳固的认识，坚持稳中求进总基调，精准发力、攻坚克难，奋力谱写高质量发展新篇章。要准确把握、深刻认识总书记对管党治党的重要论述，深化对作风建设“严、实、长”要求和牢记初心使命“三个必须”的认识，全面加强新时代党的建设，推动全面从严治党向纵深发展。要准确把握、深刻认识总书记对精神状态的重要论述，深化对守望相助理念、蒙古马精神的认识，发扬斗争精神，增强工作本领，改进工作作风，迎难而上、加压奋进。

二要准确把握习近平总书记考察内蒙古重要讲话精神实践要求，进一步明确武川发展方向和思路。推动习近平总书记考察内蒙古重要讲话精神在武川落地生根、开花结果，就必须要在思路举措、目标任务、方式方法上同讲话精神对标对表，融会贯通把握习近平总书记为内蒙古擘画的蓝图总纲，找准贯彻落实的着力点，稳扎稳打、苦干实干，全力把武川的事情办好。在发展理念上，要按照总书记“把祖国北部边疆这道风景线打造得更加亮丽”的要求，牢固树立新发展理念，正确处理速度与质量效益的关系，更加坚定自觉地走科学发展、富民强县的路子。在发展目标上，要按照总书记“筑牢祖国北方重要的生态安全屏障，守好这方碧绿、这片蔚蓝、这份纯净”的要求，正确处理发展经济与保护生态的关系，坚定不移地推进“生态立县、绿色强县”目标任务，顺应全县人民群众过上美好生活的新期待，努力建设“幸福武川、生态武川、美丽武川”。在发展定位上，要按照总书记“产业是发展的根基，产业兴旺，乡亲们收入才能稳定增长”的要求，正确处理巩固提升传统产业和培育发展新型产业的关系，把中央精神和县情实际紧密结合起来，围绕建设“四条产业发展链”的产业定位、“首府卫星城”的功能定位、“首府北部桥头堡”的开放定位，自觉在全区、全市发展大局中找准自身的战略定位，推动武川全面发展。在发展路径上，要按照总书记“以人民为中心的发展思想”的要求，正确处理培育增长带动极与增强发展整体性的关系，团结带领全县广大干部群众像石榴籽一样紧紧抱在一起，坚持稳中求进、改革创新，全力推进绿色工业、绿色农业、绿色服务业协调发展，努力走出一条符合武川实际的高质量发展之路。

三要准确把握习近平总书记考察内蒙古重要讲话精神科学体系，进一步增强学习贯彻的自觉性主动性。习近平总书记考察内蒙古的重要讲话，是习近平新时代中国特色社会主义思想的重要组成部分，是指导我们做好一切工作的根本指针。我们要把学习贯彻习近平总书记考察内蒙古重要讲话精神与学习贯彻习近平总书记对内蒙古的一系列重要讲话重要指示批示精神、习近平新时代中国特色社会主义思想结合起来，读原著、学原文、悟原理，深入学、跟进学、扎实学，在学懂弄通上再深化，真正做到学而真信、学而深思、学而笃行。我们要以第二批“不忘初心、牢记使命”主题教育为契机，迅速在广大党员和干部群众中掀起学习贯彻热潮，把习近平总书记对内蒙古的深情厚爱、殷切希望和重要要求传递到各行各业和千家万户，引导广大干部群众切实把思想和行动统一到习近平总书记重要讲话和重要指示精神上来，由衷感党恩、始终听党话、坚定跟党走。我们要把学习贯彻习近平总书记考察内蒙古重要讲话精神作为根本任务，作为全部工作的主题主线，把初心和使命落实到本职岗位上、一言一行中，用讲话精神统一思想和行动，切实把讲话精神贯彻到经济社会发展全过程和党的建设各方面，加强调查研究、完善发展思路、强化工作举措，推动习近平总书记重要讲话精神和“三个必须”“四个到位”重要要求落地落实。

二、坚持用习近平总书记考察内蒙古重要讲话精神统领工作全局，奋力开启“生态立县、绿色强县”建设新征程

学习贯彻习近平总书记重要讲话精神，重在实践、贵在力行。当前，我县已经走到了只有转型升级才能持续健康发展的关键阶段，我们必须要明确武川的发展方位在哪里？优势在哪里？短板在哪里？准确把握推动高质量发展的形势、任务、路径，坚持稳中求进工作总基调，坚持以人民为中心的发展思想，落实新发展理念和“六稳”工作要求，真正把“生态优先、绿色发展”这个导向立起来，把“生态立县、绿色强县”的目标任务落下去。

一要紧扣经济高质量发展这个时代主题，加快构建现代化经济体系。党的十九大着眼新时代经济发展特征，作出我国经济已由高速增长阶段转向高质量发展阶段的重大判断。去年中央经济工作会议首次提出“巩固、增强、提升、畅通”八字方针，这是党中央立足新时代对深化供给侧结构性改革的最新定调。从我县来看，整顿拆除矿山企业、大力降低企业税费负担、积极发展新兴替代产业，推动供给侧结构性改革取得了初步成效。但长期以来形成的供给体系还没有根本改变，矿山企业关闭造成的经济增长下行压力较大，长期积累的结构性问题开始凸显，这些问题表象上是速度问题，实质则是结构问题。实现经济高质量发展，根本出路是通过供给侧结构性改革，提高全要素生产率，向价值链高端迈进。我们要把“八字方针”贯穿于经济发展的各方面和全过程，继续抓好“三去一降一补”，加快推进新旧动能转换，促进腾笼换鸟、凤凰涅槃，努力走出一条质量更高、效益更好、结构更优、优势充分释放的高质量发展之路。要把重点放在推动产业结构转型升级上，充分发挥我县主导产业发展优势，全力打造清洁能源、农畜产品加工、特色绿色农牧业、现代服务业四大主导产业，坚持错位发展、科学规划，提升产业层次和规模，增强经济发展活力。要深入实施创新驱动发展战略，立足现有优势产业、重点企业，以“产业基础高级化、产业链现代化”为主攻方向，深入谋划产业基础高级化、产业链现代化攻坚战的具体举措，促进创新链、产业链、人才链、政策链、资金链深度融合。要全面实施品牌发展战略，坚持质量第一，效益优先，引导企业发扬“工匠精神”，扶持优秀品牌骨干企业做强做优，培育壮大具有一流质量标准和品牌价值的样板企业，增强产品竞争力，形成产业链比较优势。

二要紧扣改革开放这个关键一招，切实增强

经济社会发展动力活力。谋划特色发展之路，改革开放是关键。我们要全面深化改革攻坚，针对工程项目审批、用电用气用水用地申报等企业办事的痛点赌点难点问题，深入推进“放管服”改革，加快兑现“一次不跑”“只跑一次”等承诺，应减尽减、能放尽放，以营商环境的新成效推动全县经济社会高质量发展。要大力推进政商常态化沟通机制，按照服务联系群众、企业制度要求，定期组织企业家座谈，走访企业，及时回应诉求，帮助解决问题。要持续在招商引资上聚焦发力，以绿色产业为重点进一步增强对外开放意识，完善开放机制、优化开放环境，大力开展靶向招商、专业化招商、市场化招商和以商招商、平台招商，在招大引强上取得新突破，积极引进一批科技含量高、产业链条长、带动作用强的大项目。要充分发挥首府“半小时经济圈”的地缘优势，狠抓园区转型发展，深化体制改革，抢抓京津冀等地区产业疏解的历史机遇，深度参与首府产业分工，融入首府产业体系、优化自身产业结构，全力招引一批具有标志性、引领性、带动性的绿色产业、绿色项目，实现与首府错位发展、协同发展。

三要紧扣生态建设这个总体目标，坚定不移走绿色发展之路。绿色是武川的底色和价值，生态是武川的责任和潜力。保持加强生态文明建设的战略定力，探索以“生态优先、绿色发展”为导向的高质量发展新路子，筑牢首府北部重要生态安全屏障，打造祖国北疆亮丽风景线，是武川县17万干部群众必须自觉担负起的重大责任。我们要站在讲政治的高度、站在国家发展全局的角度，不折不扣抓好落实，推动习近平生态文明思想在革命老区形成生动实践。要坚定不移推进“绿化青山、守护北疆”生态建设行动，久久为功、持续用力，在筑牢绿色屏障上打造样板。要坚持山水林田湖草是一个生命共同体的系统思想，把生态作为武川发展的根本依托和最大优势，着力发展绿色生产力，加快构建绿色产业链条，把发展的GDP和绿色的GDP统一起来，厚植“绿色财富”，塑造生态环境“金名片”，在壮大绿色经济上打造样板。要从长期大势认识当前形势，加深对“生态立县、绿色强县”的认识和理解，并以“生态立县、绿色强县”为主导，高水平谋划“十四五”规划，以“生态+”为重点突破，推进产业生态化，推进“生态+”要素市场化，探索建立健全生态产品价值实现机制，在创新绿色制度上打造样板。要依托乡村绿色生态资源，注重产业结构调整和优化升级，用好红色文化、森林生态、民俗风情、古树名木、乡村美景等历史人文和自然景观资源，大力发展森林观光、森林康养、森林人家、乡村民宿等乡村文化旅游休闲观光项目，推进生态文化建设，在繁荣绿色文化上打造样板。

四要紧扣实施乡村振兴战略这个总抓手，加快推进农业农村现代化。推动乡村振兴战略是一项系统工程，系统工程要系统推进、系统思考、系统谋划、系统实施。我们要做好脱贫攻坚巩固提升和乡村振兴的统筹衔接，紧扣脱贫致富10项长效产业，建立稳定的脱贫长效机制，增强贫困群众发展内生动力，把脱贫成效巩固好、发展好。要切实抓好国务院脱贫攻坚第三方评估抽查和国务院脱贫督查组反馈问题的整改，高质量完成好年度脱贫任务。要坚持农业农村优先发展，按照产业兴旺、生态宜居、乡风文明、治理有效、生活富裕的总要求，找准发展不平衡、不充分的问题、短板、瓶颈、弱项，研究采取切实可行的对策措施，深入推进农村一、二、三产业融合发展，让农业效益强起来，让农业经营强起来，让农业品牌强起来，加快推进农业农村现代化。建设生态宜居的美丽乡村，要实施好农村人居环境整治三年行动，加强农村生活污水治理，大力推进农村“厕所革命”，全面推行城乡垃圾分类，健全完善垃圾处理系统，不断提升人居环境。要积极促进城乡融合发展，以城市生活品质化、农村生活优质化为主线，大力推进“三城同创”，与群众需求精准对接，让群众在城市科学治理、农村有效管理中有更多获得感，实现城市、农村治理纵向到底、横向到边，全覆盖、无盲区，走城市和农村携手并进的新路。

五要紧扣保障改善民生这个根本导向，着力加强和创新社会治理。深入践行以人民为中心的发展思想，满怀真情办好民生实事，不断增强人民群众获得感、幸福感、安全感。要认真践行共享发展理念，紧扣实现全面建成小康社会目标，加强民生保障和社会治理，兜底线、保基本，补短板、强弱项，巩固发展团结和谐稳定的良好局面。要结合防范化解政府债务要求，量入为出，原则上不铺新摊子、不搞大拆大建，让人民群众生活的更舒心、更美好。要把稳就业摆在突出位置，全面深化教育综合改革，推进健康武川建设，加快发展养老事业，加快补齐民生短板，精心做好改善民生、增进团结、维护稳定各项工作，加强普惠性、基础性、兜底性民生建设，着力解决与人民群众切身利益相关的突出问题和紧迫问题，让各项惠民政策落具体、落精准、落到位。要推进社会治理创新，坚持发展新时代“枫桥经验”，加快构建共建共治共享的社会治理格局，不断提升全县的文明程度和居民的文明素质。要弘扬新时代“乌兰牧骑”精神，大力实施文化惠民工程，扩大优质文化产品服务供给，提升公共文化服务均等化、便利化水平，真正让武川成为首府有品位、有内涵、可阅读的特色小镇。

六要紧扣传承红色基因这个核心载体，持续建设风清气正的良好政治生态。风清气正的政治生态是推进县域经济高质量发展的根本保证。当前，新中国成立70周年大庆活动开展在即，党的十九届四中全会也将于10月份胜利召开。我们一定要牢固树立“稳定压倒一切”的理念，全面做好民族团结、安全生产、扫黑除恶、信访维稳等各方面工作，筑牢祖国北疆安全稳定屏障。要大力传承信念坚定的政治品质，全面贯彻党的民族政策，深入践行守望相助理念，深化民族团结进步教育，创新载体和方式，切实巩固我县民族团结的大好局面。要深入推进全县宗教工作大排查，压实各级党组织的主体责任，切实维护全县宗教领域和谐稳定。要千方百计为信访群众解决困难问题，用心用情做好信访工作。要严格落实排查预警、预防化解、依法处置机制，围绕涉众案件，扎实做好稳控管理工作，做到依法办案与化解风险、维护稳定有机结合，切实把社会矛盾风险防范在先、发现在头、处置在小。要深化扫黑除恶专项斗争，以中央扫黑除恶督导整改为契机，保持“打财断血”“打伞破网”高压态势，推动扫黑除恶专项斗争不断取得新突破。要加强对意识形态、社会舆情、治安动态、热点敏感问题的分析研判，有效防范化解管控各种风险。要扎实做好安全生产工作，坚决防范遏制重特大事故发生，确保人民群众生命财产安全。要积极落实“基层减负年”各项措施，坚决破除形式主义、官僚主义，坚决整治“怕、慢、假、庸、散”作风顽疾，不断把风清气正的政治生态建设引向深入。

三、牢记嘱托、不负使命，确保第二批“不忘初心、牢记使命”主题教育取得预期效果

在全党开展“不忘初心、牢记使命”主题教育，是以习近平同志为核心的党中央作出的重大部署，是我们必须担负起的重要政治任务。第一批主题教育已经圆满完成，为开展第二批主题教育树立了标杆。9月6日，中央主题教育领导小组印发了开展第二批“不忘初心、牢记使命”主题教育的指导意见，对如何开展、怎么开展提出了明确要求。特别是这次总书记考察内蒙古并指导开展“不忘初心、牢记使命”主题教育时指出，“各地区各部门在开展主题教育中要注意抓‘四个到位’，要同党中央安排部署对表对标，同时要结合实际，丰富方式方法”。主题教育要取得实际效果，解决实质问题，习近平总书记强调得抓“四个到位”至关重要。思想认识到位是重要前提，思想认识不到位，就不能直抵灵魂、触及根源；检视问题到位是重要基础，如果搞不清问题是什么、症结在哪里，就拿不出实招、硬招；整改落实到位是成效保障，做不到立查立改、即知即改、盯住不放地改，就成了讲空话、务虚功；组织领导到位是责任保障，各级党委（党组）、主要领导同志组织领导作用发挥得好不好，结果大不一样。抓“四个到位”，关键在一个“抓”字，总书记的要求就是真抓、实抓、狠抓。这四方面要求是一个相互联系的整体，要全面地抓、贯通起来抓。全县各级各部门一定要站在筑牢“四个意识”、坚定“四个自信”、做到“两个维护”的高度，充分认识开展主题教育的重大意义，按照习近平总书记这次在内蒙古调研时的最新要求，紧扣“守初心、担使命，找差距、抓落实”十二字总要求，聚焦理论学习有收获，在学懂弄通做实习近平新时代中国特色社会主义思想上取得新成效；聚焦思想政治受洗礼，在坚持旗帜鲜明讲政治、坚决做到“两个维护”上取得新成效；聚焦干事创业敢担当，在贯彻执行党中央决策部署、担当作为狠抓落实上取得新成效；聚焦为民服务解难题，在坚定不移践行党的宗旨、密切党群干群关系上取得新成效；聚焦清正廉洁作表率，在深入推进全面从严治党、加强党风廉政建设上取得新成效，切实把思想和行动统一到以习近平同志为核心的党中央决策部署上来，精心组织，周密安排，确保主题教育取得实效。

一要牢牢抓住“学习贯彻习近平新时代中国特色社会主义思想”这条主线，在“抓思想认识到位”上下功夫。要把深入学习贯彻习近平新时代中国特色社会主义思想作为首要任务、根本任务，坚持用习近平新时代中国特色社会主义思想武装头脑，聚焦解决思想根子问题，在学习原文中悟透原理，推动学习贯彻习近平新时代中国特色社会主义思想往深里走、往心里走、往实里走，不断加深对习近平新时代中国特色社会主义思想重大意义、科学体系、丰富内涵的理解，筑牢信仰之基、补足精神之钙、把稳思想之舵。要把深入学习贯彻习近平总书记考察内蒙古重要讲话精神作为主题教育的一项重要内容，有针对性开展革命传统教育、先进典型教育、警示教育，增强贯彻落实自觉性坚定性，全面提振全县上下干事创业的精气神，确保各项任务和要求在武川落地生根。

二要牢牢抓住“实现好维护好发展好最广大人民根本利益”这个目的，在“抓检视问题到位”上下功夫。要坚持问题导向，紧盯热点难点问题，找准工作和发展中的薄弱环节，把精力集中到补短板强弱项上来，在直面矛盾、化解难题中开辟发展新境界。要深入开展调查研究，强化大抓基层的鲜明导向。通过蹲点调研、一线岗位工作体验等方式，一竿子插到底，沉下去了解民情。要检视问题短板，深入查摆自身不足。对照党章党规、初心使命，深刻检视剖析，主动接受群众监督，把问题找实、把根源找深，切实解决问题，努力实现自我提升。

三要牢牢抓住“推动解决人民群众反映强烈的突出问题”这个关键，在“抓整改落实到位”上下功夫。要把整改落实贯穿主题教育始终，坚持立查立改、即知即改、能改全改，列出问题清单、整改清单、责任清单，发现什么问题就解决什么问题，从严抓好专项整治，让干部受教育、有触动，让群众看到真变化、真改进。要教育引导党员干部站稳群众立场，自觉同人民群众想在一起、干在一起，找准靶心、有的放矢帮助群众解决实际问题，把人民群众的操心事、烦心事、揪心事解决好，把党中央和习近平总书记的温暖送到老百姓的心坎上，不断增强人民群众获得感、幸福感、安全感。

四要牢牢抓住“提高主题教育质量”这个关键，在“抓组织领导到位”上下功夫。要把主题教育摆上重要议事日程，加强领导，统筹协调，高标准、高质量抓好每个动作，抓实每个步骤。各级党委（党组）要切实担负起主体责任，精心组织实施，确保高质量开展。乡镇党委书记是抓好主题教育的关键，既要抓自身，又要抓基层，还要承担上下联动的整改任务，要集中精力、统筹安排，切实履行好职能职责。各级党组织书记要主动承担起第一责任人职责，带头学、带头抓、带头改，推动各项目标任务落到实处。要注重分类指导，从实际出发，把主题教育的任务具体化、精准化、差异化，提升针对性、指导性、实效性。要坚决杜绝形式主义，学习教育要深，调查研究要实，检视问题要真，整改措施要硬，注重实际效果，解决实质问题，做到政治上不虚化、思想上不自欺、工作上不虚空、作风上不轻飘，切实推动主题教育取得预期效果。

同志们，审议通过县委《关于深入学习贯彻习近平总书记考察内蒙古重要讲话精神的实施意见》是这次会议的中心议题和主要任务。与会同志要结合实际、深入思考，认真进行研究讨论，多提有见地、有价值的意见和建议，共同把实施意见修改好、完善好。

政府工作报告

在武川县第十五届人民代表大会第三次会议上

武川县人民政府县长 靳春亮

（2020年1月8日）

各位代表：

现在，我代表县人民政府，向大会作工作报告，请予审议，并请县政协委员和列席会议人员提出意见建议。

一、2019年工作回顾

2019年是中华人民共和国成立70周年，是我县脱贫攻坚巩固提升的关键之年，更是决胜全面建成小康社会强本固基的一年。一年来，在市委、市政府和县委的坚强领导下，在县人大、政协的监督支持下，我们坚持以习近平新时代中国特色社会主义思想为指导，始终牢记总书记对内蒙古的殷切嘱托，不断增强“四个意识”、坚定“四个自信”、做到“两个维护”。一年来，我们承担的任务艰巨繁重，承受的压力前所未有，全县上下同心同德、负重前行，加快推进“生态立县、绿色强县”建设步伐，“三大攻坚战”取得历史性突破，经济运行健康平稳，社会大局和谐稳定。

预计，全县地区生产总值完成53.5亿元，同比增长6.8%；固定资产投资完成10.5亿元，增长9.6%；规上工业增加值增速22%；一般公共预算收入完成2.53亿元，增长6.28%；一般公共预算支出完成15.8亿元，增长2.6%；社会消费品零售总额完成14.7亿元，增长2%；城镇、农村常住居民人均可支配收入分别完成28683元、9524元，增长6.1%、10.5%。

这一年，面对异常艰巨的历史重任，我们牢记使命，精准发力，脱贫攻坚成果丰硕

深学笃用习近平总书记扶贫工作重要论述，聚力“十项清零达标”，剩余贫困人口49户91人全部脱贫，顺利通过了国家第三方评估验收，高质量完成脱贫摘帽任务。

在产业扶贫上，聚焦聚力，效益凸显。全力打造马铃薯，食用菌、燕麦荞麦，肉羊、乌骨羊，中药材四条产业链，依托蒙禾源、燕谷坊等扶贫龙头企业，进一步强化利益联结，21家企业带动5168户10853人，28家合作社带动1154户2339人，户均年增收分别达到3668元、4860元。整合各类涉农资金1.1亿元，精准投入扶贫产业，受益贫困人口8111人；4898名无劳动力贫困人口，通过土地流转、入股分红等形式实现增收。组建成立武川县扶贫资产管理公司，清产核资全部完成，集体经济组织成员身份认定881个自然村，完成率91.6%。继续完善农村土地确权颁证后续工作，发证率达到96.8%，为群众持续增收提供了有力支撑。

在基本保障上，多措并举，巩固提升。坚守“两不愁三保障”脱贫标准，优化政策供给，注重脱贫质量，投资647.9万元，完成农村危房改造424户，建档立卡贫困户危房动态清零。投资934.3万元，完成87个自然村安全饮水巩固提升；投资547.4万元，完成11个自然村水源置换和

净化工程。为844名贫困学生发放教育补助350万元，义务教育阶段实现零辍学。投资647.9万元，解决了11所乡镇卫生院、76所村卫生室人员、设备、药品问题，方便了群众就近就医。全面推行“先诊疗、后付费”服务，贫困户参合率100%，家庭医生应签尽签，统筹支付报销比例达到90%。

在精准施策上，政策兜底、保障有力。制定出台《防范边缘户致贫与贫困户返贫工作实施意见》《扶贫项目产生收益资金使用和管理办法》等惠民政策，有效防止返贫致贫。更加突出就业扶贫，从贫困户中聘用护林员、防火员188人、安排公益岗位1111人，人均年增收3600元。通过“走出去、引进来”的方式，培训贫困人口330人；贫困人口养老保险参保覆盖率100%，4677人已享受待遇。新纳入低保五保贫困户47户85人。为7914名建档立卡贫困人口缴纳医疗保险，每人每年500元。注入财政扶贫风险补偿和贴息金5850万元，发放扶贫小额信贷2263.8万元，惠及509户贫困家庭。

在社会帮扶上，借势用力、成效明显。京蒙扶贫投入资金1764.6万元，实施项目23个，受益贫困人口3000多人。通用技术集团投入810万元，其中670万元用于打造中药材产业示范园区，种植中药材5500亩，带动全县种植2.5万亩。积极对接北京首创集团、内蒙古昆明卷烟有限公司扶贫支持，争取资金900万元。83家“百企联百村”企业帮扶71个村，投入资金270万元，落实项目42个。10兆瓦光伏扶贫项目效益明显，为379户无劳动能力建档立卡贫困户发放113.7万元，户均增收3000元。

这一年，面对愈加严格的环保标准，我们坚守底线，综合治理，污染防治取得重大成果

深入践行习近平生态文明思想，牢记嘱托、强化担当，保持战略定力，有力推进污染防治，生态环境状况明显好转。

大气污染防治方面。淘汰建成区10蒸吨以下燃煤小锅炉16台，改为空气能电热锅炉和燃气锅炉，减少煤耗2563吨。深入开展扬尘、大气污染专项治理，拆除水泥搅拌站9处，第三、四热源厂完成脱硫和锅炉除尘改造。秸秆露天焚烧得到有效管控，全年减排二氧化硫730吨、氮氧化物125吨，空气质量达到国家二级标准，优良天数达到310天。

水源污染防治方面。投入653万元，完成哈拉沁水库一级水源地围封和监控设备安装。全面落实县乡河长制，累计巡河415次，打击取缔河道非法采砂5处。污水处理厂实现技改达标排放，全年处理污水292万吨、中水回用145万吨。淀粉、水泥制造等19个排污企业取得许可证。

土壤污染防治方面。加强农业面源污染防治，严格落实“四控”措施，化肥、农药使用量同比减少2%。深入推进固废治理，固体废物实现全过程监管。完成国金矿业常福龙金矿整体拆除，保护区内51家矿山企业完成地质环境恢复治理，全部销号。保护区外61家矿山企业完成地质环境治理并通过专家验收。扎实开展违建别墅清查整治，下发摸排图斑19处，拆除4处，没收1处。深入推进“大棚房”专项治理，完成“大棚房”拆除整改23个。

这一年，面对财源不足、减税降费的双重压力，我们主动作为，分类施策，重大风险防范化解成效明显

深入贯彻落实习近平总书记关于防范化解重大风险的重要指示批示精神，坚持底线思维，强化忧患意识，牢固树立“过紧日子”的思想，在力保“三保”运转、减税降费5371万元的极难困境中，积极筹措资金，圆满完成政府隐性债务、中小企业民营企业账款化债年度目标任务。同时，全面加强风险防范工作，强化政府投资项目管理，进一步规范政府融资行为，坚决防止新增隐性债务，全年没有政府性举债投资项目。切实加大金融风险排查防治和宣传力度，有力查处非法集资、非法放贷等违法行为，有效防范了重大风险。

这一年，面对转型升级的严峻考验，我们固本强基、主攻项目，经济高质量发展迈出坚实步伐

始终坚持新发展理念，立足资源优势，挖掘产业潜力，积极推进产业转型升级，绿色生态的产业架构初步形成。

现代农牧业产业集聚发展。一是呈现规模化趋势。新建马铃薯原种基地、微型薯基地 5 个，商品薯基地 100 个，总播面积 56.6 万亩。食用菌品种增加到 9 种，产量 1800 吨，实现收入 1000 万元。燕麦订单种植 16.5 万亩，示范区种植 2 万亩。耗赖山冷凉蔬菜、哈拉合少香椿和上秃亥西瓜、草莓等特色种植初见成效。划定粮食生产功能区和重要农产品保护区 64 万亩。开展残膜回收示范项目 1 个，建设国家级地膜原位检测点 15 个。二是呈现品牌化趋势。区域公用品牌“源味武川”正在注册商标。“武川食用菌”“武川莜面”正在申报全国“名特优新”认证；百灵面粉、万禾利生、圣丰合作社申报绿色产品 7 项。“武川莜麦”“武川荞麦”“武川土豆”“武川黄芪”正在申报农业农村部农产品地理标志。11 家企业 13 个“三品一标”农畜产品录入国家农产品质量安全追溯管理信息平台。三是呈现组织化趋势。新增自治区级龙头企业 3 家，市级以上龙头企业达到 50 家。新增家庭农牧场 40 个，累计达到 121 个。申报农民专业合作示范社 12 个，自治区级示范社达到 18 个。培育新型职业农民 380 人。新建肉羊生态家庭牧场 20 个，标准化养殖场 50 个，发展肉牛标准化养殖场（户）10 个。同时，全面加强非洲猪瘟等重大动物疫病防控工作，农牧业生产水平稳步提高。

工业经济结构日趋优化。着力推进新旧动能转换，以生态产业、绿色工业为主体的现代经济体系正在形成。全年实施亿元以上项目 7 个，完成投资 6.83 亿元，新入规企业 3 个。燕谷坊、兴农泰华、燕荞园、华贯蘑菇酱项目主体完工；阿日善药业、三子药业、元腾熟肉食品、优利卡奶食品、朴珍奶食品、洁泰诺食用酒精项目有序推进。华能光伏、河北建投、山东国风项目即将并网；国龙新能源一、二期和蒙天风能项目开工建设，年内新开工 35 万千瓦；蒙能风电、东方新能源项目积极推进。清洁能源总装机容量达到 195 万千瓦。

现代服务业呈现旺盛活力。投资 1600 万元完成党性教育基地建设并投入运行，搭建起红色基因传承平台。红旅三期工程全部竣工，年内投资 1100 万元，完成景区道路建设和游客服务中心装修布展，获得自治区 AAA 级景区认定。乡村旅游提档升级，13 户农家乐获得奖补 105 万元。积极推进“厕所革命”，新建旅游水冲厕所 6 座。成功举办第二届冰雪文化旅游节、第七届燕麦文化节，旅游知名度不断提升。全年接待游客 58.8 万人次，实现收入 1.18 亿元，分别增长 8.8% 和 9.2%。电子商务进农村综合示范县项目通过中期考核，完成武川馆互联网平台建设，农村电商网点达到 49 个，电商培训 3843 人次，带动就业 1691 人。国融证券新三板挂牌全国排名第二，缴税 4589 万元。

这一年，面对政府性投资收紧的建设困境，我们量力而行，完善功能，城乡发展更具魅力

城镇基础设施进一步完善。标准化石油气储配站投入使用，供应用户 1320 户。燃气管道新增 8 个小区，主管网达 22 公里，用户 3351 户。东河带状公园基本完工，配建 8 个标准健身区块，安装娱乐健身器材 200 套。天赋雅苑、帝锦城商住小区建设有序推进。光荣院续建项目开工建设。积极解决房地产遗留问题，正在为苑中园、景泰家园、和泰西区等 7 个小区住户办理不动产证。加快保障性安居工程配套建设，80 套公租房即将分配到户。主动回应和谐城、可可花园等小区居民呼声，投资 550 万元改造排水管网、维修小区道路等基础设施。

城镇宜居宜业水平进一步提升。园林绿化种植各类花卉 26.8 万株，实施冰雪园、体育训练

基地、金三角园区等区块绿化，种植各类树木灌木6957株，绿地4700平方米。进一步强化市容环卫网格化监管，整治取缔流动摊点421起、占道堆放物品335处。标准便民市场投入使用，80家商户入驻营业，统一管理、规范运行，为城镇居民提供了干净便捷的市场环境。清理“三乱小广告”150余处、墙体违法广告12000平方米，查处城区违建行为535处。城镇垃圾日产日清，市政道路、绿化带、公园区块干净整洁。

农村人居环境进一步改善。按照《关于实施乡村振兴战略的意见》和《武川县乡村振兴战略规划》，确定乡村振兴战略试点村6个。投资180万元，完成1个自治区森林乡镇、10个森林村庄建设，绿化面积440亩。投资2350万元，建成粪污堆肥集中处理设施99个、区域粪污处理中心1个，粪污资源化利用率达80%，农作物秸秆综合利用率达85%。公益岗位配置卫生清扫人员970人，清理农村生活垃圾148吨，农村人居环境整洁卫生。

这一年，面对基础薄弱的发展瓶颈，我们主动作为、补齐短板，硬件设施承载能力不断提升

生态建设开启新征程。全面启动“绿化青山、守护北疆”生态建设行动，计划利用7年时间，实施荒坡造林、沟壑治理、生态修复、纪念林植树等十大任务，筑牢首府北部生态安全屏障，年内造林7万亩。完成天然林保护、京津风沙源治理等工程12.5万亩，京津风沙源治理围栏封育15万亩。全民义务植树32万株。进一步强化森林草原防火禁牧，安装防火高清监控20个，查处林业行政案件56起。

水利设施实现新提升。投资2100万元实施节水增效项目续建工程，新增节灌2.12万亩，全县达到38万亩。投资2260万元，完成小流域综合治理44平方公里。完成中后河河道治理续建工程2公里。不断强化水资源管理和水政执法，征收水土保持补偿费630万元。

交通电力步入快车道。国道209线呼武段县境内全部通车。省道311建设项目完成施工和监理招标。累计投资4185万元，完成大沙岱至闫家沟、二份子至纳令河等9条通村公路建设，行政村通硬化路达98.9%，自然村通硬化路达60.9%，七横八纵交通架构更趋完善。ETC发行工作顺利推进，安装车辆3.5万辆。投资9186万元完成农网改造工程，投资679万元完成机井通电和配网自动化工程，全年售电量达7.1亿千瓦时，同比增长26.6%。

这一年，面对人民群众对美好生活的向往，我们多元投入、统筹推进，民生福祉显著增强

全面践行以人民为中心的发展思想，把满足人民日益增长的美好生活需要作为政府工作的出发点和落脚点，完成民生支出12.6亿元，占公共预算支出的75.86%。

社会事业繁荣发展。合理调整学校布局，引进教师28名，中小学管理队伍和师资力量进一步优化，一中、二中、三中、一小推行军事化管理，中考高考成绩稳定向好。职教中学农学楼投入使用，第二中学五人室内足球馆改址新建。整改规范4所民办幼儿园，三所幼儿园新建项目完成规划选址。城乡居民基本医疗保险参保11.8万人，住院报销906人次684万元，大病补充保险补偿1269人次652万元。家庭医生签约7.9万人。鼠疫疫情防控措施得力。接受了自治区卫生旗县和自治区慢性病综合防控示范县验收评审，群众健康意识明显提升。成功举办庆祝新中国成立70周年红歌大合唱系列活动，《青山之恋》被评为“第16届内蒙古草原文化节”唯一汉语展演剧目。二人台《走西欧》被国家艺术基金选为巡演作品。东河带状公园投资200万元，建成公共健身馆1处。自治区体育训练基地投资3800万元，新建全国一流的标准化网球馆和200米跑道田径馆，建筑面积7400平方米。

民生保障坚强有力。新增城镇就业1361人，城镇失业人员再就业629人，就业困难人员再就业121人，城镇登记失业率2.8%。农村劳动力

就业转移4万余人。新录用公务员8名、选调生14名。引进高学历人才18名，正在引进第二批10人。妥善安置随军家属1人。切实解决专业技术人才职称兑现问题，广大干部职工待遇进一步提高。城乡居民养老保险人数达9.8万人，城镇企业职工养老保险参保5502人。累计为401名失业人员发放保险金542.8万元。城乡低保标准提高到每人每月725元和510元，累计发放低保金8216.6万元。集中、分散特困人员供养标准提高到每人每月815元和665元。累计发放城乡特困供养金、残疾人两项补贴、孤儿补贴和重点优抚对象抚恤定补、生活补助、医疗补助、城乡义务兵优待金2791万元。健全根治拖欠农民工工资问题长效机制，在建项目全部实行“四制两金”制度，新签补签劳动合同2820人，签订率100%，受理劳动争议仲裁案件9起并全部结案，有效保障了农民工工资按时足额发放。

社会大局安定和谐。纵深推进扫黑除恶专项斗争，中央、自治区督导反馈问题全部整改落实，深入开展矿山领域、涉枪危爆、赌博等“8+3”专项整治和“四个百日攻坚”行动，提级侦办涉黑案件1起，打掉恶势力集团1个、团伙4个，破获刑事案件33起。批捕涉恶案件11件，受理起诉9件，提起公诉6件，开庭宣判5件。认真落实中央关于宗教工作的决策部署，切实抓好宗教问题整改，依法依规拆除2宗大型露天造像。集中开展非法宗教出版物治理，扎实推进宗教场所“五进四化”，宗教工作成效明显。大力实施“雪亮工程”，“智慧平安城市”建设初见成效。严格落实安全生产“一岗双责”，全县未发生重特大安全生产事故。扎实开展矛盾纠纷大排查、大化解、大整治，切实解决了工人身份女职工要求延迟退休等一批重点难点信访问题。

这一年，面对更加高位的政治责任，我们牢记使命、转变作风，政府行政效能显著提升

“不忘初心、牢记使命”主题教育高质量开展。坚持以习近平新时代中国特色社会主义思想为指导，牢固树立“四个意识”，坚定“四个自信”，坚决做到“两个维护”，聚焦“守初心、担使命，找差距、抓落实”总要求，认真落实“四个到位”。政府党组始终坚持问题导向，解决涉及群众切身利益问题62个，切实解决了新旧区卫生院搬迁、中医院新增血液透析室、优化增设办事窗口等一批涉及群众切身利益的问题。

法治政府建设显著加强。积极推进“互联网+监管事项”工作，认领594项，清单编制与审核520项，完成率87.5%；执法部门行为采集录入27个部门、28项检查行为、290名执法人员。严格落实重大行政决策程序规定，对社会涉及面广、与人民群众利益密切相关的决策事项，召开50多次座谈会、听证会、论证会广泛听取意见，依法决策、依法行政水平不断提高。

营商环境持续优化。全面推进“互联网+政务服务”，网上办理率达81.5%。加快政务服务中心标准化建设，累计办理服务事项45.7万件，发布实施清单410项，“一网通办”梳理168项，服务环境不断优化。大力推动“多证合一、一照一码”，企业注册实现“最多跑一次”。健全完善“双随机一公开”监管机制，抽查48次555户。认真落实减税降费政策，切实减轻企业负担。

权力运行更加规范。坚决贯彻落实县委各项决策部署，自觉接受人大法律监督和政协民主监督，办理人大代表建议22件、政协委员提案73件。全年公开各类政务信息5514条。严格落实党风廉政“主体责任”和“一岗双责”，强化行政监察、民生监督，完成县本级预算执行、2个乡镇财政决算和7个单位领导干部离任审计。

机构改革成效突出。高标准完成机构改革、事业单位改革任务，新组建退役军人事务局、医疗保障局等5个部门，26个政府组成部门完成集中挂牌、人员转隶、资产划转、三定方案制定，共转隶工作人员330余人，政府运转更加高效有序。积极推进乡镇改革和交通运输、农牧业、生态环境保护、文化市场、市场监管5个领域行政

综合执法改革，行政效能进一步提升。

工会、残联、科协、气象、消防、档案史志、防震减灾、红十字、工青妇、老促会、社促会、慈善总会、关心下一代等各项事业取得新成效。

各位代表！回顾一年来的探索实践，我们深深感到：

过去的一年，很不容易。我们攻克了剩余贫困人口全部脱贫、政府债务化解、大棚房整治、违建别墅清理、宗教及清真泛化整改等一个又一个难关，全县干部群众义无反顾、夜以继日，付出了艰辛努力，特别是长期扎根在农村、奋战在一线的基层干部，默默无闻，任劳任怨，用自己的辛苦指数换取了人民群众的幸福指数。

过去的一年，很不平凡。我们妥善应对了经济下行压力加大、新旧动能转换、产业转型突破等多个重大挑战。在县委的坚强领导下，坚守“生态立县、绿色强县”发展定位，在结构调整、生态建设、绿色产业上推出了一系列重大举措，一件件打基础、利长远的大事要事正在破题起势。

过去的一年，很不简单。我们接受了脱贫攻坚国务院第三方评估验收、中央专项巡视“回头看”、省际成效考核“回头看”、扶贫资金绩效考核及中央宗教督查、扫黑除恶督导、环保督察“回头看”等 21 次重大检验。年初承诺的十件民生实事，除市级部门援建的三条市政道路未开工外，全部完成。全县上下同甘共苦、迎难而上，以强烈的政治勇气和使命担当，在爬坡过坎的艰难跋涉中经受住了历史的考验。

成绩来之不易，成就振奋人心。这些成绩的取得，是市委、市政府和县委统揽全局、坚强领导的结果，是人大、政协有效监督、全力支持的结果，是各级帮扶单位和对口帮扶部门鼎力相助、共同努力的结果，是全县广大干部群众齐心协力、苦干实干的结果。在此，我代表县人民政府，向全体人大代表、政协委员、离退休老同志，向助力武川发展的各位民营企业家，向驻县武警官兵、公安政法干警，向所有关心支持武川建设发展的社会各界人士，向奋斗在脱贫攻坚第一线的干部群众表示衷心的感谢和崇高的敬意！

在充分肯定成绩的同时，我们更应该清醒地看到，对标总书记对内蒙古的战略定位，对标人民对美好生活的新期待，还存在不少发展的“短板”和“痛点”。一是经济转型面临优势产业带动能力不强、新兴产业尚未形成拉动效应等诸多困难，实现高质量发展缺乏硬性支撑，经济实力在全市排名靠后。二是生态环境基础较弱，京津风沙源治理、“三北”防护林、退耕还林还草、水土保持等项目实施不平衡，特别是西部地区草场退化、荒坡风蚀沙化还没有得到根本遏制。三是脱贫攻坚巩固提升点多面广，各类政策宣传还不深入，老百姓的幸福感、获得感还需提升；污染防治任务繁重，矿山地质环境治理历史欠账大，生态恢复需要投入更大精力；财政收支矛盾更趋突出，政府债务化解、“三保”压力加大。四是民生领域还存在不少短板，受发展不平衡、不充分的制约，与群众对美好生活的期盼仍有一定差距，学有所教、病有所医、住有所居、老有所养等方面仍需加强。五是经济发展软环境还需进一步优化，个别部门和干部思想观念滞后，主动服务意识不强，担当精神不足，服务效率不高，营商环境还不尽如人意。对此，我们将高度重视，采取更加有效的措施，切实加以解决。

二、2020 年工作任务

2020 年是“十三五规划”的收官之年，也是我县与全市人民同步迈入小康社会的决战决胜之年。习近平总书记对内蒙古作出的重要讲话重要指示批示精神，为我们坚定不移推进“生态立县、绿色强县”提供了遵循、指明了方向。前不久，自治区、市、县召开的全委会暨经济工作会议更加明确了坚定不移走“生态优先、绿色发展”的高质量发展之路，我们在推进经济转型升级、生态文明建设的过程中必将获得更加有利的政策环境和项目资金支持。站在新的起点，县委提出争当“两个屏障”的建设者、“两山理论”的践行者，坚决以发展理念转变引领发展方式转变，以“生态立县、绿色强县”引领高质量发展，为全县经济转型发展把好了脉搏、定准了方向。从我们发展的形势来看，京呼高铁正式通车，国道209呼武段即将全线贯通，省道311即将开工，首府向北开放更加通畅，绿色农畜产品、优质的空气和地下水、独特的自然风光、田园风貌形成了武川最为宝贵的资源优势，打造城郊融合式、错位式、补缺式经济体系的区位优势蓄势待发。历史机遇叠加利好，我们必须牢牢把握，只要全县上下不忘初心、牢记使命，保持定力、乘势而上，一定能够在推动全县经济社会高质量发展的漫道征程上一展鸿图。

按照县委十四届十二次全会安排，今年政府工作的总体思路是：以习近平新时代中国特色社会主义思想为指导，全面贯彻党的十九大和十九届二中、三中、四中全会和中央经济工作会议精神，深入贯彻落实习近平总书记关于内蒙古工作重要讲话重要指示批示精神，牢固树立新发展理念，坚持稳中求进工作总基调，坚持以人民为中心的发展思想，以推动绿色高质量发展、全面建成小康社会为目标，加快供给侧结构性改革，全面做好“六稳”工作，统筹推进稳增长、促改革、调结构、惠民生、防风险、保稳定，争当“两个屏障”建设者、“两山理论”践行者，加快“生态立县、绿色强县”建设进程，持续推进经济转型高质量发展，最大程度释放民生红利，为全面建成小康社会而不懈奋斗。

对照全面建成小康社会相关定性定量指标，今年全县经济社会发展的主要预期目标是：全县地区生产总值增长5%；固定资产投资增长8%；规模以上工业增加值增速11%；一般公共预算收入扣除减税降费因素与上年持平；社会消费品零售总额增长3%；城镇和农村常住居民人均可支配收入不低于经济增速。

实现上述目标，我们要牢牢抓住3个重点：一是牢固树立“创新、协调、绿色、开放、共享”新发展理念，准确把握“生态优先、绿色发展”要求，持续增强“四条产业链”品质实力，激发清洁能源产业优势，挖掘绿色红色文旅资源，在绿色发展上做足文章。二是着力打好“三大攻坚战”。在脱贫成效巩固提升方面，再下“绣花功夫”，持续开展“回头看”“回头帮”，着力夯实脱贫成效；在污染防治方面，着力打好蓝天、碧水、净土保卫战，采取经济、行政、法律措施，全方位推进污染防治;在防范化解重大风险方面，以政府债务风险、金融风险、安全风险防控为重点，全面落实各项防范措施。三是始终把人民群众对美好生活的向往作为我们的奋斗目标，更加注重保障和改善民生，不断强化公共产品供给，把更多的人力、物力、财力投向民生事业。

今年，我们将突出抓好以下几个方面的工作。

（一）坚定不移聚力量、强措施，持续打好三大攻坚战

下足“绣花”功夫，在脱贫攻坚巩固提升上再精准。认真落实习近平总书记“四不摘”“三不减”“一不降”工作要求，抓好脱贫攻坚巩固提升与乡村振兴有效衔接，为高质量发展奠定坚实基础。持续强化产业扶贫举措。把产业扶贫作为决胜脱贫的治本之策，紧紧围绕10项富民产业，以蒙禾源、燕谷坊、薯元康、内蒙古通用中药、乌骨羊等扶贫龙头企业为支撑，着力推进“四条产业链”品质提升、链条延伸，在种植养殖、精深加工、品牌打造、市场营销等环节上，构建紧密型户企利益联结机制，确保稳定增收。积极整合扶贫资金和涉农资金，精准投入设施农业、特色产业、乡村旅游，强化项目监管和跟踪问效，不断发展壮大村集体经济。严格扶贫资产管理，强化对扶贫资金形成资产的监管使用，确保扶贫资产保值增值。健全完善长效脱贫机制。把防止返贫摆在重要位置，按照《武川县防范边缘户致贫与贫困户返贫工作实施意见》《武川县防返贫保险实施方案》，进一步探索建立稳定的脱贫长效机制，切实做好返贫人口和新发生贫困人口的

动态监测和帮扶，加大重点人群帮扶力度，坚决防止致贫返贫，确保稳定脱贫。精准落实各项脱贫政策。以“三保障”为重点，坚持现行脱贫标准，既不拔高，也不降低，以问题为导向，紧扣历次检查考核评估反馈意见的整改落实，确保整改细致、整改到位。认真落实教育扶贫政策，确保建档立卡贫困家庭义务教育阶段学生不失学、不辍学；深入实施健康扶贫工程，建立贫困户签约医生、家庭病床、门诊报销一体化机制，扎实做好大病重病分类管理和集中救治，细化落实常见病、慢性病患者健康管理和送医配药，确保所有贫困人口参加医疗保险；进一步排查住房饮水安全问题，做好巩固提升，建立维护管理长效机制，确保贫困人口住上安全房、喝上放心水。着力强化兜底保障，做好“两项制度”衔接，保障好符合政策条件无劳动能力贫困人口的基本生活。发挥京蒙通道作用，积极组织消费扶贫，加大培训力度，促进转移就业，继续落实好护林员、防火员和公益岗位就业政策。加强扶贫与扶志扶智相结合，不断激发群众脱贫致富内生动力。稳步扩大社会帮扶效果。继续拓展京蒙对口帮扶和中央单位定点帮扶的深度和广度，深化与门头沟区、通用技术集团扶贫协作。扎实抓好中药材产业发展，积极推进“中国通用武川扶贫产业合作区”建设。投资2043.5万元，实施16个京蒙扶贫项目。继续落实好北京首创集团、内蒙古昆明卷烟有限公司扶贫项目。深化“百企联百村”帮扶成效。

加大攻坚力度，在污染防治综合治理上出战果。突出精准治污、科学治污、依法治污，不折不扣完成环保督察反馈问题整改，建设天更蓝、山更绿、水更清、城更靓的美丽家园。坚决打赢蓝天保卫战。继续推进大气环境综合治理，重点整治脱硫、脱硝、除尘问题，确保废气达标排放，加大燃煤锅炉淘汰力度，继续推进清洁能源取暖，持续做好秸秆焚烧及面源污染管控。严格落实各类货场、料场、工地粉尘防治措施，空气优良天数保持在300天以上。着力打好碧水保卫战。进一步加强饮用水源地及周边环境保护监管，严格落实县乡村河长制，积极推进全县岸线划界、规划及河湖确权，坚决打击河道私采滥挖行为。持续整治“散乱污”企业，确保污染物达标排放。启动“四白”园区污水处理扩容工程。扎实推进净土保卫战。完成保护区矿山企业地质环境治理及征占草原、森林督查问题整改销号工作，积极争取项目资金，开展生态恢复治理。进一步做好一般固废、危险废物、生活垃圾分类处理。严格落实农业“四控”措施，确保化肥、农药、地膜零增长。

强化底线思维，在防范化解重大风险上见成效。进一步健全和完善风险防控机制，强化风险意识，做到居安思危，未雨绸缪。着力防范化解政府债务风险，统筹施策，多措并举，采取财政预算资金、盘活存量资金、土地出让收益、出让闲置国有资产、整合上级专项转移支付、财政增量部分、整合乡镇部门账户余量资金等举措，确保完成年度化债任务。严格控制政府性投资、融资项目增量，进一步规范各类投资项目协议，坚决防止新增隐性债务。持续开展金融领域风险防范，加大宣传引导力度，依法惩处非法放贷、非法集资、非法吸储行为。

（二）毫不动摇调结构、促提升，持续推动产业体系转型升级

固本培新，加快构建生态农牧业产业结构。坚持绿色兴农、质量兴农，着力推进特色种植养殖业规模化、标准化、品牌化发展，促进三次产业深度融合。不断推进标准化产业基地建设。着力推动耗赖山、上秃亥、哈乐镇温室大棚高效运营，稳定好食用菌、冷凉蔬菜、香瓜草莓种植，进一步拓展品种，管肥控药、提质增效；以发展生态型、绿色型农业产业为导向，切实加强马铃薯原种、商品薯生产基地的建设与管理，种植面积稳定在60万亩。燕麦核心示范区种植6万亩，辐射带动农户种植20万亩。中药材基地种植稳定在3.5万亩以上；加大肉羊肉牛养殖基地

支持力度，强化饲草饲料安全监控，年内出栏优质肉羊 75 万只、肉牛 4500 头，优然牧场养殖奶牛 5000 头。着力把好源头关、打好生态牌，打造绿色农业生产基地。不断延伸农业产业化发展链条。依托特色绿色农畜产品资源，有针对性地建链、补链、强链，扶持和培育生态绿色产业，大力推进马铃薯、食用菌、燕麦荞麦、中蒙药材、肉羊肉牛产业提档升级，在产业链条精细加工上，持续强化生产企业与种植养殖基地有机连接，推动产业链向下游延伸，价值链向高端攀升，推动龙头企业特色绿色产品向全国市场迈进。不断拓展品牌化市场营销渠道。强化品牌意识，严管输入输出产品质量，全力推进“源味武川”区域公用品牌创建，整合绿色优势农畜产品资源，统一标准、统一品牌、统一营销。积极推动 15 个地理标志产品申请认证，着力打造面向首府的“菜篮子”基地；通过京蒙协作，进一步拓展在门头沟乃至北京地区的营销市场。积极推广电商平台直销，完善村级网络，加强运营管理和品牌推广，塑造独具武川特色的绿色产品形象，进一步打开面向全国的线上通道。

转型升级，加快构建绿色工业产业结构。坚持以供给侧结构性改革为主线，依托资源优势，坚持绿色发展，促进工业经济转型高质量发展。以项目带动推进动能转换。集中力量扶持壮大绿色食品、清洁能源等骨干企业，积极推动燕谷坊、兴农泰华、燕荞圆、华贯项目投入运营，推动西贝二期、朴珍奶食品、洁泰诺食用酒精、阿日善药业、三子药业、优利卡奶制品、元腾熟肉食品等项目开工建设。鼓励清洁能源开发，推进国龙新能源、蒙天风能、蒙能和东方新能源风电项目并网发电，推进风盛、国电清洁供暖项目和天惠风分散式风电项目开工建设，协调推进呼蓄电站二期项目前期工作。做好国融证券公司服务保障。积极推动具备条件的企业开展绿色矿山建设。以创新驱动搭建工业转型平台。完成经济开发区总体规划修编，继续加大“僵尸”企业清查整顿力度，依法依规收回闲置土地，为招引项目腾出空间，加快产业改造升级，积极推动橡塑跑道、新型建筑环保材料项目投产、机械设备制造项目开工。完成金三角开发区总体规划、环评规划修编，进一步完善基础设施，按照食品园区发展定位，严把企业准入关、环保关，加快推进在建项目、拟建项目建设运营，着力打造带动经济转型升级的崭新平台。以招商引资蓄积经济发展动力。立足绿色强县发展定位，坚持产业生态化、生态产业化，提高产业准入门槛，着力引进一批投资规模大、产业关联高、带动能力强的绿色项目，加快推进涉及“四多四少”的产业转型调整。紧紧围绕农产品精深加工、清洁能源、旅游开发、通用机场等领域，以“呼包鄂”为中心，辐射“京津冀”等重点区域，加快布局招商网络，跟踪对接产业转移。积极开展全员招商、以商招商、以企引企活动，拓宽宣传推介渠道，共享招商引资信息，充分调动社会各界参与招商引资的积极性、主动性。

扩需放活，加快构建服务型产业结构。坚持把现代服务业作为调结构、促转型的重要抓手，推动全域旅游、商贸流通等第三产业步入发展快车道。做大做精旅游产业。充分挖掘红色、绿色资源优势，按照《武川县全域旅游总体规划》，深入挖掘红色基因、森林草原、田园风光、气候冷凉的资源优势，大力发展“生态＋文化＋旅游”经济，打造独具特色的“红色小镇”“休闲小镇”“生态小镇”旅游城镇，着力推动全域旅游发展。做好哈达门景区资产重组、深度开发及淖尔梁高山草原招商工作。开工建设“大青山旅游驿站”项目。精心组织特色文旅活动。做实做活休闲服务型产业。加快培育休闲农场、采摘农业、特色民宿等新业态，提升星级乡村旅游点、红旅 AAA 级景区服务水平，完善根根渠大地景观带建设。面向首府中心城市和周边旗县，开发精品旅游短线，不断增添红色文化、养生度假、户外运动、乡村旅游活力。做优做强商贸物流产业。推广现代流通组织形式、新型经营方式，实施商贸冷链物流项目。加快县乡村三级物流网络建设，提升仓储配送能力，加快推动电子商务融入农村，促进县、乡、村三级电子商务物流配送体系健康发展，打通农畜产品上行渠道。

（三）乘势而为优服务、谋创新，持续提升改革开放水平

把握关键，顺应改革创新大势。稳步开展相对集中行政许可改革，整合审批职权，优化资源配置，落实“三集中、三到位”，全面推行“互联网+”模式，实现政务服务“一网通办”、公共服务统一供给，打造行政审批服务综合体。全面完成乡镇机构改革。抓好农村重点改革，优化集体产权制度，积极推进农村集体土地“三权分置”，加强农村土地承包及流转管理，坚持土地承包关系长久稳定。启动农业水价综合改革。加快推进农村房地一体登记颁证，切实加强集体资产监管运行，多渠道增加农民财产性收入。

提升服务，营造良好营商环境。进一步强化服务意识，牢固树立“人人都是营商环境、人人都要贡献力量”的理念，以服务窗口为重点，面向群众、面对企业，深入开展“优化营商环境作风建设年”活动，着力打造更加高效便利的硬环境和软环境。深入推进“放管服”改革，转变政府职能，打破“玻璃门”，拆掉“旋转门”，便利企业办事，激发市场活力。着力构建“亲、清”新型政商关系，为企业排忧解难办实事，保障外来企业落地生根，扶持本土企业发展壮大。

优化环境，扶持壮大民营企业。落实好鼓励支持民营经济发展的各项政策，做民营企业的“自己人”“家里人”，尊重市场主体、尊重企业家，切实解决好项目落地、优惠政策、承诺兑现等企业高度关注的问题。认真落实减税降费政策，降低企业经营成本。进一步完善县级领导联系帮扶重点企业制度，实行“我来干、马上办”，重承诺讲诚信，不断优化服务环境。锁定金融支持产业转型升级的主攻方向，着力解决民营企业融资难、融资贵问题。

（四）保持定力夯基础、求突破，持续推进生态文明建设

厚植绿色，强力推进生态建设。坚决贯彻习近平总书记生态文明思想，保持生态文明建设的战略定力，站位守护祖国北方重要生态安全屏障，进一步加大生态建设力度。投资5840万元，以京津风沙源治理、天然林防护林为重点，继续实施好重大生态修复工程，造林面积13.6万亩；积极争取重度退化沙化草原治理4.5万亩；高标准完成2018年、2019年绿化工程补植补造。投资4050万元，完成80平方公里小流域综合治理。继续推进镇内绿化，实施城区园林绿化提升和新建道路绿化工程。

稳步实施，扎实推进“绿化青山、守护北疆”生态建设行动。坚决践行“两山”理论，按照“一年打基础、五年见成效、七年树样板”的要求，以大青山北坡生态建设、生态修复为重点，制定具体实施方案和年度推进计划，依托国家生态建设项目，多渠道筹集造林绿化资金，加快生态建设步伐。制定“纪念林”植树育林行动方案，充分调动社会各界参与造林增绿的主动性、积极性。加强与中国绿化基金会合作，投资900万元完成蚂蚁森林项目，种植沙棘200万株。加强与通用技术集团、蒙昆公司合作，启动实施得胜沟乡1.5万亩造林项目，不断提升“绿化青山、守护北疆”行动建设成效，筑牢首府北部重要生态安全屏障。

强化管护，加大生态系统保护力度。制定大青山自然保护区武川辖区核心区、缓冲区生态移民规划，推进保护区内5个行政村、24个自然村生态移民。继续推进西北风蚀沙化区“收缩转移、集中发展”，落实好生态恢复政策措施。进一步强化“两防一禁”，严格执行森林草原防火预案，划分东中西三个区域，加强扑火队伍建设，完善监测体系，依法打击森林草原违法行为；制定保护区全面禁牧工作方案，采取更加严格的禁牧举措，统筹好生态移民、产业扶贫等工作，不

再保留、新建养殖项目和生产设施，切实保护好生态建设成果。

（五）夯实基础强功能、提品味，持续打造城乡融合发展大格局

塑造品质，提升城市发展魅力。紧扣首府“卫星城”发展定位，完善城镇功能，提升城镇品味，加快园林绿化、生态城市建设。投资380万元，完成商业路南延市政道路建设。积极争取上级支持，完成东外环路、清真寺北巷、平安西街3条市政道路改造工程。争取新建可镇污水处理厂至南山公园中水回收利用管网工程。争取投资实施5个老旧小区改造工程。积极探索城镇供水及污水处理市场化运营。进一步规范物业管理。围绕首府“三城同创”，继续推行网格化、精细化、常态化管理模式，不断提高城市的环境质量、宜居指数和文明程度。

统筹谋划，建设生态宜居美丽乡村。深入贯彻中央农村工作会议精神，按照《武川县乡村振兴战略规划》，健全城乡融合发展机制，不断提升一体化发展新动能。结合脱贫攻坚巩固提升，按照“三区划分”，围绕“四条产业链”、文化旅游、生态移民，加快推进现代产业体系建设，带动农村产业规模化、集约化发展。着力抓好森林村镇建设。实施好农村人居环境整治三年行动，继续推进农村“厕所革命”，运行好粪污堆肥集中处理设施，提高畜禽粪污综合利用。依托蒙禾源全面推行秸秆转化利用，禁止露天焚烧。组织好村庄清洁行动，提高村民美化家园意识，不断改善人居环境。

抓住重点，不断改善城乡基础设施。积极协调国道209呼武段全线运行，配合做好省道311征地、拆迁等保障工作，确保如期开工。投资3430万元，建设高标准农田3万亩。完成头号水库除险加固工程建设。按照“三区三线”，高标准开展国土空间规划编制，推进“多规合一”。全力推进城乡建设用地增减挂钩，完成移民搬迁村6263亩土地复垦。积极推动联通、移动、电信在网络盲区设置直放站，实现信号全覆盖。投资1.9亿元开工建设红泉220千伏变电站，全面完成配电网建设工程，为经济社会发展提供有力保障。

综合治理，全面提升社会管理水平。立足筑牢祖国北疆安全稳定屏障，深入推进“法治武川”建设，高度重视反恐反邪教工作，启动法治政府建设示范创建。对标中央扫黑除恶专项斗争三年目标，按照“一十百千万”行动部署，深入开展“行业专项整治”和“缉拿追捕”专项行动，强化“打财打伞”，攻坚大案要案，推动扫黑除恶工作常态化。整合党政机关、重点行业、住宅小区视频资源，逐步接入指挥中心平台，不断扩大县域监控覆盖面。发扬“枫桥经验”，积极推进三级矛盾纠纷化解服务中心建设，妥善解决群众合理诉求，依法打击非访行为。认真落实民族团结和宗教政策，依法加强宗教事务管理，持续做好清真泛化整治。严格落实安全生产“一岗双责”，坚决遏制较大以上安全生产事故。实施食品药品放心工程，完善农畜产品质量追溯体系，精心守护老百姓“舌尖上”的安全。

（六）突出保障强民本、惠民生，持续提升人民群众的获得感、幸福感

教育优先，努力办好人民满意教育。深刻把握教育对实现中华民族伟大复兴的重大意义，坚持把优先发展教育事业落到实处，全面实施教学质量提升工程，创建义务教育优质均衡示范县，确保小学优秀率、初中全科优秀率逐年提高。加强教师队伍建设，招考教师23人，招聘特岗教师35人，引进教师人才5人，不断提高教师待遇，认真落实班主任津贴，减轻教师负担，打造“四有好老师”过硬师资队伍。积极争取资金，新建启迪幼儿园、改建民小附属幼儿园、扩建二小附属幼儿园，学前教育毛入园率达到92%以上。完成9所学校信息化提升工程，搭建与门头沟区“互联网+教育”平台。

强化服务，着力提高医疗健康水平。继续深

化公立医院改革，健全现代医院管理体系，推进县域综合医改，落实国家基本药物制度，强化药品供应保障和医疗行为监管，严格控制医疗费用不合理增长。支持蒙中医药发展，完成中医院二级甲等评定，投资187万元完成血液透析室建设。进一步完善县乡村卫生服务一体化，巩固提升乡镇标准化卫生院、卫生室建设成果，强化基层卫生人才培养，通过“互联网+医疗健康”模式，与区级市级和门头沟区医疗机构深度合作，开展远程会诊。完成基层卫生院取暖改造工程。持续加强鼠疫防控，提高传染病防控能力。

全面推动，促进文体事业繁荣发展。充分挖掘地域文化潜力，完善公共文化服务体系，开展丰富多彩的文体活动。免费开放图书馆、文化馆、大青山抗日游击根据地展览馆和乡镇文化站。争取建设文体中心项目。组织送文化演出、送图书下乡，乌兰牧骑送戏110场，乡土小剧团惠民演出100场。积极与自治区体育训练基地合作，提升武川体育训练优势。争取建设东河环河健身步道项目，举办形式多样的全民健身活动。

以人为本，全面提升民生保障能力。注重普惠性、基础性、兜底性，做好关键时点、困难人群的基本生活保障。把稳定就业摆在突出位置，多措并举扩大就业，推进返乡青年、农民工、大学生和退役士兵就业创业，确保零就业家庭动态清零。继续实施好“三支一扶”、社区民生计划等高校毕业生服务基层项目。健全覆盖城乡居民的社会保障体系，扩大社会保险覆盖面。积极协调市级部门，调整社会救助金市县匹配比例。建立农村低保与扶贫开发信息互通、资源共享机制，做到应保尽保、应扶尽扶。重视解决好“一老一小”问题，支持社会力量开展普惠托育服务，提升居家养老服务能力，新建西官井、新西街、文化社区3个日间照料中心。继续做好双拥优抚安置工作，积极争取上级资金完成光荣院建设。进一步强化各类项目开工审批，严格落实工程建设领域“四制两金”制度，切实保障农民工合法权益。认真做好第七次全国人口普查工作。

（七）持之以恒强素质、转作风，持续加强政府自身建设

保持政治定力，树牢旗帜鲜明的政治导向。始终把政治建设摆在首位，学思践悟习近平新时代中国特色社会主义思想，深入贯彻落实习近平总书记关于内蒙古重要讲话重要指示批示精神，牢固树立“四个意识”，坚定“四个自信”，坚决做到“两个维护”，坚定不移贯彻落实党中央重大决策部署，争当“两个屏障”建设者、“两山理论”践行者。进一步深化“不忘初心、牢记使命”主题教育，始终把“守初心、担使命，找差距、抓落实”贯穿政府工作各领域、全过程，自觉从政治上把握大局、看待问题，从政治上谋划事业、推动工作，把对党绝对忠诚体现在提高政治站位、保持政治定力、强化政治担当的自觉行动上。

厚植为民情怀，践行以人民为中心的发展理念。牢记人民对美好生活的向往就是我们的奋斗目标，以更加有为的举措，践行全心全意为人民服务的根本宗旨，在推进“生态立县、绿色强县”进程中，问政于民、问需于民、问计于民，始终把群众满意作为衡量政府工作的检验标准。自觉接受人大工作监督和政协民主监督，主动接受社会和舆论监督。认真办理人大代表建议和政协委员提案，严格跟踪问效。大力推行政务公开、信息公开，增强决策透明度和公众参与度。

依法履职用权，不断深化法治政府建设。树牢宪法法律权威意识、依法行政意识，健全依法、科学、民主决策机制。持续强化政府系统干部队伍“革命化、年轻化、知识化、专业化”建设，注重引进和培养梯队人才。严格执行“三重一大”制度，健全重大决策论证机制，推行公众参与、专家论证、风险评估、法制审查，确保决策遵从法律法规、体现社情民意、彰显公平正义。加强法治教育，完善公共法律服务体系，让尊法、守法，学法、用法成为自觉行动。

恪守廉洁本色，不断强化党风廉政建设。严格落实从严治党要求，切实履行“一岗双责”，深入推进政府系统党风廉政建设和反腐败斗争。带头执行中央八项规定及其实施细则精神，驰而不息纠“四风”。严格财经纪律，严控“三公”经费。不断转变工作作风，优化发展环境，保证干部清正、政府清廉、政治清明，以实际行动赢得人民群众的信任和支持。

各位代表！民之所盼，政之所向。让我们更加紧密地团结在以习近平同志为核心的党中央周围，在市委、市政府和县委的坚强领导下，不忘初心，牢记使命，守望相助、攻坚克难，为决胜全面建成小康社会、实现人民群众对美好生活的向往而不懈奋斗！

武川县 2019 年经济运行情况

一、国民经济平稳增长

至 2019 年 12 月末，武川县地区生产总值完成50.63亿元，比去年同期增长（按可比价格计算，下同）5.5%；第一产业 9.15 亿元，比去年同期增长 1.4%；第二产业 12.21 亿元，比去年同期增长 13.6%，其中工业 9.35 亿元，比去年同期增长 17.6%；第三产业 29.27 亿元，比去年同期增长 4.0%。

二、规模以上工业增速较快

至 2019 年 12 月末，规模以上工业增加值累计增速为 18.9%（可比价）。

三、固定资产投资大幅增长

至 2019 年 12 月末，全县固定资产投资完成 103792 万元，比去年同期增长 19.1%。分行业看，农林牧渔业完成投资 2050 万元，占全部投资完成额的 2.0%；工业完成投资 81000 万元，占全部投资完成额的 78.0%；其他行业完成 20742 万元，占全部投资额的 20.0%（其中：房地产完成投资 8990 万元，比去年同期增长 144.3%）。

四、消费品市场稳中有升

随着以公务消费为主的中高端消费显著减少，限额以上住宿、餐饮业营业额明显下降。但是批发零售业依然活跃，从而拉动消费品市场发展。至 2019 年 12 月末，全县社会消费品零售总额实现 87822 万元，比去年同期增长 2.0%。

五、财政收入小幅度增长，金融市场运行平稳

至 2019 年 12 月末，全县一般公共预算收入完成 25254 万元，比去年同期增长 6.3%；一般公共预算支出完成 164553 万元，比去年同期增长 6.5%。金融机构各项存款余额实现 606924 万元，比去年同期下降 1.0%；其中住户存款余额 484873 万元，比去年同期增长 10.4%；金融机构各项贷款余额 517385 万元，比去年同期增长 0.8%，其中住户贷款余额 351729 万元，比去年同期增长 5.8%。

六、城乡居民收入继续提高、生活水平不断改善

至 2019 年 12 月末，武川县城镇常住居民人均可支配收入 28385 元，同比增长 5.0%；农村常住居民人均可支配收入 9877 元，同比增长 14.6%；城镇常住居民人均生活消费支出 16998 元，同比下降 7.6%；农村常住居民人均生活消费支出 8017 元，同比增长 7.6%，城乡居民生活质量持续提高。

大事记

1月

1日开始第四次经济普查正式登记。

31日市委常委、武川县委书记云海在县委常委、宣传部部长谢曲平，县政协主席张立侠，副县长李迎春等领导的陪同下，春节前慰问武川县看守所和驻所武警中队。

2月

11日机构改革：将武川县发改部门的物价检查、反垄断和反不正当竞争划归武川县市场监督管理局，将农口项目划归县农牧局，将重大项目稽查划归审计局，将土地区位规划划归县自然资源局，将民族宗教局的重要物资和储备等划归发改委，组建县委财经委办公室设在武川发改委，撤销武川县发展和改革局变为武川县发展和改革委，粮食和物资储备局、商务局和工业和信息化局为挂牌单位。

3月

7日 武川县退役军人事务局正式挂牌成立。

△ 武川县发展和改革委员会举行挂牌仪式，副县长巴图举行挂牌仪式。

12日自治区公安厅党委委员、呼和浩特市副市长、市公安局局长傅彬、市人民政府副秘书长张利平和市公安局、市政府办公室部分人员陪同，深入武川县慰问包扶贫困户，调研督导脱贫攻坚等工作。

14日自治区政府副主席、公安厅厅长杨伟东在公安厅党委委员、呼和浩特市副市长、市公安局局长傅彬陪同下，深入武川县公安局可镇派出所、东官井社区戒毒（康复）中心、看守所检查指导工作。

4月

2日北京通用集团总裁到武川考察，县委书记云海、县长靳春亮陪同。

9日呼和浩特市委副书记、市长冯玉臻一行，到武川县上秃亥派出所，对扫黑除恶专项斗争情况进行督导检查，市委常委、武川县委书记云海、县长靳春亮及相关乡镇和部门负责人陪同调研。

12日 县委副书记、县长靳春亮主持召开全县民营企业座谈会，传达学习习近平总书记关于民营经济方面重要论述，贯彻落实自治区、呼市关于民营企业经济工作相关要求。县领导哈达、赵忠、徐银荀、袁波、曹子立、张海涛、任燕翔、巴图、张俊杰、安淼出席会议。全县各民营企业代表及部分金融机构负责人参加会议。

17日 武川县财政局、扶贫办成立财政专项扶贫资金使用监管指导工作组，督导全县9个乡镇及各扶贫资金使用单位的财政专项扶贫资金使用管理、涉农涉牧统筹整合资金方面等工作。

19日 武川县召开全县促进民营经济高质量发展大会。市委常委、县委书记云海出席会议并讲话，会议由县委副书记、县长靳春亮主持。公维春、武文彪、张立侠等县处级领导出席会议。各乡镇、县各部委办局及群团组织负责人及县内部分民营企业代表参加会议。会上，县发改委、工商联、内蒙古薯元康科技有限公司、内蒙古燕谷坊生态农业发展有限公司分别作汇报和发言。

24日 武川县召开银企座谈会，市委常委、县委书记云海主持会议并讲话。县领导靳春亮、哈达、赵忠、徐银荀、彭少冲、闫义及工商联、金融办等部门负责人、驻县金融机构和部分企业代表参加座谈会。

25日 召开中共武川县委审计委员会第一次会议。

29日 在可镇三圣太村委会大路二号村举行启动仪式，市、县领导以及机关干部和参建单位600余人参加了活动，栽植1.5米高云杉5000株，完成123亩义务植树基地的建设。由驻呼和浩特大型企业、区、市机关、企事业单位实施呼和浩特市义务植树纪念林基地。

30日 完成入户登记上报工作。共上报单位1096家，个体经营户474家（在2018年摸排清查阶段共上报个体经营户5718家，在此基础上进行抽样登记）。

5月

24日 呼和浩特市反邪教协会武川分会成立，选举会长、副会长、秘书长。

25日 在自治区工商联的统一组织下，经济部熊玲玲部长带领内蒙古湖北商会一行120人到武川县大青山植树基地义务植树，县工商联主席袁国栋陪同参加此次活动。

6月

2日 全县开展“扫除黑恶势力，建设平安武川”大型宣传仪式（历时一周），县四大班子领导参加仪式。

14日 武川县召开全县公安工作会议。呼和浩特市委常委、武川县委书记云海出席会议并讲话，武川县委副书记、县长靳春亮主持会议并作总结讲话。县委副书记哈达，县委常委、政法委书记王燕春，县委常委、纪委书记、监委主任闫义，副县长、公安局党委书记、局长吕志刚，各乡镇、县直部门负责人，公安局各所队室环节干部参加会议。

25日 中央扫黑除恶第15督导组组长支树平、副组长徐海斌等全体党员赴大青山革命烈士陵园开展主题党日活动，缅怀革命先烈、牢记初心使命、发扬革命传统教育。

7月

1日自治区党委书记、自治区人大常委会主任李纪恒、自治区党委副书记、自治区政府主席布小林等领导到大青山革命烈士陵园开展革命传统教育。

26日财政部、国家发改委到武川县观摩武川县光伏扶贫项目。

8月

9日武川县第七届莜面节在武川县电子产业园开幕。

30日武川县财政局举办全县财政预算绩效管理工作培训会，全县预算单位财务人员及项目管理人员参加此次培训，参会人员约100人。

9月

3日 在呼和浩特市辖区内大青山北坡，启动“绿化青山 守护北疆”生态建设行动启动仪式。建设区域东起与集宁市卓资县交界处，西至与包头市固阳县交界处，跨度长110公里，平均宽19公里，涉及县境内哈乐镇、大青山乡、得胜沟乡、哈拉合少乡4个乡镇，内含3个内蒙古大青山国家级自然保护区管理站，区域总面积2090平方公里。为加快推进大青山北坡生态综合治理，打造山川秀美、绿色宜居首府，呼和浩特将从2019年至2025年，用7年时间，集中实施宜林荒山荒坡造林、沟壑河道综合治理、破坏山体恢复治理、生态资源保护修复、美丽乡村建设、森林质量精准提升、生态移民、强化“两防一禁”、绿色富民产业等重点内容，完成综合治理任务300万亩，推进大青山生态环境保护和修复，改善大青山自然生态环境，筑牢祖国北疆重要生态安全屏障。

4日 财政部监管局对武川县2017、2018年度惠民惠农财政补贴资金“一卡通”调研实地核查。

24日 自治区公安厅第一督导组组长陈永春一行到武川县公安局，就新中国成立70周年大庆安保维稳各项重点工作落实情况开展督导检查。

25日 最高人民法院数字图书馆全区首家线上线下一体建设分馆—武川法院分馆正式上线。

10月

9日呼和浩特市委常委、纪委书记白永平一行深入武川县公安局调研指导工作。武川县委常委、纪委书记、监委主任闫义，公安局党委班子成员陪同调研。

23日武川县电商平台举行线上销售活动，2小时销售土豆1.5万单，每单5公斤装计7.5万公斤。

11月

6日呼和浩特市委常委、武川县委书记云海开展民营企业走访调研工作，并召开座谈会，了解企业发展过程中存在的问题和困难，探讨如何更好服务企业发展壮大。县委常委彭少冲，副县长巴图，经济开发区党工委书记、管委会主任常介光陪同。座谈会上，县发改局、市场监督管理局、工商联、金三角园区结合各自职能，就进一步加大力度更好服务全县民营企业做了表态发言。

13日武川县人民法院公开开庭审理“武川县城乡居民基本医疗保险服务中心干事傅某某利用职务便利先后挪用城乡居民医疗保险费7994360元”一案。

14日武川县财政局金融办会同市场监督管理局、公安局、人民银行、邮政储蓄银行等单位联合组织开展“打击非法集资 维护金融稳定 共创和谐社会”为主题宣传活动，政府副县长巴图参加此次活动。

12月

19日呼和浩特市委常委、武川县委书记云海主持召开武川县2019年政银企座谈会。会议就进一步加强政银企三方合作，促进金融机构服务实体经济，加快推进武川县当地企业发展进行专题研究。县领导彭少冲、任燕翔、巴图及部分企业、银行、相关部门负责人参加会议。

县情概览

行政区划　武川县位于内蒙古自治区中部，地处阴山山脉中段农牧区的交错地带，属呼和浩特市管辖，县城可可以力更镇距呼和浩特市区仅28千米。县境东邻乌兰察布市四子王旗、卓资县，南连呼和浩特市新城区、回民区和土默特左旗，西与包头市土默特右旗、固阳县相接，北与包头市达尔罕茂明安联合旗接壤。县境总面积4885平方公里，全境东西长110公里，南北宽66公里，其中山地占41.9%，丘陵占50.4%，滩川占7.7%。海拔最高2327米，最低1240米。年平均气温4.2℃，无霜期110天。全县总人口17.1万人，其中农业人口13.1万人。行政区划3个镇6个乡（可可以力更镇、哈乐镇、西乌兰不浪镇、大青山乡、上秃亥乡、耗赖山乡、德胜沟乡、哈拉合少乡、二份子乡），93个行政村，10个社区。

经济建设　2019年，全县地区生产总值完成53.5亿元，同比增长6.8%;固定资产投资完成10.5亿元，增长9.6%;规上工业增加值增速22%；一般公共预算收入完成2.53亿元，增长6.28%;一般公共预算支出完成15.8亿元，增长2.6%；社会消费品零售总额完成14.7亿元，增长2%；城镇、农村常住居民人均可支配收入分别完成28683元、9524元，增长6.1%、10.5%。

脱贫攻坚　2019年，全县剩余贫困人口49户91人全部脱贫，通过国家第三方评估验收，完成脱贫摘帽。

产业扶贫。打造马铃薯，食用菌、燕麦荞麦，肉羊、乌骨羊，中药材四条产业链，依托蒙禾源、燕谷坊等扶贫龙头企业，强化利益联结，21家企业带动5168户10853人，28家合作社带动1154户2339人，户均年增收分别达到3668元、4860元。整合各类涉农资金1.1亿元，精准投入扶贫产业，受益贫困人口8111人；4898名无劳动力贫困人口，通过土地流转、入股分红等形式实现增收。组建成立武川县扶贫资产管理公司，清产核资全部完成，集体经济组织成员身份认定881个自然村，完成率91.6%。完善农村土地确权颁证后续工作，发证率96.8%。

坚守“两不愁三保障”脱贫标准，优化政策供给，注重脱贫质量，投资647.9万元，完成农村危房改造424户，建档立卡贫困户危房动态清零。投资934.3万元，完成87个自然村安全饮水巩固提升；投资547.4万元，完成11个自然村水源置换和净化工程。为844名贫困学生发放教育补助350万元，义务教育阶段实现零辍学。投资647.9万元，解决11所乡镇卫生院和76所村卫生室人员、设备、药品问题，方便群众就近就医。推行“先诊疗、后付费”服务，贫困户参合率100%，家庭医生应签尽签，统筹支付报销比例90%。

精准施策，政策兜底，保障有力。制定出台《防范边缘户致贫与贫困户返贫工作实施意见》《扶贫项目产生收益资金使用和管理办法》等惠民政策，有效防止返贫致贫。突出就业扶贫，从贫困户中聘用护林员、防火员188人，安排公益岗位1111人，人均年增收3600元。通过“走出去、引进来”方式，培训贫困人口330人。贫困人口养老保险参保覆盖率100%，4677人已享受待遇。新纳入低保、五保贫困户47户85人。为7914名建档立卡贫困人口缴纳医疗保险，每人每年500元。注入财政扶贫风险补偿和贴息金5850万元，发放扶贫小额信贷2263.8万元，惠及509户贫困家庭。

社会帮扶。京蒙扶贫投入资金1764.6万元，实施项目23个，受益贫困人口3000余人。通用技术集团投入810万元，其中670万元用于打造中药材产业示范园区，种植中药材5500亩，带动全县种植2.5万亩。对接北京首创集团、内蒙古昆明卷烟有限公司扶贫支持，争取资金900万元。83家“百企联百村”企业帮扶71个村，投入资金270万元，落实项目42个。10兆瓦光伏扶贫项目为379户无劳动能力建档立卡贫困户发放113.7万元，户均增收3000元。

污染防治 大气污染防治。淘汰10蒸吨以下燃煤小锅炉16台，改为空气能电热锅炉和燃气锅炉，减少煤耗2563吨。开展扬尘、大气污染专项治理，拆除水泥搅拌站9处，第三、四热源厂完成脱硫和锅炉除尘改造。有效管控秸秆露天焚烧，全年减排二氧化硫730吨、氮氧化物125吨，空气质量达到国家二级标准，优良天数达到310天。

水源污染防治。投入653万元，完成哈拉沁水库一级水源地围封和监控设备安装。落实县乡河长制，累计巡河415次，打击取缔河道非法采砂5处。污水处理厂实现技改达标排放，全年处理污水292万吨、中水回用145万吨。淀粉、水泥制造等19家排污企业取得许可证。

土壤污染防治。加强农业面源污染防治，化肥、农药使用量同比减少2%。推进固废治理，固体废物实现全过程监管。完成国金矿业常福龙金矿整体拆除，保护区内51家矿山企业完成地质环境恢复治理，全部销号。保护区外61家矿山企业完成地质环境治理并通过专家验收。开展违建别墅清查整治，下发摸排图斑19处，拆除4处，没收1处。推进“大棚房”专项治理，完成“大棚房”拆除整改23个。

现代农牧业 新建马铃薯原种基地、微型薯基地5个，商品薯基地100个，总播面积56.6万亩。食用菌品种增加到9种，产量1800吨，实现收入1000万元。燕麦订单种植16.5万亩，示范区种植2万亩。耗赖山冷凉蔬菜、哈拉合少香椿和上秃亥西瓜、草莓等特色种植初见成效。划定粮食生产功能区和重要农产品保护区64万亩。开展残膜回收示范项目1个，建设国家级地膜原位检测点15个。

区域公用品牌“源味武川”正在注册商标。“武川食用菌”“武川莜面”正在申报全国“名特优新”认证；百灵面粉、万禾利生、圣丰合作社申报绿色产品7项。“武川莜麦”“武川荞麦”“武川土豆”“武川黄芪”正在申报农业农村部农产品地理标志。11家企业13个“三品一标”农畜产品录入国家农产品质量安全追溯管理信息平台。

新增自治区级龙头企业3家，市级以上龙头企业50家。新增家庭农牧场40个，累计121个。申报农民专业合作示范社12个，自治区级示范社18个。培育新型职业农民380人。新建肉羊生态家庭牧场20个，标准化养殖场50个，发展肉牛标准化养殖场（户）10个。

工业经济 推进新旧动能转换，形成生态产业、绿色工业为主体现代经济体系。全年实施亿元以上项目7个，完成投资6.83亿元，新入规企业3个。燕谷坊、兴农泰华、燕荞园、华贯蘑菇酱项目主体完工；阿日善药业、三子药业、元腾熟肉食品、优利卡奶食品、朴珍奶食品、洁泰诺食用酒精项目有序推进。国龙新能源一、二期和蒙天风能项目开工建设，年内新开工35万千瓦。清洁能源总装机容量195万千瓦。

旅游业 投资1600万元完成党性教育基地建设并投入运行。红色旅游三期工程全部竣工，年内投资1100万元，完成景区道路建设和游客服务中心装修布展，获得自治区AAA级景区认定。乡村旅游提档升级，13户农家乐获得奖补105万元。推进“厕所革命”，新建旅游水冲厕所6座。成功举办第二届冰雪文化旅游节、第七届燕麦文化节，提升旅游知名度。全年接待游客58.8万人次，实现收入1.18亿元，同比分别增长8.8%和9.2%。

现代服务业 电子商务进农村综合示范县项目通过中期考核，完成武川馆互联网平台建设，农村电商网点49个，电商培训3843人（次），带动就业1691人。国融证券新三板挂牌全国排名第二，缴税4589万元。

城镇基础设施 2019年，标准化石油气储配站投入使用，供应用户1320户。燃气管道新增8个小区，主管网22公里，用户3351户。东河带状公园配建8个标准健身区块，安装娱乐健身器材200套。天赋雅苑、帝锦城商住小区建设有序推进。光荣院续建项目开工建设。和谐城、可可花园等小区投资550万元，改造排水管网、维修小区道路等基础设施。

城镇宜居宜业。园林绿化种植各类花卉26.8万株，实施冰雪园、体育训练基地、金三角园区等区块绿化，种植各类树木灌木6957株，绿地4700平方米。强化市容环卫网格化监管，整治取缔流动摊点421起、占道堆放物品335处。标准便民市场投入使用，80家商户入驻营业，统一管理、规范运行，为城镇居民提供干净便捷市场环境。清理“三乱小广告”150余处、墙体违法广告1.2万平方米，查处城区违建行为535处。城镇垃圾日产日清，市政道路、绿化带、公园区块干净整洁。

农村人居环境 按照《关于实施乡村振兴战略的意见》和《武川县乡村振兴战略规划》，确定乡村振兴战略试点村6个。投资180万元，完成1个自治区森林乡镇、10个森林村庄建设，绿化面积440亩。投资2350万元，建成粪污堆肥集中处理设施99个、区域粪污处理中心1个，粪污资源化利用率80%，农作物秸秆综合利用率85%。公益岗位配置卫生清扫人员970人，清理农村生活垃圾148吨，农村人居环境整洁卫生。

生态建设 启动“绿化青山、守护北疆”生态建设行动，年内造林7万亩。完成天然林保护、京津风沙源治理等工程12.5万亩，京津风沙源治理围栏封育15万亩。全民义务植树32万株。强化森林草原防火禁牧，安装防火高清监控20个，查处林业行政案件56起。

水利设施 投资2100万元实施节水增效项目续建工程，新增节灌2.12万亩，全县达到38万亩。投资2260万元，完成小流域综合治理44平方公里。完成中后河河道治理续建工程2公里。强化水资源管理和水政执法，征收水土保持补偿费630万元。

交通电力 国道209线呼武段县境内全部通车。省道311线建设项目完成施工和监理招标。累计投资4185万元，完成大沙岱至闫家沟、二份子至纳令河等9条通村公路建设，行政村通硬化路98.9%，自然村通硬化路60.9%。推进ETC发行工作，安装车辆3.5万辆。投资9186万元完成农网改造工程，投资679万元完成机井通电和配网自动化工程，全年售电量7.1亿千瓦时，同比增长26.6%。

社会事业 合理调整学校布局，引进教师28名，优化中小学管理队伍和师资力量，一中、二中、三中、一小推行军事化管理。职教中学农学楼投入使用，第二中学五人室内足球馆改址新建。整改规范4所民办幼儿园。城乡居民基本医疗保险参保11.8万人，住院报销906人次684万元，大病补充保险补偿1269人次652万元。家庭医生签约7.9万人。接受自治区卫生旗县和自治区慢性病综合防控示范县验收评审。成功举办庆祝新中国成立70周年红歌大合唱系列活动，《青山之恋》被评为“第16届内蒙古草原文化节”唯一汉语展演剧目。二人台《走西欧》被国家艺术基金选为巡演作品。东河带状公园投资200万元，建成公共健身馆1处。自治区体育训练基地投资3800万元，新建全国一流标准化网球馆和200米跑道田径馆，建筑面积7400平方米。

民生保障 2019年，新增城镇就业1361人，城镇失业人员再就业629人，就业困难人员再就业121人，城镇登记失业率2.8%。农村劳动力就业转移4万余人。新录用公务员8名、选调生14名。引进高学历人才18名。妥善安置随军家属1人。城乡居民养老保险人数9.8万人，城镇企业职工养老保险参保5502人。累计为401名失业人员发放保险金542.8万元。城乡低保标准分别提高到每人每月725元、510元，累计发放低保金8216.6万元。集中、分散特困人员供养标准提高到每人每月815元和665元。累计发放城乡特困供养金、残疾人两项补贴、孤儿补贴和重点优抚对象抚恤定补、生活补助、医疗补助、城乡义务兵优待金2791万元。健全根治拖欠农民工工资问题长效机制，新签补签劳动合同2820人，签订率100%。受理劳动争议仲裁案件9起并全部结案，保障农民工工资按时足额发放。完成民生支出12.6亿元，占公共预算支出的75.86%。

社会事务 推进扫黑除恶专项斗争，中央、自治区督导反馈问题全部整改落实。开展矿山领域、涉枪危爆、赌博等专项整治和“百日攻坚”行动，提级侦办涉黑案件1起，打掉恶势力集团1个、团伙4个，破获刑事案件33起。批捕涉恶案件11件，受理起诉9件，提起公诉6件，开庭宣判5件。落实中央关于宗教工作决策部署，依法依规拆除2宗大型露天造像。

“不忘初心、牢记使命”主题教育 坚持以习近平新时代中国特色社会主义思想为指导，牢固树立“四个意识”，坚定“四个自信”，坚决做到“两个维护”，聚焦“守初心、担使命，找差距、抓落实”总要求，落实“四个到位”。政府党组坚持问题导向，解决涉及群众切身利益问题62个，解决新旧区卫生院搬迁，中医院新增血液透析室，优化增设办事窗口等一批涉及群众切身利益的问题。

法治政府建设 推进“互联网＋监管事项”工作，认领594项，清单编制与审核520项，完成率87.5%；执法部门行为采集录入27个部门、28项检查行为、290名执法人员。落实重大行政决策程序规定，对社会涉及面广、与人民群众利益密切相关的决策事项，召开50多次座谈会、听证会、论证会广泛听取意见。

营商环境 推进“互联网＋政务服务”，网上办理率81.5%。加快政务服务中心标准化建设，累计办理服务事项45.7万件，发布实施清单410项，“一网通办”梳理168项，服务环境不断优化。推动“多证合一、一照一码”，企业注册实现“最多跑一次”。健全完善“双随机一公开”监管机制，抽查48次555户。落实减税降费政策，减轻企业负担。

廉政建设 贯彻落实县委各项决策部署，接受人大法律监督和政协民主监督，办理人大代表建议22件、政协委员提案73件。全年公开各类政务信息5514条。落实党风廉政“主体责任”和“一岗双责”，强化行政监察、民生监督，完成县本级预算执行、2个乡镇财政决算和7个单位领导干部离任审计。

机构改革 完成机构改革、事业单位改革任务，新组建退役军人事务局、医疗保障局等5个部门，26个政府组成部门完成集中挂牌、人员转隶、资产划转、“三定”方案制定，转隶工作人员330余人。推进乡镇改革和交通运输、农牧业、生态环境保护、文化市场、市场监管5个领域行政综合执法改革，提升行政效能。

中国共产党武川县委员会

中国共产党武川县委员会

主要会议、活动 2019年1月14日，中共武川县第十四届委员会常委会第107次会议召开。市委常委、县委书记云海主持会议，会议传达学习中央经济工作会议精神，自治区党委十届八次全会精神暨全区经济工作会议精神，市委十二届七次全会暨全市经济工作会议精神，研究贯彻落实工作；研究全县2019年为民办实事项目；听取扶贫工作汇报，安排部署相关工作；书面传达学习习近平总书记在全国政协新年茶话会上的重要讲话精神和2019年新年贺词；传达学习习近平总书记对做好“三农”工作的重要指示精神和中央农村工作会议精神，研究贯彻落实工作；听取全县大棚房专项清理整治工作情况汇报；听取扫黑除恶专项斗争工作情况汇报；传达学习习近平总书记在中央政治局民主生活会上的重要讲话精神，研究审议《县委常委会2018年度民主生活会方案》；传达学习习近平总书记在中央政治局第十一次集体学习时的重要讲话精神，研究贯彻落实工作；传达学习中办印发《中国共产党纪律检查机关监督执纪工作规则》；传达学习全区党委秘书长会议精神和全市党委系统办公室主任会议精神，研究贯彻落实工作；研究审议《中共武川县委宣传部关于武川县2018年意识形态分析研判的报告》；听取宗教工作情况汇报；研究干部调整任免事宜。

2019年1月22日，中共武川县第十四届委员会常委会第108次会议召开。市委常委、县委书记云海主持会议，会议传达学习中央第八巡视组对内蒙古开展脱贫攻坚专项巡视情况反馈会议精神，研究武川县整改落实工作；听取县总工会、团委、妇联党组2018年度工作情况汇报和党校、科协2018年度工作情况汇报；通报自治区扫黑除恶专项斗争第一督导组关于对我市扫黑除恶专项斗争工作督导情况的反馈意见，研究部署整改落实工作；研究审议《中共武川县委办公室 武川县人民政府 关于落实自治区扫黑除恶专项斗争第一督导组情况反馈意见的整改方案》；书面传达《中国共产党政法工作条例》；深入学习贯彻习近平总书记关于“大棚房”专项清理重要指示批示精神，传达学习1月13日李纪恒同志在我市实地抽查“大棚房”问题清理整治工作时的讲话精神，以及全区“大棚房”专项清理整治电视电话会议精神，听取武川县专项清理整治进展情况汇报；传达学习习近平总书记在十九届中央纪委三次全会上的重要讲话精神和十九届中央纪委三次全会精神，以及自治区纪委十届五次全会精神，研究贯彻落实工作，讨论《县纪委十四届五次全会工作报告》，听取县纪委十四届五次全会会议筹备情况汇报；深入学习贯彻习近平总书记在中央政治局民主生活会上的重要讲话精神，研究县委常委会2018年度民主生活会班子对照检查材料，听取2017年度县委常委会民主生活会整改落实情况和2018年度县委常委会民主生活会征求意见情况的汇报；传达学习《中国共产党农村基层组织工作条例》，传达学习自治区、市2018年度抓基层党建工作述职评议会议精神和全区、全市民营企业党建工作座谈会精神，研究武川县贯彻落实工作；听取武川县关于在村“两委”换届“回头看”工作中对村“两委”成员联审情况的汇报；研究审议《武川县机构改革实施意见》。

2019年1月31日，中共武川县第十四届委员会常委会第109次会议召开。市委常委、县委书记云海主持会议，会议听取中共武川县十四届十次全会各讨论组召集人关于《武川县机构改革实施意见（讨论稿）》、《全会公报（草案）》学习讨论情况的汇报。

2019年2月2日，中共武川县第十四届委员会常委会第110次会议召开。市委常委、县委书记云海主持会议，会议传达学习习近平总书记连续4年5次在跨省区脱贫攻坚工作座谈会上的重要讲话精神；传达学习习近平总书记在省部级主要领导干部坚持底线思维着力防范化解重大风险专题研讨班开班式上的重要讲话精神，研究贯彻落实工作；传达学习中央办公厅印发《关于党的十九大以来中央政治局贯彻执行中央八项规定情况的报告》，研究贯彻落实工作；研究审议《武川县落实中央第八巡视组脱贫攻坚专项巡视反馈意见整改方案》；研究讨论关于成立教育发展基金有关事宜；研究讨论上报优秀民营企业有关事宜。

2019年2月26日，中共武川县第十四届委员会常委会第111次会议召开。市委常委、县委书记云海主持会议，会议研究讨论确定拟平职转任重要岗位领导干部考察对象建议人选。

2019年2月27日，中共武川县第十四届委员会常委会第112次会议召开。市委常委、县委书记云海主持会议，会议传达学习李克强总理在我区视察时的重要指示精神，研究贯彻落实意见；传达学习自治区第十三届人民代表大会第二次会议和自治区政协十二届二次会议精神，研究部署贯彻落实工作；传达学习全国、全区和全市组织部长会议精神，研究贯彻落实意见；研究审议《中共武川县委 武川县人民政府关于促进绿色发展的指导意见》《中共武川县委办公室 武川县人民政府办公室关于成立武川县绿色发展领导小组的通知》；听取全县扫黑除恶专项斗争工作进展情况汇报；听取全县“大棚房”专项清理整治进展情况汇报；研究审议《武川县“组织力提升年”暨深化“基层党建强化年”的实施意见》；研究审议《县委常委会脱贫攻坚专项巡视整改落实专题民主生活会方案》；研究县委常委会2019年工作要点；研究审议《武川县2019年问需问政工作实施方案》；研究武川县妇联关于拟表彰2018年度“三八红旗手”“巾帼建功标兵”“最美家庭”有关事宜。

2019年3月4日，中共武川县第十四届委员会常委会第113次会议召开。市委常委、县委书记云海主持会议，会议听取全县安全生产大排查工作部署情况汇报；传达全市扶贫整改会议精神，听取脱贫攻坚领域各类检查整改进展情况汇报，安排部署武川县扶贫领域整改工作；听取关于和林格尔新区武川县园区筹建办公室职责及职能组等事项的情况汇报；研究讨论在机构改革工作中调整部分政府工作部门党组、党工委相关事宜；研究讨论干部有关事宜。

2019年3月19日，中共武川县第十四届委员会常委会第114次会议召开。市委常委、县委书记云海主持会议，会议传达学习习近平总书记在参加十三届全国人大二次会议内蒙古代表团审议时的重要讲话精神；书面传达学习全国“两会”精神；研究审议《中共武川县委 武川县人民政府关于促进绿色发展的实施意见》；传达学习中共中央办公厅、国务院办公厅印发《地方党政领导干部食品安全责任制规定》和《生产安全事故应急条例》（国务院令第708号），听取全县安全生产工作汇报；研究审议《武川县2019年重点工作、重点任务分解表》；传达学习中共中央印发《关于加强党的政治建设的意见》《中国共产党重大事项请示报告条例》；研究审议县委机构编制委员会组成人员调整有关事宜；传达中央统一战线工作领导小组关于宗教工作督查对武川县的反馈意见，研究审议《关于落实中央宗教工作督查对呼和浩特市委问责意见的整改方案》；传达学习全国、全区、全市宣传思想工作会议精神，研究关于召开全县宣传思想工作会议事宜；研究审议《武川县领导干部联系服务群众制度》；研究县委常委会脱贫攻坚专项巡视整改落实专题民主生活会班子对照检查材料。

2019年4月4日，中共武川县第十四届委员会常委会第115次会议召开。市委常委、县委书记云海主持会议，会议安排部署2019年春季森林草原防火工作；传达全国、全区统战部长会议和全市统战工作会议精神，研究武川县贯彻落实意见；研究《市委考核我县党政领导班子副职优秀建议名单》《市委委托我县考核的领导干部优秀建议名单》；研究审议《整顿机关作风优化营商环境实施方案》。

2019年4月18日，中共武川县第十四届委员会常委会第116次会议召开。市委常委、县委书记云海主持会议，会议研究审议关于成立武川县反邪教协会有关事宜；书面传达学习两高两部关于办理扫黑除恶案件的4个意见；听取中国通用武川扶贫产业合作区推进情况汇报；传达学习习近平总书记关于江苏响水“3·21”爆炸事故和四川省凉山州木里县森林火灾的重要指示精神，研究部署进一步做好安全生产、森林防火工作；传达学习《中央农办、农业农村部、国家发展改革委关于深入学习浙江“千村示范、万村整治”工程经验扎实推进农村人居环境整治工作报告》，研究武川县2019年农村人居环境整治工作安排；传达学习习近平总书记对民政工作作出的重要指示精神、李克强总理会见民政会议代表时的讲话精神和全国民政会议精神，研究贯彻落实工作；听取武川县实施乡村振兴战略工作推进情况，安排部署相关工作；传达学习习近平总书记在学校思想政治理论课教师座谈会上的重要讲话精神；传达学习全国网信办主任座谈会精神，自治区党委网络安全和信息化委员会第一次会议精神；传达中央文明办关于全国文明城市提名城市中的141个地级以上城市、城区2018年文明城市年度测评结果通报，2018年未成年人思想道德建设工作年度测评结果通报，研究贯彻落实工作；传达学习《中共中央关于加强和改进中央和国家机关党的建设的意见》《党政领导干部选拔任用工作条例》；传达中央统战部关于进一步做好中央宗教工作督查反馈意见整改工作的要求，安排部署相关工作；听取各乡镇关于巩固提升脱贫成效述职交流；研究成立县委议事协调机构有关事宜；研究干部有关事宜。

2019年4月24日，中共武川县第十四届委员会常委会第117次会议召开。市委常委、县委书记云海主持会议，会议研究部署宗教造像治理善后事宜。

2019年5月21日，中共武川县第十四届委员会常委会第118次会议召开。市委常委、县委书记云海主持会议，会议传达学习李纪恒书记、布小林主席在“思想再解放、笃行新发展理念，推动高质量发展大学习大讨论”动员部署会上的讲话精神，审议《关于落实“思想再解放 笃行

新发展理念 推动高质量发展大学习大讨论”的工作安排》；传达自治区纪委监委有关会议精神，研究贯彻落实工作；研究成立武川县红色旅游工作领导小组有关事宜，安排部署红旅产业发展相关工作；审议《武川县落实中央环保督察“回头看”及草原生态环境问题专项督察反馈意见的整改方案》；审议《县委党建工作领导小组 2019 年工作要点》《开展“六进农村”活动的实施方案（审议稿）》，听取 2018 年度乡镇和经济开发区党组织书记抓基层党建述职评议评价结果汇报；审议《武川县隆重庆祝中华人民共和国成立 70 周年广泛组织开展“我和我的祖国”群众性主题宣传教育活动方案（审议稿）》；审议《武川县民生实事项目人大代表票决制试点工作方案》；听取巡察工作开展情况及 2019 年巡察工作安排，审议《武川县委巡察组组长库管理办法》《武川县委巡察工作人才库人员选配与管理办法》《关于建立县委巡察工作大协作机制的意见》；听取机要保密工作情况汇报，审议《中共武川县委保密委员会 2019 年工作要点》；听取 2019 年信访维稳工作情况汇报。

2019 年 6 月 2 日，中共武川县第十四届委员会常委会第 119 次会议召开。市委常委、县委书记云海主持会议，会议听取扫黑除恶专项斗争工作研判报告。

2019 年 6 月 17 日，中共武川县第十四届委员会常委会第 120 次会议召开。市委常委、县委书记云海主持会议，会议研究蒙禾源公司董事长与总经理薪酬待遇有关事宜；听取蒙禾源公司财务审核有关事宜汇报；传达学习习近平总书记关于扫黑除恶专项斗争工作的重要论述，中央扫黑除恶第 15 督导组对内蒙古扫黑除恶专项斗争反馈 6 方面 22 个问题及中央扫黑除恶第 15 督导组总联络人、下沉第 1 组组长孙中平对呼市反馈 6 个问题；传达学习习近平总书记在全国公安工作会议上的讲话；听取武川县全面依法治县情况汇报；传达学习赵乐际同志在市县巡察工作推进会上的讲话；听取 2019 年武川县人才工作汇报和关于调整武川县人才工作领导小组成员的情况说明；听取关于推荐全市“两优一先”表彰对象有关情况汇报；

听取有关干部挂职情况汇报；听取武川县文化工作开展情况汇报；听取武川县民族工作开展情况汇报。

2019 年 7 月 11 日，中共武川县第十四届委员会常委会第 122 次（扩大）会议召开。市委常委、县委书记云海主持会议，会议就武川县宗教工作和扫黑除恶工作进行重点发言；传达学习《中共中央、国务院关于加强和改进新形势下宗教工作的意见》和《中央统战部办公厅关于印发〈治理滥塑大型露天宗教造像工作推进会精神传达提纲〉的通知》；传达学习自治区《关于认真做好中央督导组下沉盟市督导反馈意见整改工作的指导意见》和《呼和浩特市扫黑除恶专项斗争约谈工作办法》；就武川县宗教工作和扫黑除恶工作进行重点发言；审议《武川县巩固提升扶贫成果建立防范边缘户致贫与贫困户返贫工作的实施意见（试行）》。

2019 年 7 月 19 日，中共武川县第十四届委员会常委会第 123 次（扩大）会议召开。市委常委、县委书记云海主持会议，会议传达学习习近平总书记在内蒙古考察并指导开展“不忘初心、牢记使命”主题教育时的重要讲话精神；书面传达学习习近平总书记对内蒙古的一系列重要讲话、重要指示精神；就认真学习贯彻落实习近平总书记在内蒙古考察并指导开展“不忘初心、牢记使命”主题教育时的重要讲话精神进行重点发言；审议《武川县公务员职务与职级并行制度实施方案》。

2019 年 7 月 30 日，中共武川县第十四届委员会常委会第 124 次会议暨

规范政府债务管理防范金融风险工作领导小组会议召开。市委常委、县委书记云海主持会议，会议听取武川县 2019 年经济形势分析汇报；听取武川县债务化解工作进展情况汇报；审议《武

川县融媒体中心建设实施方案》；审议《关于调整武川县民营经济发展专项推进领导小组成员的通知》和《武川县处级领导干部联系民营企业工作方案》。

2019年8月21日，中共武川县第十四届委员会常委会第125次（扩大）会议召开。市委常委、县委书记云海主持会议，会议传达学习习近平总书记在党外人士座谈会上的重要讲话精神和中央政治局会议精神以及全区上半年重点工作汇报会精神；传达学习中国共产党内蒙古自治区第十届委员会第十次全体会议精神；听取2019年扫黄打非、反恐、禁毒工作情况汇报；听取2019年信访维稳工作情况汇报；听取2019年意识形态和网络意识形态工作情况汇报；研究审议武川县《关于开展"守初心担使命、爱我青城奉献首府"活动实施方案》；研究审议干部兼任和调整有关事宜；审议关于给予张林和、武文君开除党籍和开除公职处分相关事宜。

2019年8月23日，中共武川县第十四届委员会常委会第126次会议召开。市委常委、县委书记云海主持会议，会议深入学习贯彻习近平总书记关于宗教工作的重要论述重要指示批示精神及党中央宗教工作决策部署，传达中共呼和浩特市第十二届委员会常委会第132次会议精神，研究部署贯彻落实工作。

2019年9月11日，中共武川县第十四届委员会常委会第127次会议召开。市委常委、县委书记云海主持会议，会议听取中共武川县第十四届委员会第十一次全体会议筹备情况，研究讨论《中共武川县委员会关于深入学习贯彻习近平总书记考察内蒙古重要讲话精神的实施意见（征求意见稿）》；研究讨论中共武川县第十四届委员会第十一次全体会议公报草案（征求意见稿）和全会第一、二次全体会议上的讲话（征求意见稿）；研究审议《中共武川县委员会 开展"不忘初心、牢记使命"主题教育工作方案》、《中共武川县委常委会 开展"不忘初心、牢记使命"主题教育工作安排》；听取2018年度全县领导班子、领导干部年终考核结果汇报；听取2018年度驻村工作队员考核结果汇报；听取武川县党政考察组学习考察喀喇沁旗农业产业发展情况汇报；研究审议《关于深入开展"四个百日行动"的通知》。

2019年9月12日，中共武川县第十四届委员会常委会第128次会议召开。市委常委、县委书记云海主持会议，会议听取中共武川县十四届十一次全会各讨论组召集人关于云海同志讲话、《中共武川县委员会关于深入学习贯彻习近平总书记考察内蒙古重要讲话精神的实施意见（讨论稿）》和《全会公报（草案）》学习讨论情况的汇报。

2019年9月19日，中共武川县第十四届委员会常委会第129次会议召开。市委常委、县委书记云海主持会议，会议宣布宗教工作追责案相关同志的处分决定；传达学习习近平总书记考察甘肃省敦煌研究院、全国道德模范表彰活动及2019年秋季学期中央党校（国家行政学院）中青年干部培训班开班式上的重要讲话精神，研究贯彻落实工作；传达学习《中共中央办公厅关于贵州省认真贯彻习近平总书记重要指示批示精神深入开展领导干部利用茅台酒谋取私利问题的通报》并进行表态发言；听取武川县"不忘初心、牢记使命"主题教育工作开展情况汇报；听取武川县扫黑除恶工作情况汇报；听取武川县宗教工作情况汇报；听取武川县庆祝中华人民共和国成立70周年重要活动安排汇报；听取武川县国庆期间安保及信访维稳工作安排汇报；听取国庆节期间全县安全生产、道路交通安全、食品药品安全、校园安全、政务值班工作安排汇报；研究审议《武川县扶持发展壮大村集体经济实施方案》；听取关于召开武川县第二届党外知识分子联谊会第一次会员大会筹备情况汇报。

2019年10月9日，中共武川县第十四届委员会常委会第130次会议召开。市委常委、县委书记云海主持会议，会议 . 传达学习习近平总书记在河南考察重要讲话精神、在黄河流域生态保护和高质量发展座谈会上的重要讲话精神；传达学习习近平总书记对地方人大及其常委会工作做出的重要指示精神，研究贯彻落实工作；传达学习习近平总书记在中央政协工作会议的重要讲话精神，研究贯彻落实工作；传达学习中共中央政治局 9 月 24 日会议精神，习近平总书记在中央政治局第十七次集体学习时的重要讲话精神；传达学习习近平总书记对国家网络安全宣传周作出的重要强调，研究贯彻落实工作；传达学习林少春同志调研我市群团工作、扫黑除恶整改工作指示精神，研究贯彻落实工作；审议《武川县软弱涣散社区党组织整改方案（审议稿）》和《武川县软弱涣散村党组织整改方案（审议稿）》；听取武川县宗教工作情况汇报；审议《关于规范领导干部外出请示报告、会议活动请假工作的通知》；审议《武川县乡村振兴战略规划》；审议《武川县化解房地产领域遗留问题工作实施方案》；听取武川县迎接自治区关于开展习近平总书记对内蒙古工作重要讲话重要指示批示精神贯彻落实情况督查工作准备情况汇报；听取武川县债务化解情况汇报。

2019 年 10 月 16 日，中共武川县第十四届委员会常委会第 131 次会议召开。市委常委、县委书记云海主持会议，会议深入学习贯彻中央关于秦岭北麓西安境内违建别墅问题有关通报精神，云海同志安排部署清查整治工作；安排部署脱贫攻坚工作；安排部署清欠农民工工资工作。

2019 年 10 月 24 日，中共武川县第十四届委员会常委会第 132 次会议召开。市委常委、县委书记云海主持会议，会议传达学习习近平总书记在庆祝中华人民共和国成立 70 周年招待会上的重要讲话和在庆祝中华人民共和国成立 70 周年大会上、视察北京香山革命纪念地、全国民族团结进步表彰大会、中华人民共和国国家勋章和国家荣誉称号颁授仪式上的重要讲话精神，研究贯彻落实工作；传达学习中办、国办印发《关于进一步做好清理拖欠民营企业中小企业账款有关工作的通知》，安排部署政府债务化解工作；传达学习李纪恒同志在呼和浩特市调研时的会议精神，研究贯彻落实意见；传达学习自治区机关党的建设工作会议精神，研究贯彻落实工作；传达全区扫黑除恶专项斗争督导整改集体约谈会议精神，研究贯彻落实工作，听取武川县扫黑除恶工作进展情况；听取县政府党组关于 2019 年前三季度经济工作的汇报，安排部署第四季度经济工作；听取全县“三城同创”工作进展情况汇报，安排部署相关工作；研究关于梁永宏等 4 人违纪违法问题有关事宜；研究审议《关于中央扫黑除恶专项斗争督导反馈问题问责清单方案》。

2019 年 11 月 6 日，中共武川县第十四届委员会常委会第 133 次会议召开。市委常委、县委书记云海主持会议，会议传达中华人民共和国国家勋章和国家荣誉称号颁授仪式上的重要讲话精神传达学习《中国共产党第十九届中央委员会第四次全体会议公报》；传达学习习近平总书记在第二届中国国际进口博览会开幕式上的重要讲话和习近平总书记在上海考察时的重要讲话精神；传达《中央统一战线工作领导小组关于宗教工作督查对呼和浩特市委问责情况的通报》，安排部署武川县宗教工作；传达学习习近平总书记对脱贫攻坚工作作出的重要指示和李克强总理的批示精神及全国脱贫攻坚奖表彰大会暨先进事迹报告会精神，全国脱贫攻坚先进事迹巡回报告会精神，李纪恒同志在自治区推进中央脱贫攻坚专项巡视整改暨打赢精准脱贫攻坚战旗县（市、区）委书记述职交流视频会议上的讲话精神，《关于做好国务院扶贫办退出抽查反馈问题整改工作的通知》，安排部署贯彻落实工作；传达学习《中共中央关于新时代加强和改进人民政协工作的意见》，研究贯彻落实意见；传达学习深化拓展新时代文明实践中心建设试点工作电视电话会议精神，研究贯彻落实意见；传达学习内蒙古黄河流域生态保护和高质量发展座谈会精神，研究贯彻落实意见；传达学习全国、全区、全市扫黑除恶专项斗争会议精神，中央督导“回头看”督导要求，听取武川县扫黑除恶专项斗争重点工作汇报，安排部署下一阶段工作；传达学习《关于全国违建别墅问题清查整治专项行动有关问题的说明》，自治区厅际协调机制办公室关于做好违建别墅问题清查整治工作的建议函，听取武川县违建别墅清查整治专项行动工作情况汇报，安排部署下一阶段工作；研究审议《〈中共武川县委员会关于深入学习贯彻习近平总书记考察内蒙古重要讲话精神的实施意见〉重点工作分工方案》；听取武川县矿产资源领域突出问题专项整治工作情况汇报，安排部署相关工作；听取武川县债务化解工作情况汇报，安排部署清理拖欠民营企业中小企业账款有关工作。

2019 年 11 月 18 日，中共武川县第十四届委员会常委会第 134 次（扩大）会议召开。市委常委、县委书记云海主持会议，会议交流“不忘初心、牢记使命”主题教育专题调研成果；听取“不忘初心、牢记使命”主题教育专项整治进展情况汇报，安排部署下一阶段工作；研究审议《武川县委常委会“不忘初心、牢记使命”专题民主生活会方案（审议稿）》；研究部署武川县中央环保督察“回头看”整改工作；研究部署武川县中央宗教督查“回头看”整改工作；安排部署武川县“鼠疫”防控相关工作。

2019 年 11 月 27 日，中共武川县第十四届委员会常委会第 135 次（扩大）会议召开。市委常委、县委书记云海主持会议，会议书面学习《中共中央关于坚持和完善中国特色社会主义制度推进国家治理体系和治理能力现代化若干重大问题的决定》；贯彻落实自治区主席布小林同志调研武川县脱贫攻坚工作有关要求；传达学习中共中央印发《中国共产党党校（行政学院）工作条例》，研究贯彻落实意见；传达学习中共中央办公厅印发《2019-2023 年全国党员教育培训工作规划》，研究贯彻落实意见；传达学习中央扫黑除恶第 15 督导组督导内蒙古自治区“回头看”情况反馈会精神和中央扫黑除恶督导“回头看”调研呼和浩特市座谈会精神，安排部署下一阶段工作；传达学习中共中央、国务院印发《新时代爱国主义教育实施纲要》，研究贯彻落实意见；传达学习自治区党委人大工作会议精神，研究贯彻落实工作；传达学习自治区党委政协工作会议精神，研究贯彻落实工作；传达《关于追授王晓东同志“内蒙古自治区优秀共产党员”称号的决定》，研究贯彻落实意见；传达全区鼠疫和鼠疫疫情防控工作电视电话会议精神、自治区有关文件精神和市有关会议精神，安排武川县防控工作；听取全县人防工作开展情况和经费收缴使用情况汇报，安排部署相关工作；听取全县人防系统腐败问题专项治理调查整顿工作情况的汇报，安排部署相关工作；听取武川县矿产资源领域专项整治汇报，安排部署相关工作；听取武川县履行全面从严治党“两个责任”工作情况汇报；研究关于成立中共武川县委宣传思想工作领导小组事宜；研究关于成立县委深化乡镇改革推进基层整合审批服务执法力量工作领导小组事宜；宣布中共呼和浩特市纪委关于李登红同志违纪问题立案审查的决定。研究审议《县委常委班子“不忘初心、牢记使命”专题民主生活会对照检查材料》。

2019 年 12 月 19 日，中共武川县第十四届委员会常委会第 136 次（扩大）会议召开。市委常委、县委书记云海主持会议，会议听取党委各部门和政府各副县长 2020 年工作思路和工作重点汇报。哈达、徐银荀、刘冬生、王燕春、彭少冲、闫义、史兴强、袁波、曹子立、王月红、张海涛、李迎春、任燕翔、巴图、杨丽芳依次进行了汇报。

2019 年 12 月 23 日，中共武川县第十四届委员会常委会第 137 次（扩大）会议召开。市委常委、县委书记云海主持会议，会议传达学习中央经济工作会议精神，安排部署贯彻落实工作；

学习贯彻习近平总书记关于巡视工作的重要论述，安排部署贯彻落实工作；学习贯彻习近平总书记关于打好“三大攻坚战”的重要论述，听取全县打好“三大攻坚战”工作情况汇报，安排部署相关工作；传达学习全国党校（行政学院）校（院）长会议精神，安排部署贯彻落实工作；传达学习自治区两办印发《关于切实加强节庆、论坛、展会活动管理工作的通知》，安排部署贯彻落实工作；研究审议《武川县关于全面深入持久开展民族团结进步创建工作铸牢中华民族共同体意识的实施意见》；研究审议《武川县关于中央扫黑除恶第15督导组“回头看”反馈问题整改方案》。

（办公室）

县委办公室

领导名录

县委常委、办公室主任、县委改革办公室主任：彭少冲

副主任：彭喜龙

王宏宇

任志贤

业务工作　2019年，县委办公室在县委领导下，学习贯彻习近平新时代中国特色社会主义思想和中共十九大和十九届二中、三中、四中全会精神，增强“四个意识”，坚定“四个自信”，践行“两个维护”，树立政治机关意识，推进机关政治建设，发挥县委办公室“前哨”“后院”“左右手”作用，提高队伍素质，抓县委办公室业务工作和机关建设，提升工作科学化、规范化。

推行“闭环工作法”，聚焦中心工作抓落实。围绕中央、上级党委、县委重大决策部署落实情况开展督查，制定督查措施和方案，将督查目标任务进行量化、细化，督查结果以专报形式进行反馈。加大对脱贫攻坚、项目建设、产业转型发展等重大民生工程督办，协助县委把好事办好、实事办实。全年编发督办事项通知单121期。统筹四大班子、各部门、各乡镇形成抓落实工作格局，建立重要决策、重大事项协同落实机制。按期答复网民留言，全年共答复网民留言54条。

提高办文质量。制定县委、县委办主体文件110余件，完成县委各类会议领导讲话和县委十四届十次、十一次、十二次全会工作报告、全县三级干部脱贫攻坚推进会、全县“不忘初心、牢记使命”主题教育动员会总结会等重要文稿起草工作。全年筹办电视电话会议98次、常委会32次、书记专题会议6次、县委理论中心组学习会议20次、其他各类大型会议20余次。完成国家、自治区、市脱贫攻坚专项督查、第三方检查验收等重要会议活动。多次承办自治区党委、市委领导到武川县考察调研会务工作，及时传达中央、上级党委、县委决策部署。全年完成各类调研报告26篇，向自治区党委、市委报送各类信息1160条，编发《领导每周工作动态》48期。

综合协调　建立四大班子和常委部门办公室主任联席会议制度，统筹安排基层减负、重要活动、政务值班等工作。在筹办重要会议活动工作时，提前制定活动流程表，编制工作方案，确保各项工作高效有序运转。年内完成中国通用集团考察定点扶贫、自治区党委书记布小林、副书记林少春和市委书记王莉霞等考察调研系列会议会务和接待工作。

保密机要　规范机要工作程序，改善办公条件，完善电子政务内网运行和密码电报办理工作。加强密码安全保密环境建设，推进替代工程。开展保密宣传教育和信息公开保密审查工作，加大对县内各单位办公自动化保密工作检查，加强保密队伍建设和业务水平。2019年被评为市级业务工作优秀达标单位。

后勤保障　按照“管理安全有序、服务规范严谨、环境优美整洁、运行高效节约”工作标准，做好县委大楼及县委办公室后勤保障工作。筹措

资金，保障机关正常运转。做好机关节能减排工作，降低公共能耗。从严管理“三公”经费，健全规范办公室内部财务和车辆使用管理制度。保障县委办派驻两个驻村工作队和帮扶村脱贫攻坚工作。成立党政总值班室，统筹安排政务值班工作，保障全县节假日期间和重要时间节点各项工作正常运转。

脱贫攻坚 贯彻习近平总书记扶贫开发重要战略思想，增强政治责任感和历史使命感，紧扣2019年全县稳定脱贫、巩固提升工作任务，确保包扶村“人脱贫、村出列”。

党风廉政建设 履行党风廉政建设主体责任监督责任。落实中央、自治区党委、市委、县委关于加强全面从严治党部署要求，细化分解党风廉政建设各项任务，定期指导督导检查县委办和分管部门党风廉政建设工作，建立年初有部署、日常抓落实、阶段有检查、年终有总结工作机制，形成全方位、多角度、全过程落实党风廉政建设主体责任和监督责任工作格局。落实“一岗双责”，强化对分管部门负责人和县委办干部职工管理。利用民主生活会、组织生活会、支部学习会和工作部署会等，定期开展谈心谈话，开展廉政宣传教育和警示教育。

基层减负 加强对减负工作领导。年初成立由县四大班子、常委部门、法院、检察院、工青妇办公室主任任成员精文减会工作协调机制，统一领导调度全县精文减会工作。创新减负工作方法。通过“总量控制法”“精简流程法”“统筹合并法”，减少会议数量、提升会议质量、增强会议实效，通过计划发文制度、树强“短、实、新”起草标准、规范审核流程，提升文稿政治性、思想性、可操作性。全年文件同比精简45%，会议同比精简28%。落实“讲政治、抓统筹、控总量、提质效”要求，整合督查考核资源、内容、方式、结果，确保各类督查考核数量压减、质效提升。

机关建设 创建学习型党组织。将党支部工作与业务工作统筹谋划、整体布局。县委办党支部开展“不忘初心、牢记使命”主题教育，先后召开17次学习会议、4次专题研讨、3次主题党日活动。召开“不忘初心、牢记使命”专题民主生活会、组织生活会，开展县委办党支部换届工作，选举配齐县委办党支部领导班子，健全完善党支部学习、活动、日常工作等各项规章制度，

提升工作人员能力素质。全年有6人次分别被派到自治区党委、市委接受相关业务培训。要求每名干部制订学习计划，每名政务秘书确定并承担调研课题任务。

法治建设 履行法治建设第一责任人各项职责，执行民主集中制、重大事项决策制度和办公室议事规则，重大问题集体研究、依法决策。创新学习方式，通过集中学习、集体讨论、撰写学习体会、交流学习心得等方式，增强机关干部职工法治思维，树立法治意识，促进依法履职。开展总体国家安全观学习教育，开展以“坚持总体国家安全观，着力防范化解重大风险，喜迎中华人民共和国成立70周年”主题国家安全宣传教育活动，加强《中华人民共和国国家安全法》等相关法律宣传普及。健全法规科工作机构和工作制度，加强对党委系统规范性文件备案审核工作领导，依法及时报备各类规范性文件。推进“三务”公开工作。健全完善公开制度、审核流程，全年累计公开信息11306条。

综合治理 推进扫黑除恶专项斗争，开展“七五”普法、创建安全文明单位、维护县委大院安全稳定等各项工作，强化办公室职工法治观念和法律意识，完善社会治安综合治理各项措施制度。强化对全体干部职工安全意识教育，不定期对办公室各科室安全保卫、值班、防火、保密等工作进行检查，做到年初有安排、平时有检查、全年有总结，形成“一把手”负总责，分管领导亲自抓、科室各负其责、全体干部职工共同参与工作格局。做好群众来信来访工作。安排专职信访人员负责信访接待工作，建立接待、登记、受

理制度，及时批转和办理信访反映问题，规范上访群众行为，维护县委大楼正常工作秩序。

（办公室）

县委政研室

县委政研室领导名录

主　任：郭　嘉

副主任：冯维新

主题教育　2019年，县委政研室结合开展“不忘初心、牢记使命”主题教育，制订年度学习计划，贯彻习近平新时代中国特色社会主义思想、中共十九大及十九届二中、三中、四中全会精神，学习习近平总书记在“不忘初心、牢记使命”主题教育工作会议、中央政治局第十五次集体学习、中央和国家机关党的建设工作会议、在内蒙古考察并指导开展“不忘初心、牢记使命”重要讲话，出席庆祝中华人民共和国成立70周年系列活动时重要讲话，在河南、上海考察时讲话，在中共十九届四中全会上等最新重要讲话，学习党章和《关于新形势下党内政治生活的若干准则》《中国共产党纪律处分条例》《县以上党和国家机关党员领导干部民主生活会若干规定》，学习党史、新中国史，组织参加学习研讨活动。组织集中学习12次，组织学习研讨培训，接受革命传统教育、形势政策教育、先进典型教育和警示教育。确定调查研究主题2个，开展走访调研。

扶贫工作　按照县委、县政府安排部署，到南房子村委会与所包扶贫困户开展对接，了解贫困户致贫原因和生产生活情况。落实“3.5天”帮扶工作制度，帮助村委会整理完善相关扶贫档案。按照县委办统一安排，到贫困户家中开展帮扶慰问、宣传脱贫攻坚相关政策，帮助协调贫困户解决生产生活中遇到困难和问题，结合主题党日活动，协同包扶村支部联合开展相关扶贫慰问及志愿活动。

专题研讨　政研室围绕8个学习专题先后举办3期5天专题研讨学习，撰写研讨材料16篇；开展集中学习9次、班子成员讲党课2次；组织党员学习党史、新中国史，开展革命传统教育，进行学习体会交流，通过认领党员先锋岗、责任岗、履责承诺、开展志愿服务活动等方式，引导党员干部以理论引领使命，推动主题教育扎实开展。

扫黑除恶专项斗争　政研室成立扫黑除恶组织机构，加强对扫黑除恶工作组织领导，开展扫黑除恶排查工作。结合实际制定工作方案，召开党员大会进行宣传动员，传达学习各级扫黑除恶专项斗争会议精神，部署扫黑除恶专项行动。

廉政建设　落实党风廉政责任制，强化责任，落实党风廉政建设和反腐倡廉制度建设工作，调整党风廉政建设和反腐败工作领导小组及廉政风险防控工作领导小组，提升机关廉政风险防控基础。强化党风廉政教育。落实习近平总书记关于党的建设重要讲话精神，通过观看廉政教育片、参观廉政教育基地等，在全体党员中开展廉政教育。健全完善各项制度，制定领导干部考勤及请销假制度等相关工作制度。

（办公室）

组织工作

组织部领导名录

部　　长：刘冬生

常务副部长：薛树志（2019年4月任职）

副　部　长：辛庆忠（满族）

吴　璠（2019年4月任职）

武学华（女，2019年4月任职）

赵　慧（2019年4月任职）

概况　机构改革后，县委组织部内设办公室、干部室、组织室、监督考核室、公务员管理室、机关党建室、党建秘书室，下设农村党员干部现代远程教育办公室、干部人事档案中心、老干部活动中心3个事业单位，加挂中共武川县委直属机关工作委员会、县委老干部局、公务员局、中共武川县委非公有制经济组织和社会组织工作委员会牌子。

“不忘初心、牢记使命”主题教育 按照党中央、自治区党委和市委统一部署，围绕8个学习专题举办3期7天专题研讨学习班，各乡镇、各部门单位开展集中学习298次，举办读书班177次，举办辅导讲座76次。制定专项整治方案，细化整改措施177项，整改办结销号172项。派出10个主题教育指导组，全程跟踪指导基层党组织推进主题教育。

2019年，围绕习近平新时代中国特色社会主义思想、习近平总书记考察内蒙古重要讲话、批示指示精神以及中央脱贫攻坚专项巡视反馈意见整改落实等内容，举办各级各类专题培训班23期，培训6900余人次。选派171名领导干部、村（社区）“两委”成员、驻村第一书记参加各级组织专题培训。

干部队伍 按照机构改革要求，对36个县委、县政府部门完成班子成员配备。选派5名干部到北京门头沟区进行为期3个月挂职锻炼，接收北京、自治区、市挂职干部、优秀大学毕业生23名。加强干部日常监督，制定《拟提任县委管理职务干部任前公示举报受理办法（试行）》。委托县审计部门对4名干部进行离任审计，为21名干部办理因公因私出国（境）手续，受理办结“12380”举报1件。建立干部人事档案工作联络制度，开展干部人事档案专项审核集中自查，全年转出、转入干部人事档案38卷，转递零散材料2000余件。完成84个公务员及参公机关（单位）713名人员职级套转，有序开展职级晋升工作。建立完善全县公务员及参公人员工资信息系统，工资调整805人次。

基层组织 推进党支部标准化规范化建设、基层党组织阵地建设，规范设置基层党组织21个，打造村、涉农非公企业“党建促脱贫攻坚示范点”32个，精品示范社区1个，建设社区、园区党群活动服务中心11个，整顿软弱涣散基层党组织11个。开展“7+X”主题党日活动，规范党内政治生活。实施“组织力提升年暨深化基层党建强化年”基层党组织凝聚力提升等“五大行动”，开展“六进农村”活动，构建城乡基层党组织和党员干部互帮互助常态化、长效化机制。开展村（社区）“两委”换届“回头看”，清理村“两委”干部3人，约谈乡镇和部门责任人6人。加强村干部队伍建设，举办和派员参加各类村干部培训班22期，确定村级后备干部、公选村支书后备干部306人，29个三年未发展党员村发展党员36名。建立村集体经济项目库，全县93个行政村集体经济收入全部达到5万元以上。经自治区党委组织部审批，将大青山抗日游击根据地红色教育中心列入自治区干部党性教育基地备案目录。

人才选用 加大引才工作力度，全年引进高学历青年人才20名。在全县范围内开展专技人才服务基层活动，选派128批次260名各类专技人才到基层一线开展送技术下乡活动。投入京蒙扶贫专项资金87.54万元，开展各级各类人才教育培训。建立健全人才工作集体决策、分工负责和督查考核、武川籍高层次人才联络联系等制度。

驻村工作队管理 研究出台武川县驻村干部管理办法、驻村工作队督查制度，选优配强驻村工作队，重新调整后驻村工作队员共277人。安排专项经费为驻村队员每月发放生活补贴2050元，办理人身意外伤害保险并进行健康体检。强化派出单位和各乡镇后勤保障，确保工作队员安心驻村、发挥作用。

老干部工作 根据内蒙古自治区党委组织部、老干局、财政厅、人社厅《关于调整离退休干部特需经费标准的通知》文件精神，将离休干部特需经费标准由原来每人每年500元调整为每人每年1000元。组织59名离退休干部在县医院进行健康体检，走访慰问 29 名离休干部，选派 3 名离退休干部书画爱好者参加“庆祝新中国成立 70 周年呼和浩特市地区老干部书画展”，选派老干部工作者参加全市离退休干部党支部书记暨老干部工作者培训班。

（云 峰）

宣传工作

宣传部领导名录

部　长：谢曲平

副部长：刘俊文

　　　　杜怀国

　　　　杨丽芳

网信办主任：骆荣梅

意识形态工作　落实党委主体责任。年初，县委召开第 116 次常委会，对 2019 年全县宣传思想文化工作、意识形态工作责任制落实情况等进行安排部署。会上通报 2018 年全县意识形态领域分析研判报告。

县委召开第 125 次常委会，研究审议 2019 年意识形态半年分析研判报告，上报市委办公厅，抄送市委宣传部。组织召开 2 次意识形态工作调度会，对实施细则和责任清单以及《关于建设基层意识形态网格队伍的贯彻落实方案》进行学习、解读，对基层宣传委员进行培训。邀请自治区网信办工作人员对全县副科级以上领导干部落实网络意识形态工作责任制进行专题辅导和培训。

召开县网络安全和信息化委员会第一次会议。组织召开舆情会商会议 11 次，召开专题研判会议 44 次。

加强网络内容管理。网信办对“武川吃喝玩乐平台”“武川天下事”“武川人”等自媒体进行电话约谈。组织开展第一次舆情应急演练培训会，模拟舆情整体走势，设置发现、分析、研判以及召开新闻发布会等程序，消除或减轻负面舆论事件影响，引导正面舆论，澄清事实，营造和谐稳定舆论环境。

加强意识形态巡察督查工作。县委巡察组对司法局等 13 个党组、支部进行第五轮巡察。宣传部成立意识形态工作督查组，对各乡镇和全县 14 家重点部门、宣传文化系统各单位意识形态工作责任制落实情况进行专项督查，提出督查整改反馈意见，要求限时整改，对整改后情况进行跟进指导。

中心组学习　强化中心组学习规范化制度化建设，提高学习质量。制定下发《中共武川县委理论学习中心组 2019 年度学习安排意见》《党委（党组）中心组学习规则》，完善学习制度、改进学习方式，发挥“关键少数”带学、领学、促学作用。县委中心组围绕统一战线和民族宗教、扫黑除恶、脱贫攻坚、全面从严治党、内蒙古高质量发展现实与未来、网络意识形态、国家周边安全、习近平总书记在十三届全国人大二次会议参加内蒙代表团审议时的重要讲话精神、习近平总书记考察内蒙古的重要讲话精神、党规党纪和“不忘初心、牢记使命”主题教育活动相关内容开展学习研讨 18 次。下发在全县各级党委（党组）中心组开展脱贫攻坚、扫黑除恶、网络强国战略、习近平考察内蒙古重要讲话精神专题学习通知，各乡镇、部门党委（党组）中心组学习研讨 12 次。

理论宣讲　组织“新时代讲习团”和“草原学习轻骑兵”到基层分阶段分层次围绕习近平总书记在十三届全国人大二次会议参加内蒙代表团审议时的重要讲话精神、脱贫攻坚、扫黑除恶、习近平考察内蒙古重要讲话精神、国史党史、“不忘初心、牢记使命”主题教育、中共十九届四中全会精神等内容开展宣讲，全年宣讲 150 场次，受众 1.1 万人次。

“学习讲堂”建设　强化学习讲堂建设，明确讲堂负责人，要求各乡镇各单位学习讲堂紧扣干部群众需要，谋划宣讲内容，创新宣讲方式。学习讲堂开展专题学习 13 场次，受众 6500 人次。

强化微信公众号、手机客户端等线上学习讲堂建设，组织策划开设理论专题专栏，“活力武川”微信公众号共发布学习讲堂内容262条，“神奇武川”手机客户端共发布学习内容190余条。

“学习强国”APP 组织全县党员干部下载注册“学习强国”APP，全县下载注册“学习强国”APP党员数量4218人。每日平均活跃人数1300人，引导广大党员干部运用“学习强国”APP，通过读文章、看视频、听讲话，转发等方式开展学习宣传。

新闻宣传 全县新闻宣传坚持以“突出重大主题，挖掘重大典型，拓展宣传渠道，展示武川形象”为宣传导向，围绕新中国成立70周年、脱贫攻坚巩固提升、扫黑除恶、基层先进典型、安全生产月、生态立县 绿色强县、“不忘初心、牢记使命”主题教育等开展新闻宣传工作。

2019年，发布230篇稿件，其中国家级媒体平台刊播新闻稿件27篇；自治区级发稿49篇；市级媒体刊播120篇；新浪网、网易新闻、今日头条发布刊播34篇。创新思路，利用H5，快闪、美篇等形式宣传全县重点、亮点等方面工作，宣传次数30余次。

配合《人民日报》、中央电视台采访全国最美接种医生韩四虎典型事迹，联系对接并配合中央电视台记录频道《中国影像方志》栏目到武川县踩点拍摄。在“两微一端”分别开辟“两会时间”报道习近平总书记参加内蒙古代表团审议、内蒙古政府工作报告解读等相关内容20余篇。围绕中央巡视脱贫整改问题开辟“学习园”专栏，集中报道习近平总书记5年6次跨省脱贫攻坚重要讲话，习近平总书记脱贫攻坚论述摘编。成立“脱贫先锋”，跟进报道武川县一线脱贫典型故事。在全县范围开展庆祝中华人民共和国成立70周年—武川70年征文活动，征集稿件20余篇。庆祝中华人民共和国成立70周年设立新栏目“辉煌七十年·奋斗新时代”陆续整理刊登相关稿件近10篇。围绕武川莜面文化节传播武川特色饮食文化资源，扩大武川县知名度和美誉度。重视重要节庆和春耕备耕宣传，在春节、元宵节、清明节、妇女节、“五一”劳动节等重要节庆，在新媒体开辟专栏进行集中宣传报道，形成舆论氛围，弘扬中国传统节日。

县电台电视台播发稿件730余条。其中，报道“脱贫攻坚”稿件140余条，扫黑除恶专项斗争内容120余条；报道“不忘初心、牢记使命”主题教育稿件40余条。电视台播发政府组成部门负责人履职承诺制年终总结报告、《问需问政》5期。选送到呼和浩特市广播电视台《新闻9+1》栏目新闻共437条。

按照上级安排部署，建设县级融媒体中心，组织县广播电视台、媒体宣传信息中心等单位人员赴内蒙古日报社融媒体中心、呼和浩特融媒体中心、和林格尔县和察右中旗县级融媒体中心考察学习。

网络舆论传播 组织重大主题网上宣传，分3期发布《习近平关于网络强国战略摘编》。开辟“主题教育”“扫黑除恶”“助力脱贫攻坚”等重大主题网络宣传专栏。“主题教育”内容共发布146条，“助力脱贫攻坚”内容发布84条，“扫黑除恶”内容发布130条。

延伸网上宣传。官方微博“到武川看看”发布1017条。微信公众号“活力武川”发布1484条。在抖音平台开通短视频账号，全年发布短视频内容64条。

开展网络志愿者微公益行活动。11月18日，在武川县新世界广场举办第六届“呼和浩特网络志愿者微公益行”武川县专场活动，主题为“真情暖寒冬，心系环卫工”，活动共捐赠价值1.6万元爱心物资，为环卫工送去温暖，扩大“微公益”影响力。

新时代文明实践 采取点面结合开展新时代文明实践中心建设。成立新时代文明实践中心领导小组，拟定《武川县建设新时代文明实践中心试点工作实施方案》，成立9支志愿者队伍，9

个乡镇新时代文明实践所，93 个村委会、10 个社区新时代文明实践站，制作牌匾并挂牌。选择大青山乡干只汗村和新西街社区作为全县示范点，组织开展法律文化实践活动。志愿服务队深入 6 个乡镇，以现场发放宣传资料和接受群众咨询等方式开展扶贫小额贷款、防范非法集资、防范电信诈骗、乡风文明建设、综合治理、扫黑除恶、鼠疫防控等政策法规和基本生活常识，集中宣传服务活动 15 场次。

新时代农民素质提升 印发《武川县新时代农民素质提升“千村示范、万村行动”实施意见》通知，确定 16 个示范点。结合“乌兰牧骑”、脱贫攻坚、扫黑除恶专项斗争及理论政策宣讲 31 场次。在全县 93 个行政村建立村规民约。

文明城镇创建 举办“绿满青山歌满川”第二届武川春节联欢晚会。清明节期间，开展“缅怀革命先烈弘扬爱国精神”纪念活动，发放“我们的节日·清明”文明祭扫倡议书。举办庆祝“五一”国际劳动节文艺会演；端午节期间，武川一中举办首届诗词大会。印发《武川县关于隆重庆祝中华人民共和国成立 70 周年广泛开展“我和我的祖国”群众性主题宣传教育活动方案》。

文明单位创建。推荐联通公司申报自治区级标兵、推荐气象局申报自治区级文明单位。重新复查核定三级文明单位。

文明村镇创建。开展乡风文明建设和文明村镇创建。推荐 10 个村参评自治区级文明村镇创建。对往届 10 个自治区文明村测评复查打分和指导。

文明家庭创建。推荐 4 户家庭获全市第二届全市文明家庭称号，在全县范围表彰 5 户最美家庭。与妇联、纪检委联合下发《关于在全县范围内寻找好家风、征集好家训、传播好家规的通知》。

文明校园创建。文明办联合县教育局对西乌兰不浪镇中心校进行验收，命名为县级文明校园，全县中小学达到县级文明校园全覆盖；推荐第一中学申报自治区级文明校园。加强校园文化建设，县内各中小学结合实际自编传统文化校本教材，开展“经典诵读进校园”活动 5 场，开展传统体育进校园活动 3 场，5 所小学开展书法绘画进校园活动。开展文明班级、文明宿舍、文明教师（师德标兵）、文明学生评选活动，建设优良校风、教风、学风。

选树先进典型 开展“树典型、助脱贫”各类先进评选活动。寻找发布“武川好人”2 期共 20 人。冯六斤获全市道德模范称号，“爱心公益学堂”获评呼和浩特市“十大公益活动”。接种医生韩四虎在中央电视台综合频道《新闻联播》节目展播。

未成年人道德建设 开展“扣好人生第一粒扣子”主题教育活动。共开展入团入队活动 7 场、“18 岁成人仪式”2 场、“传承好家风好家训”主题教育活动 3 场、毕业典礼 3 场。清明节期间，组织县内各中小学校开展“缅怀先烈 告慰英雄 做时代新人”网上网下主题实践系列活动。五四期间，组织开展主题“青春心向党 建功新时代”纪念活动 4 场。组织开展新时代好少年评选活动，评选新时代好少年 31 名，推荐 3 名学生获呼和浩特市“新时代好少年”称号。开展“开学第一课”主题教育实践活动，举办“开学第一课主题升旗仪式”“国旗下的演讲”“庆祝中华人民共和国成立 70 周年红歌合唱”活动，引导未成年人上好“人生第一课”。国庆节期间，组织开展“我和我的中国”快闪录制，“向国旗敬礼”“我和国旗合影”等网上网下主题实践活动。完善乡村学校少年宫建设，成功申报县第一小学少年宫资助建设项目。完善心理健康辅导站点，2019 年，未成年人心理健康服务站开展心理健康教育进校园活动 8 场，开展亲子活动专题讲座 1 次，受众家长幼儿 100 人，开展心理健康个体辅导 20 人次，参加呼和浩特市心理健康培训 3 人次。

志愿服务 3 月 5 日学雷锋日，组织志愿服务队开展“下基层、进农村、助脱贫”主题志愿服务活动。在第 72 个世界红十字日应急救护启动仪式活动中，组织 100 余名志愿者开展宣传及现场应急救护讲解及演练志愿服务活动。组织志愿服务队到可镇定向营行政村、新西街社区开展扫黑除恶宣传志愿服务活动。

社会宣传 完善文化墙教育功能建设，更新西外环文化墙社会主义核心价值观宣传画。在各中小学校醒目位置及班级张贴核心价值观标语，要求学生诵读核心价值观内容。在社区、村委会、学校、教堂张贴社会主义核心价值观宣传挂图。围绕新中国成立 70 周年、生态文明建设等内容开展宣传，营造社会宣传氛围。书写张贴习近平总书记考察内蒙古讲话精神标语 10 余条，1000 平方米。围绕庆祝新中国成立 70 周年，书写张贴宣传标语 20 余条，1200 平方米；下发《伟大历程 辉煌成就—庆祝中华人民共和国成立 70 周年》宣传挂图 200 套，分发到乡镇、机关、企业、学校、村委会（社区）；订购国旗 200 面，沿县城可镇外环路两侧悬挂并下发沿街商铺。县内各单位、机关、社区、沿街商铺共悬挂国旗 500 余面。书写张贴“生态文明建设”“脱贫攻坚”“十四冬运会”标语 30 余条、1000 平方米；“扫黑除恶”标语 2000 平方米；印发“十四冬运会”宣传海报 1000 份。全年制作各类展板 171 块、宣传物品 550 份，各类电子屏 534 块，为宣传各项重点工作营造社会宣传氛围。

（柴陆地）

统战工作

统战部领导名录

部　长：徐银苟

副部长：刘海荣

　　　　杨治彦

队伍建设 2019 年，对全县党外干部、党外知识分子进行摸底调查，选拔有工作能力、有群众威信优秀党外代表人士列入培养范围，建立党外干部人才库。组织优秀党外干部参加各类学习培训，加强党外领导干部政治把握能力、参政议政能力和合作共事能力。指导党外知识分子联谊会进行换届。

根据《中国共产党统一战线工作条例(试行)》文件要求，向县委推荐优秀党外干部。2019 年，全县实职党外副处级干部 4 人、正科级干部 5 人、副科级干部 18 人，人大、政协、法院领导班子党外干部配备数均符合上级要求。

非公经济工作 2019 年，统战部落实自治区、市非公有制经济工作会议精神，促进全县非公有制经济健康发展。结合“不忘初心、牢记使命”主题教育，统战部、工商联组成调研组，到伊鑫源肉业有限公司、蒙奇药业、川宝公司、薯元康等重点民营企业进行调查研究，了解企业经营现状，掌握民营企业生产经营一线遇到困难和问题，形成可行性建议和报告。

开展非公有制经济人士理想信念教育实践活动，举办非公经济人士理想信念教育活动和非公企业座谈会，宣传非公企业在自主创新、转型升级、激情创业、义利兼顾、热心公益等方面典型事例，支持非公经济发展。

非公企业参与脱贫攻坚 引导非公有制经济人士参与“感恩行动”和“光彩事业”，号召非公企业参与脱贫攻坚。内蒙古燕谷坊生态农业发展（集团）有限公司、武川县塞丰马铃薯种薯有限公司、内蒙古巧妈妈酿造食品有限公司、内蒙古薯元康生物科技有限公司为代表，以签约结对，村企共建为主要形式，参与光彩事业、扶贫济困和公益慈善活动，企业和商会组织制定帮扶措施，帮助和支持贫困村发展经济。组织县内任志刚中医院、李俊明中医院、老百姓大药房 3 家非公经济企业到上秃亥乡对建档立卡贫困户进行义诊，为贫困户送医送药，助力精准扶贫工作。

民族工作 促进各民族交往交流交融。以“共同团结奋斗、共同繁荣发展”为主题，在第 36 个民族团结进步活动月中，宣传党的民族政策和民族区域自治制度发展成就，增强各族干部群众对党的民族政策认同感。开展摸底调查，掌握少数民族干部基本情况，加强少数民族干部培养，提高少数民族干部队伍素质。支持少数民族产业发展和乡村振兴战略相结合，促使其优先发展。

依法管理 贯彻党的宗教信仰自由政策，依法管理宗教事务。落实中央宗教工作督查反馈意见整改。杜绝违规建造露天宗教造像现象。落实工作责任，加强对各乡镇、各部门党政领导班子抓宗教工作考核，发挥宗教工作三级网络和两级责任制，调整村（社区）宗教工作联络员，宗教局增配宗教干部4人，落实宗教工作经费15万元。举办“三支队伍”培训班1次，提高各级统战干部、宗教干部掌握政策、运用政策开展工作的能力水平。

服务职能 利用会议、走访调研等方式，宣传学习党的对台方针政策，开展全县侨情普查工作，完善侨情数据库资料。维护侨台眷属合法权益，帮助侨台眷属解决生活困难，利用春节等传统节日对全县归侨、侨眷进行走访慰问，发放慰问金4000元。

（赵金峰）

全面深化改革

深化改革委员会领导名录

主　　任：彭少冲

常务副主任：郭　嘉

副 主 任：冯维新

经济体制改革 深化“放管服”改革。开展“证照分离”改革，开启“一枚印章管审批”审批模式。启动“五证合一、一照一码”改革，推进“互联网+政务服务”，实现政务服务“一网通办”。制定工程建设项目审批制度改革方案，推进方案有效实施。推进招商引资制度改革，支持民营企业改革发展意见。

按照“三去一降一补”要求，对标高质量发展要求，实施创新驱动发展战略。推动开发区产业转型，发展具有地方特色、无污染新型工业。对入园企业进行摸排，处置“僵尸企业”和“低小散乱”企业，加大对园区闲置土地清查整顿。

农业农村改革 制定出台《武川县乡村振兴发展规划》，推进乡村振兴战略。开展农村人居环境整治，推进生活垃圾治理、生活污水治理、厕所革命、畜禽粪污处理、作物秸秆利用。实施农产品品质提升行动。完善农村土地确权颁证工作。开展农村集体资产清产核资工作，完成全县9个乡镇93个行政村村级清产核资，完成集体组织成员身份认定工作89个行政村881个自然村，涉及农户55362户130279人，完成率91.6%。资产总额677.24万元，其中固定资产487.06万元；全县村集体负债总额762.1万元，资源性资产50.01万亩。探索集体林权制度、农村闲置宅基地和承包地租赁等改革。

绿色发展 习近平总书记考察内蒙古自治区及参加内蒙古代表团审议时重要讲话，高瞻远瞩，内涵丰富，特别是“两个屏障”重要指示，加强生态文明建设、巩固提升绿色发展优势指明前进方向、注入强大动力。全县上下深学笃用习近平生态文明思想，把抓好生态文明建设作为树牢“四个意识”、践行“两个维护”政治检验，生态优先、绿色发展成为武川发展主旋律。以开展“不忘初心、牢记使命”主题教育为契机，结合武川实际，提出“生态立县、绿色强县”发展战略，打造生态武川。

贯彻落实习近平总书记考察内蒙古和参加全国人大会议内蒙古代表团发表重要讲话精神，推进绿色发展。推进禁牧工作，整治大青山自然保护区内和其他林地内放牧。推进农田绿色修复，开展“控肥、控药、控水、控膜”行动，推动农业绿色发展，年内新建和改建滴水肥一体化面积10万亩，推广测土配方施肥100万亩。落实“河长制”，县乡村三级河长协调联动，累计巡河

360余次，确保河道安全。强化饮用水水源、哈拉沁水库水源地水质安全监测及周边环境整治。控制地下水利用，加强地下水超采治理。推进大气污染治理。启动“绿化青山、守护北疆”生态建设行动。9月3日，呼和浩特市“绿化青山、守护北疆”生态建设行动在武川县启动，涉及区域面积2090平方公里，完成综合治理任务300万亩，在得胜沟红色旅游生态项目区造林6万亩，森林抚育3.27万亩。按照“谁破坏、谁治理”原则，加强矿山生态环境修复治理，县境内56家（其中4家未开采未破坏）矿山企业开展分期治理，矿山地质环境分期治理率达到97%。

党的建设制度改革　强化党员党性意识。通过党委中心组学习、党员干部集中学习、民主生活会、组织生活会学习习近平新时代中国特色社会主义思想和中共十九大精神，结合第二批“不忘初心、牢记使命”主题教育，推动党员干部加强党性锻炼和政治能力提升。通过专题培训、插班培训等方式，组织党政领导干部、扶贫系统干部、驻村工作队员（第一书记）、乡（镇）村（社区）扶贫干部、部门行业干部、农村致富带头人等参加各类学习培训23期，受教育人次6000余人次。选派178名科级及以上领导干部、村（社区）“两委”成员、驻村第一书记等人员参加区市组织专题培训。依托大青山抗日游击根据地红色教育中心，举办培训103期，培训4200人次。

干部人事制度改革　贯彻中央关于加强党的政治建设意见，加强对干部政治把握和政治考察。落实新修订公务员法，研究制定《武川县公务员职务与职级并行实施方案》，对全县符合套转条件47个公务员机关、34个参公机关（单位）共541名人员进行套转。制定《武川县公务员（参照公务员法管理人员）教育培训方案》，对新录用、新晋升领导职务及公检法司从事专项工作公务员进行专题培训。组织开展公务员网络在线学习。落实干部离任审计、领导干部个人事项、领导干部因公（私）出国境管理等制度，委托县审计局对4名干部进行离任审计，共为21名干部办理因公因私出国（境）手续。抓好自治区党委巡视组巡视武川县选人用人反馈意见整改落实，全部完成整改17个专项整治问题。制定《武川县委组织部关于拟提任县委管理职务干部任前公示举报受理办法（试行）》，规定在提交常委会讨论前，必须征求纪委监委、检察院等部门意见，经票决后，对新提拔领导干部进行公示，防止干部“带病提拔”“带病上岗”。强化驻村工作队管理，研究出台《武川县驻村干部管理办法》《武川县驻村工作队督查制度》，开展督查检查。

党的基层组织建设　学习贯彻《中国共产党支部工作条例（试行）》《中国共产党农村基层组织工作条例》，通过传统学习模式和新兴网络学习模式相结合方式，围绕学习贯彻习近平新时代中国特色社会主义思想、脱贫攻坚、乡村振兴、扫黑除恶、民族宗教等主题，对村（社区）党组织书记、党务工作者和党员开展教育培训。经自治区党委组织部审批，将大青山抗日游击根据地红色教育中心列入自治区干部党性教育基地备案目录，成为市级示范教育基地。推进党支部标准化、规范化建设，按照规范党组织优化设置要求，对21个基层党组织进行优化。加强基层党组织阵地建设，延伸拓展综合服务功能，建设村、涉农非公企业“党建促脱贫攻坚示范点”32个，精品示范社区1个，建设社区党群服务中心8个、园区党群服务中心1个。规范党内政治生活，开展“7+X”主题党日活动，推进党员亮身份、党员示范岗和党员联系服务群众等工作，发挥党支部战斗堡垒作用和党员先锋模范作用。

人才发展体制机制改革　按照全市引才工作要求，2019年引进20名高学历青年人才。在全县范围内开展专技人才服务基层活动，农牧和科技局、教育局等部门共选派128批次260名各类专技人才到基层一线开展送技术下乡活动。建立健全人才工作集体决策、分工负责和督查考核、武川籍高层次人才联络联系制度等。按照京蒙扶贫协作人才培养计划，先后投入京蒙扶贫专项资金87.54万元，用于全县各级各类人才教育培训。

政治体制改革 完成机构改革，推动职能优化、效率提升。县委深化改革委员会部署推动全县机构改革，设置党政机关机构，规范有序推进人员转隶工作，科学整合全县党政机关部门单位资源，优化工作职能，提升工作效率。

贯彻中央关于政法领域全面深化改革实施意见，深化政法领域各项改革。规范法官检察官权责配置，建立完善权力清单和履职指引制度。按照扁平化、专业化要求，根据精简、务实、效能原则，整合法院检察院内设机构。推进公安“放管服”改革，完善“互联网+公安政务服务”建设，开展“智慧公安”建设。深化司法体制改革，推进村（居）公共法律服务工作室建设，加强人民调解员队伍建设。

推进工会、共青团、妇联、科协改革，开展“机关化、行政化、贵族化、娱乐化”，增强工作“政治性、先进性、群众性”，提升服务社会、服务群众功能。探索红十字会、残联、工商联、文联等群团组织改革。

文化体制改革 健全完善文化市场监管体系，围绕重大节庆和重要节点，结合扫黑除恶和文化市场治乱工作，开展32次专项行动，开展打击扰乱文化市场行为。贯彻落实《关于加强县级融媒体中心建设的意见》，成立县融媒体中心，整合各类媒体。

落实党委主体责任，强化对宣传思想和意识形态工作安排部署，加强对意识形态领域分析研判。注重网络意识形态安全工作，召开会议研究舆情，增强正面舆论引导。

推进公共文化服务建设和管理，提升公共图书馆、文化馆、乡村文化站（室）硬件建设和服务水平，提高群众对文化活动参与度。

社会体制改革 加强就业服务体系建设，推动就业服务平台建设，落实就业创业政策，强化职业技能培训，完善就业扶贫机制，强化失业保险征缴等工作。推进人才培养机制改革，引进15名高层次人才。

推进全民参保，完善城乡社保体系改革。研究制定《城乡居民养老保险管理办法》，加快城乡居民参保信息库建设，城乡居民待遇全部线上发放。落实社会保险降费减负政策，为全县参保企业减负246.15万元，为机关事业单位减负781.91万元。

健全全民医保制度，为参保患者进行即时结报。出台调整城镇职工特殊慢性病申请认定及补贴办法，实现甲类慢性病按病种付费。深化公立医院改革，出台现代医院管理制度和医院财务管理办法。强化药品供应保障体系建设，与7家药品配送企业签订采购合同和“两票制”承诺书，对全县公立医疗机构“两票制”工作进行监督检查，实行零差价销售。促进人口长期均衡发展，做好人口监测，完善全面二孩配套政策措施，强化信息支撑和基层网络建设。

纪检监察体制改革 按照自治区纪委《关于开展监察职能向基层延伸试点工作方案》安排部署，成立武川县纪委监委深化纪检监察体制改革领导小组，研究制定《武川县监察职能向基层延伸试点工作方案》。按照方案确定时间表、路线图，向9个乡镇派出监察办公室，与乡镇纪委合署办公，实行一个机构、两块牌子，履行纪检、监察两项职能。按照“不增加人员编制、不增加领导职数”原则，派出监察办公室设主任1名、副主任1名、专职监察员1名，主任由乡镇纪委书记兼任，副主任由乡镇纪委副书记兼任，专职监察员由乡镇专职纪检干部兼任。任命乡镇监察办公室主任9名、副主任9名、专职监察员9名，配备村级监察联络员93名，实现对乡镇所有行使公权力公职人员监察全覆盖和基层群众自治组织中从事集体事务管理人员监督全覆盖，监察职能延伸到“最后一公里”。

研究制定《关于建立县委巡察工作大协作机制的意见》《武川县委巡察组组长库管理办法》

和《武川县巡察工作人才库人员选配与管理办法》等规范性文件，开展巡察工作。全县列入巡察范围党组织共57个，十四届县委开展六轮常规巡察，共巡察4个党组织。

制定《内蒙古自治区监察委员会特约监察员工作办法（试行）》，推进县监委特约监察员聘任工作，选拔共聘任9名特约监察员，其中：工作一线代表和基层、群众代表1名、县人大代表1名、县党代表1名、县政协委员1名、各民主党派及无党派人士1名、优秀民营企业家1名、先进科级工作者代表1名、中小学教师代表1名、医务工作者代表1名。

（办公室）

党校教育

县委党校领导名录

常务副校长：张丽清（女）

支 部 书 记：高富宽

副　校　长：刘忠强

概况　2019年，新建“大青山抗日游击根据地党性教育基地”，聘用3名讲解员，6月投入运营，承办县内外参观、学习活动，培训团队、班次107期，共3946人次参与。

主体培训　至2019年12月，县委党校举办培训班9期，分别是“全县脱贫攻坚培训班”2期、“党性教育基地讲解员培训班”、“全县驻村第一书记示范培训班”、“全县农村（社区）党组织书记培训班”、“全县‘不忘初心、牢记使命’主题教育集中培训班”、“全县县直机关预备党员、发展对象、入党积极分子培训班”、“全县公务员能力建设专题学习会”、“全县优秀年轻干部助力脱贫攻坚培训班”，培训2184人。培训内容为习近平新时代中国特色社会主义思想，中共十九大及十九届三中、四中全会精神，习近平关于扶贫工作重要论述，习近平关于扫黑除恶专项斗争指示批示精神，习近平关于加强和改进统一战线工作重要思想，习近平总书记考察内蒙古讲话精神，党章党规、意识形态工作，理想信念，生态文明建设，统一战线理论和方针政策等。

基层宣讲　2019年，先后深入农牧局、可镇、二份子乡、大青山乡、耗赖山乡、法院、人社局、民政局、人武部等单位进行宣讲20余场次，培训人数1600余人。培训内容为2019年全国“两会”精神，习近平新时代中国特色社会主义思想，中共十九大及十九届三中，四中全会精神，习近平总书记考察内蒙古讲话精神，习近平总书记关于扶贫工作重要论述，党章党规，党的统一战线理论和民族宗教政策，意识形态工作等。

脱贫攻坚　按照县委、县政府指示精神，党校帮扶哈乐镇德胜营村，帮扶6户贫困户和120户常住一般户。先后派出3名驻村干部，帮扶当地群众。

（高富宽）

档案工作

档案局（馆）领导名录

局　长：赵雪莲（女，任至2019年9月）

　　　　王宏宇（兼，2019年9月任职）

副局长：张林俊（任至2019年9月4月）

档案馆负责人：张林俊（2019年10月任职）

概况　2019年，按照《武川县机构改革实施意见》，县档案局行政职能划入县委办公室，对外加挂县档案局牌子。县档案馆为县委直属事业单位。原档案局（馆）人员全部转隶县档案馆。

档案业务　对涉及机构改革部门、档案移交存档工作进行业务指导与监督。2019年，接收县发改委、原工商局、国土局、老干部局等涉改单位档案14897卷（件）。接待查阅利用144人次，调阅案卷607卷，提供复印档案1479页。“古今武川一览厅”爱国主义教育基地全年接待参观360人次。

组织建设 组织开展“不忘初心、牢记使命”主题教育，坚持学习教育常态化、制度化。集中学习习近平新时代中国特色社会主义思想，十九大及十九届三中，四中全会精神，习近平关于扶贫工作重要论述，习近平关于扫黑除恶专项斗争指示批示精神，习近平关于加强和改进统一战线工作重要思想，习近平总书记考察内蒙古讲话精神，党章党规，意识形态工作，理想信念，生态文明建设，统一战线理论和方针政策等。

脱贫攻坚 按照县委、县政府指示精神，档案局（馆）帮扶二份子乡姚家村委会，帮扶贫困户16户、常住一般户40户。派驻2名驻村干部，帮扶当地群众。

（张红军）

关心下一代工作

关工委领导名录

名誉主任：刘冬生（兼）
主　　任：李迎春（女　兼）
常务副主任：张拴贵
副 主 任：贺巧荣（女）
　　　　　张天富
秘 书 长：罗文文（兼）
副秘书长：宋之敏
办公室主任：渠丽娟（女，兼）

学习培训 2019年，关工委常委班子成员坚持一月一次集中学习例会制度，学习习近平总书记对关心下一代工作重要指示和中共十九大精神。结合全县“不忘初心、牢记使命”主题教育开展，关工委常务班子成员先后3次集中学习习近平关于“不忘初心、牢记使命”重要论述有关篇目。组织2次全县各级关工委组织负责人学习培训。传达区、市两级关工委会议精神，围绕做好全县各级关工委工作进行培训。关心下一代工作委员会组织“五老”队伍，弘扬忠诚敬业、关爱后代、务实创新、无私奉献精神，积极配合相关部门和单位组织青少年开展各项有益活动，为青少年办实事、办好事，促进青少年健康成长。

爱国主义教育 按照年初工作安排，5月，在全县青少年中开展以“腾飞中国，辉煌70年”为主题爱国主义教育活动。继续开展“传承红色基因，争做时代新人”主题教育活动。两项活动结合开展，分阶段推进。组织各中小学校以年级组织、以班级组织、请县宣讲团成员讲、由班主任老师讲等形式，讲新中国史，讲武川发展变化史，讲英雄故事、讲劳模故事。在武川一中举行全县青少年爱国主义教育启动仪式，市关工委来宾为600余名中学生讲大青山抗日斗争史。6月，组织各中小学校关工委组织和团队开展赞美祖国诗词诵读活动。9月，开展庆祝新中国成立70周年为主题演唱活动，镇内各学校和新西街社区“五老（老干部、老战士、老专家、老教师、老模范）”合唱团共同演出“庆祝辉煌70年，老少共筑中国梦”文艺晚会。

普法教育 落实上级关工委“关于开展‘关爱明天，普法先行’第四届青少年普法教育活动”有关要求，县关工委协调有关部门，会同县政法委、司法局、教育局、团县委等单位在武川三中开展全县青少年普法教育活动启动仪式，与县政法委、教育局联合发文，为各学校重新聘用法制副校长和法制辅导员，落实具体工作任务。与司法局和呼市日东律师事务所共同组织法治进校园活动。10月，召开全县青少年普法教育推进会，推动工作扎实开展。

全县各中小学校以法制副校长和法制辅导员为主，进行3次法治教育，内容主要以未成年人保护法和预防未成年人犯罪法为主。受教育学生近10000名。

创办家长学校 4月，关工委在武川二中举行“家长学校开班仪式”。一小、二小和二中300余名学生家长以及镇内各学校关工委负责人参加开班仪式。关工委为各位家长和各学校关工委发放500套家长学校教材。一中、三中、各小学及幼儿园先后举办家长学校大讲堂。聘请县内外名师，围绕构建家庭、学校、社会三结合育人格局进行讲座。

中小学德育学堂　与市关工委协调，在一中举行《中小学德育学堂》启动仪式。新华社新闻信息中心内蒙古中心负责人以及镇内各中小学校负责人参加启动仪式。关工委负责人、教育局与新华社内蒙中心签订使用《中小学德育学堂》节目协议书。各学校利用每周队会或班会时间观看学习节目，收到良好效果。

“五老”关爱活动　组织“五老”人员参与民营企业，选择武川县燕谷坊农业发展有限公司为帮扶品牌。2019年，燕谷坊农业发展有限公司与贫困户签订燕麦种植收购合同，与1067户订单34600亩。凡订单种植燕麦，燕谷坊公司以高于市场价30%价格回收。为每个贫困户每吨170元种植收割和运输补贴。贫困户户均增收近3000元。

燕谷坊公司与全县9个乡镇签订村企共建扶贫车间协议。协议合作期16年。合作期内，企业每年按投入资金6.5%提取收益，返还各乡村。12年后，各乡镇所投入资金全部返还各乡村。保证贫困人口稳定增收。

捐资助学　燕谷坊公司以不同形式为武川县部分贫困学生提供资助。累计资助340余万元，资助学生近1000人。

2019年，燕谷坊公司筹集资金10万元，救助50名贫困青少年学生及残疾儿童。

创建“五好关工委”　年初，县关工委按照“五好关工委”标准，在全县各级关工委组织中落实创建“五好关工委”工作。2019年，全县有2个县直关工委组织和5个乡镇关工委组织达到了“五好关工委”标准。

（张拴贵）

机构编制

机构编制委员会领导名录

主　任：李玉兰（女）

副主任：云　霄（蒙古族）

　　　　王俊红

电子政务中心

主　任：张　琰（女）

机构改革　起草《武川县机构改革方案》，经编委会、常委会审定，并报市委、市政府批准，研究印发《武川县机构改革实施意见》。改革后，设置党政机构36个，其中党委机构10个、政府机构26个。由县委深化机构改革领导小组统一部署，涉改部门牌匾统一规范制作并集中挂牌，涉改部门集中场所办公。根据部门调整及职能划转情况，对涉改部门相关固定资产进行划转。完成各涉改部门印章刻制和文头更换工作。

按照自治区、市关于部门“三定”规定有关要求，依据《武川县机构改革方案》和《武川县机构改革实施意见》，拟订各部门“三定”规定。各部门领导配备到位。机构改革中，市编委为县党政群及人大、政协重新核定科级领导职数206名（55正151副）。

按照职责划转情况，推动人员转隶工作。参照市级人员转隶工作流程，研究制定《武川县机构改革职责和人员转隶工作方案》，经县委深化机构改革领导小组会议和县委机构编制委员会第一次会议审议通过并印发。印发《关于做好全县机构改革工作相关事宜的通知》，要求各涉改部门对照职责调整，研究确定人员转隶名单。印发《关于进行机构改革职责和人员转隶工作的通知》，要求各部门正式填报人员转隶相关表格。县委深化机构改革领导小组会议审议通过各部门转隶人员事项。完成各部门人员转隶工作，转隶人员330余人。

对安全生产监管、市场监管管理等领域各部门间职责转变、职责划分等进行明确和规范。要求各部门“按照本部门权责清单履行相关职责。负责职责范围内安全生产、职业健康、生态环境保护等工作”。

做好事业单位承担行政职能回归工作。依托各部门“三定”规定制定印发工作，将相关事业单位承担行政职能收回。印发关于明确各事业单位职能职责函，明确要求各事业单位承担行政职能。

机构编制日常监管 制定印发《中共武川县委员会机构编制委员会工作规则》和《中共武川县委员会机构编制委员会办公室工作细则》，对编委会、编办机构设置、职责任务、会议制度、工作程序、审批权限、文件签批等事项进行明确。履行编委会和编办职责，先后召开编委会4次，审议通过包括涉改部门“三定”规定、涉改部门领导职数行政编制框架、行政事业编制调整、人员调动、专项编制使用计划等方面议题。

依托“实名制”数据系统，加强机构编制“实名制”管理。机构及人员编制信息调整必须有编委会或人社部门出具相关文件，要求各单位及时提交退休或亡故人员相关文件。要求各机关单位在年审过程中，认真核对人员信息，确保“实名制”信息及时准确。

落实机构编制管理证年度报告制度和事业单位法人证书年度报告制度，加强党政机关、事业单位中文域名注册管理。2019年，事业单位新设立登记1家，变更登记37家。

开展事业单位“双随机、一公开”抽查。发挥“互联网+登记管理”，依托事业单位法人名录库和执法检查人员名录库，按照系统随机抽取执法检查人员和事业单位名单，对38家事业单位进行“双随机、一公开”抽查，督促相关单位对抽查中发现问题进行整改。

（赫连昵娜）

武川县人民代表大会

人大常务委员会

十五届人大常委会领导名录

主　任：武文彪

副主任：高兰根

邸国雄

曹学军

李　璐

重大事项　2019年，批准《武川县人民政府关于机关事业单位参保人员职业年金所需增拨资金列入财政预算的议案》《武川县人民政府关于将武川县气象局在职人员地方津补贴列入财政预算的议案》《武川县人民政府关于将武川县三个国有林场人员工资及养老保险等经费列入财政预算的议案》的决议和《武川县人民法院关于拟选任人民陪审员名额数》的决定。

任后履职监督　依法行使人事任免权，完善任职程序，落实任前法律知识考试、任职表态发言和宪法宣誓制度；创新完善监督方式，完善对政府组成部门开展工作评议、履职承诺并进行满意度测评方式，首次听取具有行政审批权政府职能部门对企业审批、受理、办结及服务情况报告并进行测评，促使任命人员牢记责任使命、担当作为，强化人大常委会对干部任后监督工作。

生态环境建设　人大常委会调研组开展大青山自然保护区生态恢复情况调研,准确了解情况，提出“围绕县委‘生态立县、绿色强县’发展思路，实施‘绿化青山，守护北疆’工程，推动全县生态保护恢复治理工作”建议。

按照县委大学习大讨论工作安排，人大常委会围绕“探索出一条符合战略定位、体现武川特色，以生态优先、绿色发展为导向”进行专题调研，按照“产业规划—具体措施—存在问题—破解难题”开展链条式工作，对症施策，培育绿色发展新动能。

人大常委会第十六次会议听取全县清洁能源发展情况报告，讨论研究清洁能源发展中面临新机遇、新情况、新问题，提出“增强政策前瞻性、连续性和指导性，以优越政策环境和政策扶持，促进全县清洁能源产业发展”等意见和建议，推动清洁能源产业发展。

民生问题　人大常委会从群众最切身利益出发，从群众最关心突出问题着手，调研县供电分局服务地方经济及农村电价电费收缴、天然气运营、基础教育事业发展、小区物业管理等工作情况，倾听人民呼声，回应人民关切，解决一些人民群众操心事、烦心事、揪心事。

非公企业发展 人大常委会领导走进企业，问政策执行、问创新发展、问市场环境、问企业困难、问政策建议、问政府服务，梳理问题清单，分析症结所在，靠前服务，解决民营企业反映问题，助推全县民营经济发展。

预算执行监督 贯彻执行《中华人民共和国预算法》，关注全县经济运行状况，加强预决算全口径、全过程、全覆盖监督，增强预算编制科学性、民主性和完整性，人大预算联网监督平台建成运行。加强重点支出调整、财政转移支付、调入预算稳定调节基金等重大事项监督，批准《武川县人民政府关于提请调入预算稳定调节基金的议案》和《武川县人民政府关于财政存量资金拟安排使用的议案》决议，推动预算监督由程序性向实质性、实效性转变。

人大常委会第十五次会议听取和审议计划、预算执行情况和审计工作报告，批准2018年财政决算决议和关于《武川县2018年财政决算及2019年1—6月预算执行情况的报告》《2018年武川县本级预算执行和其他财政收支情况的审计工作报告》《武川县2019年上半年国民经济和社会发展计划执行情况的报告》审议意见，防范金融风险、破解瓶颈制约等突出问题，提出意见建议，加强审计查出问题整改情况监督，促进被审计单位财务管理提质升级。

人大常委会第十六次会议听取武川县2018年国有资产管理情况报告。人大常委会组成人员从行政事业单位、公共基础设施和企业国有资产管理三个方面了解全县国有资产"家底"及存在问题，将国有资产管理运行依法纳入人大监督范围。

法治建设 人大常委会专题听取全县扫黑除恶工作情况报告，提出"持续深化部门协同配合，形成齐抓共管合力，依法严惩群众反映最强烈、最深恶痛绝各类黑恶势力违法犯罪"建议，助力全县扫黑除恶工作发展，取得实效。

2019年，县人大常委会对5部国家法律贯彻实施情况开展执法检查。对《中华人民共和国国旗法》《中华人民共和国食品安全法》《中华人民共和国环境保护法》《中华人民共和国审计法》《中华人民共和国动物防疫法》进行专项执法检查。

听取全县"七五"普法工作情况报告。人大常委会委员在审议时指出，开展"七五"普法工作，全县各级各部门加强组织领导，健全工作机制，创新普法形式，突出宣传重点，推进普法工作，增强全县公民法治观念。

注重法治宣传教育。组织宪法日宣传诵读活动，引导公众参与，营造"尊崇宪法、学习宪法、遵守宪法、维护宪法、运用宪法"法治氛围，提升群众法律意识，助推全面依法治县。

履职评议 2019年，人大常委会对卫健委、生态环境分局、司法局、扶贫办四个部门工作进行综合评议。被评议部门按照县人大常委会评议工作安排开展各阶段任务，自觉接受监督，听取意见，强化和提升部门在思想作风、依法行政、勤政廉洁、服务群众、提高效率等方面发展。

人大常委会对县人民政府各副县长分管工作完成情况进行全面评议，拓宽人大监督范围，提升国家机关工作人员依法行政意识和执政为民理念。

人大常委会首次探索推行非公有制企业评议政府职能部门工作，15个涉企职能部门向17家非公有制企业报告审批、受理、办结及服务工作情况，接受测评。各职能部门完善涉企制度建设、维护公平竞争、方便企业办事、帮助解决发展难题、维护企业合法权益等方面工作，发挥非公有制企业、人大代表监督作用，推动政府职能部门加强服务职能和作风建设。

县人大常委会第十七次会议专题听取政府组成部门主要负责人履职承诺完成情况报告并进行

满意度测评，强化对国家机关工作人员任后履职监督，促进国家机关工作人员“由人大产生、对人大负责、受人大监督”工作意识。通过测评找差距、找不足、找对策，改进和完善工作作风。

履职培训 举办市、县、乡三级人大代表履职知识培训和县人大代表助力脱贫攻坚知识专题培训，增强代表们的责任感、使命感和履职意识。

人大代表票决制 2019 年，按照区、市人大常委会民生实事项目人大代表票决制试点工作要求，县人大常委会传达票决制试点工作部署要求，增强各乡镇对代表票决制工作意识，把握代表票决制实质。西乌兰不浪镇、上秃亥乡为自治区和市级试点，推进民生实事项目人大代表票决制工作，报县委常委会研究通过，规范票决制工作坚持“四个原则”（坚持实事求是、因地制宜，既尽力而为又量力而行的原则），把握“两个关键点”（先行试点和全面推开）工作程序。试点乡镇按照“党委有要求、社会呼声高、政府可执行、人大可监督”标准挑选民生实事候选项目，提交人代会票决实施，保障民生实事项目人大代表票决制工作接地气、顺民意、惠民生。

代表履职 人大常委会加强和改进代表工作，组织人大代表参加脱贫攻坚验收座谈会、全市主题教育评估测评会、县委人大工作会议等重要会议，引导和支持代表服务大局，当好人民群众“代言人”。组织部分驻县市人大代表开展全民健身基础设施建设情况集中视察。

代表建议 十五届人大二次会议后，人大常委会将代表建议整理归类后向县政府交办，对代表建议承办、审核、答复、落实、总结等工作流程和办结时限提出明确要求。人大常委会第十九次会议听取县人民政府关于《县十五届人大二次会议上代表建议、批评和意见办理情况的报告》，22 件建议解决 15 件，占总数的 68.2%。

履职行为 人大常委会健全制度和完善常态化工作机制，坚持用制度管权管人管事，各项工作规范有序。执行民主集中制，按照党组会议、主任会议、常委会会议议事规则，集体讨论决定重大事项，提升决策民主化和科学化。

主动接受自治区、市人大常委会指导，配合市人大常委会开展对全县社会市面蒙汉两种文字并用情况检查。对《耕地污染防治条例》《内蒙古自治区国防动员条例（草案）》进行立法调研；完成市人大常委会委托开展《中华人民共和国全国人民代表大会和地方各级人民代表大会代表法》《全民健身条例》《内蒙古自治区全民健身条例》执法检查。

（办公室）

人大办公室

人大办公室领导名录

主　任：薛顺利

副主任：宋学智

机关服务中心

主　任：陈树梅（女）

法制工作委员会

主　任：张瑞隆

副主任：周永俐（女）

财政经济工作委员会

主　任：孙玉国

副主任：张贵斌

选举任免联络工作委员会

主　任：霍　勇

副主任：刘　杰

教育科学文化卫生工作委员会

主　任：张秀英（女）

副主任：王毅明

农业民族宗教侨务工作委员会

主　任：李国峰

城乡建设环境保护工作委员会

主　任：李志平

依法履职 结合人大常委会 2019 年度工作

要点，配合开展各项监督工作，听取专项工作报告，开展执法检查、调研视察、履职承诺评议工作；严肃会风会纪，提高人大常委会会议审议质量，保障县人大常委会依法履行各项职权。

办公室按照常委会要求，承担调研活动服务工作，制定调研工作方案，安排调研日程、行程、文稿、宣传等工作，撰写调研报告。

配合常委会及各委员会开展《中华人民共和国国旗法》《中华人民共和国食品安全法》《中华人民共和国环境保护法》《中华人民共和国审计法》《中华人民共和国动物防疫法》执法检查，推动法治政府建设目标任务落实。配合市人大常委会开展对全县社会市面蒙汉两种文字并用情况检查，对《耕地污染防治条例》进行立法调研，《内蒙古自治区国防动员条例（草案）》征求意见工作；完成市人大常委会委托开展《中华人民共和国全国人民代表大会和地方各级人民代表大会代表法》《全民健身条例》《内蒙古自治区全民健身条例》执法检查。

人大常委会对县人民政府各副县长分管工作情况开展全面评议，评议卫健委、环保局、司法局、扶贫办四个部门工作，推行非公有制企业评议政府职能部门工作，人大办公室按照人大常委会党组会议、主任会议要求，下发评议工作实施方案，与相关部门沟通评议工作报告内容，保证评议各项工作有序进行。

人大常委会开展政府组成部门负责人履职承诺制，强化对国家机关工作人员任后履职监督，提高任免工作质量，促进国家机关工作人员树立“由人大产生、对人大负责、受人大监督”意识。人大办与24个政府组成部门协调沟通，收集、印发材料，保证会议质量。

自身建设 配合人大常委会党组开展“不忘初心、牢记使命”主题教育活动。办公室按照党组要求，研究制定实施方案、学习计划，召开专题党课、动员会、对照党章党规找差距专题会议、调研成果交流会、专题民主生活会，起草党组班子剖析材料，服务主题教育工作。

会务工作 按照会前充分准备、会中工作有序、会后强化落实要求，办公室承担各类重要会议会务工作。组织开展人代会各项筹备工作，起草大会各项名单、议程、日程等材料，落实会议所需文件、证件、会议场所，安排代表食、住、行，协助“一府一委两院”和有关部门准备大会材料。

2019年，完成9次常委会会议以及常委会党组会议、主任会议、机关会议会务工作。常委会会议前，征求各委员会意见，提出会议建议议题，经主任会议通过后，印发会议通知，做好各次会议主持人讲话提纲撰写、会议材料收集、与会人员落实、会场布置等各项准备工作；会中，全程提供后勤保障和会务服务；会后，做好会议材料整理归档，及时将会议通过事项发出决议、决定，进行公告。

改进文风和提高质量，起草十五届人大三次会议人大常委会工作报告、《武川县民生实事项目人大代表票决制试点工作方案》以及各类调研报告、领导讲话、工作信息等文稿。

脱贫攻坚 人大办帮扶耗赖山乡大沙窝村，同大沙窝村两委班子对接、沟通，了解大沙窝村基本情况，派出驻村工作队员，查阅档案、入户调查、掌握建档立卡户基本情况，确立工作思路，制订工作计划。先后对召渠、下营盘、东召底、西召底、上毛黑沟、下毛黑沟、大沙窝7个自然村贫困户进行入户调查，发放便民联系卡。帮扶干部摸底村民家庭状况、困难根源、贫困结症，记录贫困户要求和意见，梳理成册，开会研究解决办法。

帮助村委会与县农业开发办协调，完成村委会7个村民小组4500亩耕地地下管网改造工程。更换深井泵6台、变压器1台、配电柜4个、泵管3套、地缆线路3000米。涉及建档立卡户46户，平均每户增收300 ~ 500元。巩固脱贫户收入，提高村民生活水平。

扩大村集体经济发展，在大沙窝村新建肉羊养殖场1处，占地面积5000平方米，已正常运行。

解决各自然村田间路面，帮助村委会雇佣机械维修田间路面15公里，解决村民们农产品拉运难题，排除村民交通安全隐患。

人大办筹集资金2万元，分别在建党98周年和春节前组织献爱心活动。

服务保障 按照“规范、精细、高效、节俭”要求，优化工作流程，加强工作统筹，增强日常服务主动性和前瞻性，创造性在会议服务、公文处理、文稿起草、人大宣传、信息化建设、人事管理、公务接待、行政财务管理、老干部工作、后勤保障等开展工作。

联系协调人大常委会和各委员会领导参加全县各类重要活动工作，服务基层，邀请乡镇人大主席和基层人大代表列席常委会会议服务工作。加强工作联系，通过乡镇人大主席座谈会，探讨乡镇人大工作新途径、新方法，提高服务水平和能力。利用四大班子办公室主任联席会和平时工作交流，强化与县委、县政府、县政协以及政府组成部门沟通联系，互相支持配合。

各项活动 闭会期间，加强同自治区人大、市人大联系，做好各类调研、视察配合工作。举办市、县、乡三级人大代表培训班，组织市人大代表开展武川县文化体育设施建设情况集中视察活动，组织县人大代表开展武川县基础教育均衡发展情况专题调研活动。组织县人大代表参加脱贫攻坚验收座谈会、全市主题教育评估测评会、县委人大工作会议。

思想政治建设 推进“不忘初心、牢记使命”主题教育，采取集中学习、专题党课、支部主题党日活动等形式，深化党内教育，学习贯彻中共十九大精神，领会习近平新时代中国特色社会主义思想，坚定理想信念，强化党性修养，增强“四个意识”，坚定“四个自信”，做到“两个维护”。

学习贯彻《中国共产党廉洁自律准则》《中国共产党纪律处分条例》《关于新形势下党内政治生活的若干准则》《中国共产党党内监督条例》，执行党风廉政建设责任制，贯彻民主集中制；完善制度、强化措施、加强监管，优化经费支出，建设节约型、廉洁型机关。

（办公室）

武川县人民政府

政府工作

重要会议及重要活动 2019年1月9日，政府县长靳春亮主持召开2019年县人民政府第一次常务会议，讨论研究了农民工工资支付、全县“大棚房”专项清理整治工作、归还日信贷款本金、解决2017—2018年农村危房改造补贴资金超出部分及武川县电子商务运营服务中心建设项目配套资金有关事宜。

2019年1月11日，政府党组书记、县长靳春亮主持召开2019年第一次政府党组会议。会议讨论研究了调整部分班子成员工作分工、全县扫黑除恶工作、民族宗教工作、安全生产工作、2019年为民办实事项目、人武部办公场所修缮、地方政府债券置换存量债务工作、将2018年部分一般公共预算支出调整为财政暂付款等有关事宜。

2019年1月15日，政府党组书记、县长靳春亮主持召开2019年第二次政府党组会议，研究审议了《中共武川县人民政府党组2018年度民主生活会方案(审议稿)》。会议讨论研究了《武川县京蒙扶贫协作资金和项目管理办法(试行)》，各乡镇拟实施项目，2016—2018年扶贫龙头企业贴息、2017年全县建档立卡贫困户贴息，可镇三圣太村退出扶贫互助社、上秃亥乡三间房村互助社追加扶贫互助资金，门头沟区捐赠100万元资金产业项目申报备案表、《2018年市级扶贫资金投入伊利公司收益资金分配方案》、《武川县扶贫公益岗位管理办法》，收回农业发展银行金融扶贫贷款风险补偿金，解决开元国际回迁安置信访问题，《武川县清理拖欠民营企业中小企业账款工作方案（讨论稿）》等有关事宜。

2019年1月24日，政府党组书记、县长靳春亮主持召开2019年第三次政府党组会议，会议讨论研究了国务院扶贫办检查金融扶贫小额信贷、矿山企业拆除费用、盐业体制改革、人才引进、近期债务化解资金分配方案等有关事宜。审议了政府党组对照检查材料（审议稿）、政府党组2017年度民主生活会整改落实情况的报告(审议稿）。

2019年2月1日，政府党组书记、县长靳春亮主持召开2019年第四次政府党组会议，会议研究了武川县落实中央脱贫攻坚专项巡视反馈意见整改工作、《武川县落实中央第八巡视组脱贫攻坚专项巡视反馈意见整改方案（讨论稿）》事宜。

2019年2月22日，政府县长靳春亮主持召开2019年县人民政府第二次常务会议，会议讨论研究了2019年第一批少数民族发展资金使用情况、《武川县深入推进“四好农村路”建设的实施方案（讨论稿）》、国土利用总体规划调整事宜、《武川县城乡建设用地增减挂钩工作实施方案》《进一步完善优化健康扶贫医疗保障政策实施方案》及哈拉沁水库移民后续工作有关事宜，听取了政府工作报告任务分解情况。

2019年3月5日，政府党组书记、县长靳春亮主持召开2019年第五次政府党组会议。会议讨论研究了部分人事任免及县长分工、人社局医保中心工作人员利用职务之便挪用公款有关事宜，听取了中央扶贫专项巡视整改落实情况、全县扫黑除恶工作情况、全县安全生产工作情况和全县食品安全工作情况汇报。

2019年3月26日，政府县长靳春亮主持召开2019年县人民政府第三次常务会议，讨论研究了涉农资金整合、健康扶贫项目入全县扶贫项目库、2019年度财政代缴建档立卡贫困人口基本医疗保险费个人缴费部分、《门头沟区人民政府 武川县人民政府全面深化京蒙扶贫协作2019年行动协议》有关事宜。

2019年4月4日，政府党组书记、县长靳春亮主持召开2019年第六次政府党组会议。会议讨论研究了人事任命，全市脱贫攻坚先进集体与先进个人武川县推荐名单，市委、市政府支持武川县高质量发展意见责任分解事宜。听取了中央脱贫攻坚专项巡视整改落实情况，全县扫黑除恶工作情况，审议了武川县扶贫开发领导小组工作规则事宜。

2019年4月11日，政府县长靳春亮主持召开2019年县人民政府第四次常务会议，讨论研究了得胜沟乡土地流转、扶贫项目库、2016—2018年未支付扶贫资金、2019年门头沟区扶贫协作和支援合作项目计划、基层卫生院设施设备配套和便民市场租赁使用政府采购有关事宜。

2019年5月7日，政府党组书记、县长靳春亮主持召开2019年第七次政府党组会议，会议讨论研究了2019年整合财政涉农资金分配，通用技术集团2019年扶贫资金使用，冰雪园开发四季旅游，小饭桌清理整治，中小学旱厕、学生洗浴、门房明火取暖、校园消防项目改造，武川二中农学专业教学楼、体育馆建设，建设教育督导与评价综合管理平台和土地利用总体规划调窗口期调整土地利用等有关事项。听取了全县扫黑除恶专项斗争工作情况汇报，审议了《扶贫工作公益岗位管理办法》。

2019年5月13日，政府县长靳春亮主持召开2019年县人民政府第五次常务会议。会议听取了各乡镇扫黑除恶专项斗争工作情况汇报；研究了中央环保督察“回头看”和草原生态环境专项督察反馈问题整改落实情况，推进政府购买服务加强基层民生经办服务能力实施方案（讨论稿），财政暂付款相关事宜和气象局在职人员地方津补贴相关事宜；讨论了将县养老服务中心闲置大楼改建为机关后勤服务保障中心、行政事业单位工人身份女职工要求延迟退休信访问题和卫生系统比照事业待遇人员信访问题。

2019年5月21日，政府县长靳春亮主持召开2019年县人民政府第六次常务会议。会议研究了《武川县落实2018年度省级党委和政府扶贫开发工作成效考核反馈问题整改工作方案》、2019—2020年扶贫项目库建设、《武川县巩固提升扶贫成果建立防范边缘户致贫和贫困户返贫机制的实施意见》、2019年农村危房改造巩固提升、2019年农村安全饮水工程、便民市场租赁补贴和青山家园项目青山大厦建设相关事宜。

2019年5月31日，政府县长靳春亮主持召开2019年县人民政府第七次常务会议。会议传达学习了习近平总书记在重庆召开“两不愁、三保障”座谈会上的讲话精神、市长冯玉臻关于脱贫攻坚巡视整改情况的督查专报批示精神。听取了武川县落实中央专项巡视脱贫攻坚反馈意见整改工作进展情况报告。研究了《武川县落实2018年度省级党委和政府扶贫开发工作成效考核反馈问题整改工作方案》、调整燕谷坊科技产业园部分用地规划、乡村公路建设有关事宜。

2019年6月4日，政府党组书记、县长靳春亮主持召开2019年第八次政府党组会议，会议听取了武川县国土领域、生态环境领域、建筑领域、金融领域、交通领域扫黑除恶专项斗争行动推进情况，讨论研究了《武川县推进打击非法小广告领域扫黑除恶专项斗争行动实施方案》、秦国樯等人职务任免、关于武川县落实中央脱贫攻坚专项巡视反馈意见整改方案部分内容调整、增拨机关事业单位参保人员职业年金虚账做实所需资金、报送财政保工资情况摸排等事宜，听取了民族宗教督查反馈问题整改落实情况。

2019年6月11日，政府党组书记、县长靳春亮主持召开2019年第九次政府党组会议，会议讨论研究了武川县2019—2020年产业扶贫项目规划，自治区第二批财政专项扶贫资金分配使用，武川县集中式光伏扶贫电站收益分配管理办法，蒙禾源菌业公司2019年生产经营、资产审价、公司负责人薪酬、已有大棚审价验收，赵忠挂职期间分管工作调整事宜。听取了农牧、林草、应急管理、教育、市场监管等重点部门扫黑除恶专项斗争行动推进情况等事宜。

2019年6月20日，政府党组书记、县长靳春亮主持召开2019年第十次政府党组会议，会议讨论研究了《2018年盟市党委政府扶贫开发绩效考核反馈问题整改工作方案》《市委市政府支持武川县高质量发展意见》落实推进情况、给予文某某开除处分、《促进民营经济高质量发展若干措施》、城镇建设、全县事业单位工作人员正常增加薪级工资及教育系统提高教师绩效工资所需经费、乾峰石墨厂拆除资金、划拨滨河社区和文化社区便民服务场所、电子政务外网和政府门户网站费用等事宜。

2019年6月29日，政府县长靳春亮主持召开2019年县人民政府第八次常务会议。会议研究了《武川县森林草原防灭火专业队组建方案》和《武川县2019年脱贫攻坚清零达标氟超标水资源置换及农村安全饮水巩固提升实施方案》有关事宜。

2019年7月11日，政府县长靳春亮主持召开2019年县人民政府第九次常务会议，讨论研究了2018年京蒙扶贫结余资金和2019年部分项目实施内容调整事宜，审议了《武川县扶贫资金投资产生红利资金管理和使用办法》《武川县巩固提升扶贫成果建立防范边缘户致贫与贫困户返贫工作的实施方案》，听取了全县安全生产及防汛安全工作汇报。

2019年7月23日，政府党组书记、县长靳春亮主持召开2019年第十一次政府党组会议，会议听取了全县信访维稳突出问题大排查大化解大整治百日攻坚进展情况。讨论研究了2019年行政许可和行政处罚信息报送工作，《莜面文化节实施方案（讨论稿）》，支付2017—2018年夏秋季入伍城乡义务兵优待金、支付2019年城乡退役士兵自主就业经济补助金，拨付金三角开发区道路工程款，开除弓有智公职处分等事宜。

2019年7月30日，政府县长靳春亮主持召开2019年县人民政府第十次常务会议，讨论研究了上级下达扶贫资金分配、2016—2018年度各单位扶贫资金支出、《武川县2019年老区“一村一品”项目建设实施方案》事宜，听取了政府债务化解情况、十件民生实事推进落实情况相关工作汇报。

2019年8月16日，政府党组书记、县长靳春亮主持召开2019年第十二次政府党组会议，开展“不忘初心、牢记使命”主题教育预热学习。会议讨论研究了《“绿化青山，守护北疆”国土绿化行动及启动仪式方案(2019—2025年)（讨论稿）》、扶贫资金整合分配使用、武川县清理拖欠民营中小企业账款工作、通用集团2019年扶贫资金分配、大青山游客服务中心、增拨离休干部住院报销费用、申请环城水系运营管理经费、百川热力有限公司贷款、城发公司总经理薪酬待遇、招考自聘人员、扶贫商业保险补偿等有关事宜。

2019年8月30日，政府党组书记、县长靳春亮主持召开2019年第十三次政府党组会议。会议听取全县扫黑除恶工作进展情况汇报、县扫黑办关于近期重点工作的汇报，讨论研究了舒居雅苑商住小区配建公共租赁住房分配方案、2019年扶贫资金整合调整、新建幼儿园、人武部史兴强随军家属就业安置、解决退伍军人张继勇安置问题等有关事宜。

2019年9月18日，政府县长靳春亮主持召开2019年县人民政府第十一次常务会议，听取2016—2019年扶贫资金支付情况，讨论研究了税务局申请地方经费补助事宜，安排部署国庆期间信访维稳、安全生产工作事宜。

2019年9月20日，政府县长靳春亮主持召开2019年县人民政府第十二次常务会议，讨论研究了国有林场人员工资及养老保险经费纳入财政预算，2019年度转业、退役士官安置和哈乐镇2015年温室大棚工资支付有关事宜。

2019年9月26日，政府县长靳春亮主持召开2019年县人民政府第十三次常务会议，听取了建档立卡贫困户动态调整、扶贫领域反馈问题整改情况和扶贫资金支付进展情况汇报。讨论研究了《公租房分配补充实施意见》、回购绿金嘉园保障房一层底房、《武川县国有土地上房屋权属登记等历史遗留问题涉及土地出让价款、基础设施配套费、易地建设费、社会保障费追缴工作方案》《武川县化解房地产领域遗留问题工作实施方案》、偿还龙川公司贷款有关事宜。

2019年9月29日，政府县长靳春亮主持召开2019年县人民政府第十四次常务会议，讨论研究了调整个别班子成员工作分工事宜。

2019年10月11日，政府党组书记、县长靳春亮主持召开2019年第十四次政府党组会议，讨论研究了人事任免、中央第八巡视组转交反映武川县政府有关问题、防返贫保险实施、《武川县2019年度扶贫对象动态管理和信息采集工作方案》、扶贫项目产生红利资金使用和管理办法、第三小学学生李某某坠楼死亡家属经济资助、两宗土地出让价款调整、第四热源厂大气污染排放烟气限值排放改造项目等有关事宜。听取了全县经济运行情况，矿产资源行业、生态环境保护领域乱象整改推进情况，房地产领域“四个百日行动”推进情况等相关事宜。

2019年10月23日，政府县长靳春亮主持召开2019年县人民政府第十五次常务会议，传达学习了市委书记王莉霞清理整治违建别墅调度会议精神，安排部署了武川县清理整治违建别墅事宜。讨论研究了加快财政扶贫资金支付、巩固提升脱贫成果防止返贫致贫开展八项“回头看”专项行动、《关于整治污染防治攻坚战存在突出问题的具体实施方案》、《关于整治“三大攻坚战”存在突出问题的具体实施方案》、《关于整治住房、教育、医疗、交通出行等民生领域存在突出问题的具体实施方案》、给予傅某某开除公职处分等事宜。

2019年11月28日，政府党组书记、县长靳春亮主持召开2019年第十五次政府党组会议，讨论研究了璞禾公司生产运营、补缴杨文魁养老保险金和住房公积金、蒙禾源菌业公司赵雅君待遇落实、工人身份女职工要求延迟退休、事业单位专业技术人员职称聘用、计生特殊家庭申请一次性扶助金、协商解除开发建设综合福利中心的协议书、提高生活长期完全不能自理的离休干部护理费标准、提高离休干部护理费标准、光荣院院民生活费列入财政预算及提高院民收费标准、筹备成立武川县扶贫资产管理公司、防返贫保险实施、调整健康扶贫资金、《县政府党组“不忘初心、牢记使命”专题民主生活会方案》等相关事宜。

2019 年 12 月 5 日，政府党组书记、县长靳春亮主持召开 2019 年第十六次政府党组会议，传达学习中央政治局第十九次集体学习会议精神、习近平总书记给国家综合性消防救援队伍的训词。审议政府党组民主生活会检视剖析材料，党组成员相互谈心谈话，听取 2020 年财政预算安排。

2019 年 12 月 17 日，政府县长靳春亮主持召开 2019 年县人民政府第十六次常务会议，传达学习了 2019 年经济工作会议精神，听取相关部门 2020 年工作安排，研究了危房改造资金、提高班主任津贴标准、配置校园保安人员、贫困户医疗保障待遇、冬季冰雪文化旅游活动、自治区生态环境保护督查指出问题、电商扶贫工作、扶贫资金支付等相关事宜。

2019 年 12 月 27 日，政府县长靳春亮主持召开 2019 年县人民政府第十七次常务会议，传达学习了自治区党委常委、市委书记王莉霞在市人社局关于香墅嶺小区建设项目网上投诉案件办理情况说明上的批示，要求相关分管领导、部门要高度重视，认真学习督办通知，举一反三，自查自纠，确保将农民工工资问题落实到位。听取了和川化工考察汇报，研究民大薯业、《武川县相对集中行政许可权改革试点工作实施方案》、各部门进驻大厅的行政审批事项清单、《深化乡镇改革推进基层整合审批服务执法力量改革方案》、各乡镇赋权事项清单、重点部门 2020 年工作安排等相关事宜。

2019 年 12 月 30 日，政府县长靳春亮主持召开 2019 年县人民政府第十八次常务会议，传达学习了县纪委监委关于 2020 年元旦春节期间正风肃纪的通知，要求各乡镇、各部门严格贯彻落实习近平总书记重要指示批示精神，着力巩固深化“不忘初心、牢记使命”主题教育成果，严守纪律规定，持之以恒正风肃纪。政府党组成员、班子成员要严格履行党风廉政“一岗双责”责任制，深化思想认识，严明纪律要求，确保节日期间风清气正。听取了产业指导员工作开展情况汇报，讨论研究了 2020 年中央扶贫资金分配、2020 年政府工作报告（审议稿）和农民工工资支付等相关事宜。

（办公室）

县政府办公室

县政府办公室领导名录

主　任：杨　栋
副主任：安　旺（兼金融办主任）
　　　　闫　勇
　　　　陈　亮
　　　　张海勇
　　　　赵灵慧
　　　　王润润
派驻纪检组组长：姚福生

保障服务　2019 年，县政府办公室围绕全县发展大局和政府中心工作，履行参谋助手、综合协调、督促检查、服务保障工作职能，提高综合协调、服务保障能力。

围绕 2018 年度省级党委和政府扶贫开发工作成效考核、2018 年度盟市党委政府（行政公署）扶贫开发工作成效考核、自治区第三方评估验收、国务院第三方抽查和审计署驻太原特派办对 2018 年扶贫资金审计等各类检查反馈问题，印发《武川县开展脱贫攻坚“回头看”工作方案》，建立任务清单、时限清单、措施清单和责任清单，以清单化管理推进整改“回头看”，提高脱贫攻坚质量和成效。完成扶贫对象动态管理工作。规范扶贫资金使用管理，制定《武川县扶贫项目产生收益资金使用和管理办法（试行）》，保障未达到“两不愁、三保障”贫困户、无劳力生活困难户、因疾病因残疾救助户、天灾人祸致贫户、意外事故特困户、危房户等几类常住人口，为扶贫项目产生收益资金使用、分配提供依据。陪同县领导先后赴兴安盟突泉县和科尔沁右翼前旗考察学习扶贫资产公司运行管理模式，经政府党组会议研究，成立武川县扶贫资产管理有限公司。围绕“两不愁、三保障”，制定《武川县巩固提升脱贫成果建立防范边缘户致贫与贫困户返贫工作的实施意见》，防止因病、因灾等突发情况导致农村家庭生活困难贫困边缘户与已正常脱贫建档立卡贫困人口，出现致贫返贫。

债务化解　2019年，通过财政预算资金、盘活存量资金、土地出让收益、出让闲置国有资产、整合上级专项转移支付资金、财政增量部分、拓展财力等7项举措化解债务。累计化解41887.76万元,债务余额391188.45万元。2019年，清理拖欠民营企业中小企业账款任务35298.19万元，完成市财政局化解总额计算。

污染防治　至2019年12月8日，可镇城区优良天数为281天，可吸入颗粒物(PM10)为44天，平均浓度同比下降15.3%，细颗粒物(PM2.5)平均浓度同比下降23.5%，均达到上级部门考核要求。2019年1—12月，呼和浩特市哈拉沁备用饮用水源地水质稳定达到Ⅱ类标准，六号梁黑八盘等3个饮用水水源地水质达标率100%，地下水质量考核点位水质保持稳定。通过建设雨污分流管网，生活污水达到应收尽收，提高可镇污水处理厂污水收集率，完成上级下达水环境主要污染物年度减排任务。开展土壤污染调查工作；办结中央环保督察及“回头看”期间交办群众信访举报案件；11家黏土砖窑全部拆除取缔；大青山自然保护区内矿山拆除治理51家。

日常事务　制订年度学习计划，建立定期学习长效机制。安排每周五下午集中学习例会，重点学习习近平新时代中国特色社会主义思想、中共十九大报告、党章党规党纪、党史新中国史、重大方针政策、业务知识等。围绕全县重点推进项目，不定期组织办公室秘书以讨论、座谈、交流、考试、点评等形式，加强学习。

围绕与县域经济发展密切相关项目，按照高质量、科学布局标准，完善第十三个五年国民经济和社会发展规划，起草撰写《2020年政府工作报告》等重要决策文稿。

在公文制作上，严把公文草拟、审核、校对、印发等关口，减少公文出错率。精心构思、立足大局谋划文字材料，做到各类文稿有观点、有思路、有创新、有高度，提升公文质量。撰写《关于全县人才工作的调研报告》《关于提高中小学教育教学质量的调研报告》等26篇调研报告，组织撰写各类重要会议材料50余篇，制发各类文件380余份。

县政府办公室按照《党政机关公文处理工作条例》规定，及时、规范做好各类文件收发、办理工作。2019年，共接收办理来文、来电、来函2838件，平件文件办结率100%，急件随到随办。

会务保障　周密细致做好各类会务组织、安排和协调，注重事前组织协调，强化事中跟踪服务，事后总结整理和归档。精简各类会议，搞好会务统筹协调。对政府党组会、常务会等会议，经县政府领导同意后提交会议研究，确保会议权威性和高效率。2019年，组织政府各类会议110余次，同比下降35%。

保密工作　重视保密工作，成立保密工作领导小组，指定专人负责保密工作，通过党组会和干部大会学习保密工作会议精神和保密有关规定、工作要点，解决保密工作中存在问题。对涉密文件严格按照有关规定，限定传阅范围，按规定方式进行传阅，杜绝泄密。

政务信息　按照政务信息为经济社会发展服务、为领导科学决策服务要求，突出政务信息“及时、准确、全面、真实”特点，组织文秘人员搜集、总结，挖掘，体现特色，展示全县经济社会发展亮点。全年向市政府上报信息325条，被采用101条;向自治区政府报送140条,被采用3条。

督查工作 围绕防范化解重大风险、精准脱贫、污染防治等县委、县政府重大决策部署和中心工作，采取下乡实地督查、书面督查、电话催办等形式开展督促检查，及时准确反映重大决策落实情况，确保政府工作有部署、有落实、有回音。全年开展常规督查22次，扫黑除恶专项督查6次，《中华人民共和国国旗法》执行情况专项督查2次，每次督查时间为1周左右，报送《督查专报》6篇。

脱贫攻坚 对上秃亥乡白泥壕村委会脱贫攻坚进行对接。办公室干部常态化对贫困户入户调查，在五一、七一、国庆等重要时节，慰问帮扶贫困户，解决贫困户所需、所急、所盼。

电子政务 加强政府门户网站改版建设，推进网民互动，解答民众所需；完善政务服务、政务公开栏目，推进电子政务建设，提升为民行政效能。开通县长信箱，受理网民来信9件，全部办结。办理市长热线交办件95件。县长热线解答处理群众反映问题130余件，办理群众来电反映问题30件，回复率100%。

建议、提案办理 受理市人大代表建议10件，解决4件，正在办理6件；办理市政协提案23件，解决13件，正在办理10件。办理县人大代表建议22件、政协提案73件，全部答复。

党风廉政建设 执行“八项规定”“六项禁令”。班子成员加强对配偶、子女、亲属教育和管理。利用民主生活会、支部组织生活会和集中学习，结合思想和工作实际，进行党性分析，开展批评与自我批评，增强班子发现和解决自身问题能力。主持召开政府办党组会议学习，传达中央、自治区、市以及县委党风廉政建设和反腐败工作会议、文件精神。

意识形态工作 贯彻党中央关于意识形态工作指示精神，加强办公室党组宣传思想工作，深化干部作风建设，组织党组成员召开党组会、主任办公会等，建立微信学习群开展学习。

（办公室）

扶贫工作

扶贫开发办公室领导名录

主　任：张国星

副主任：贾　巍

田继锁

安小伟（挂职）

健康扶贫和医疗保障 推进健康扶贫和医疗保障，按照呼和浩特市新调整政策执行城乡居民基本医疗保险筹资标准、待遇水平。2019上半年参保118396人，约完成任务122088人的97%。贫困人口应保尽保，实现全覆盖。2019年建档立卡贫困人口8541人参保缴费个人部分全部由政府足额代缴，全部享受健康扶贫基金90%兜底政策保障。建档立卡贫困人口在定点医疗机构产生住院医疗费用，通过城乡居民基本医疗保险、大病保险、医疗救助和商业保险报销后，个人自付费用超过5000元，超出部分由健康扶贫救助基金兜底。在县内定点医疗机构住院，出院时享受“一站式”服务，即时结算。对建档立卡贫困户新增9种慢性病，高血压、糖尿病贫困户患者由乡村医生每月上门送药一次，向患者收取10%自付费用，其余90%由乡镇卫生院每季度统一到县医保中心由健康扶贫基金救助。

教育保障 2019年，出台有关控辍保学制度和措施，强化学籍管理制度，实行学生流动周报告制度和失学辍学处置制度，制定《武川县控辍保学责任追究办法》，至2019年10月末，全县有义务教育阶段建档立卡家庭学生230人，全部在校就读。

安全饮水保障 2019年，对全县所有安全饮水工程进行地毯式排查，共排查9个乡镇、216个自然村，制定2019年安全饮水巩固提升实施方案，实施饮水巩固提升工程。

红利资金 2019年，拟定《资产收益扶贫红利资金分配使用管理办法》，结合扶贫项目资产清查核实工作，对资产资金收益项目返还红利管理分配使用情况进行核查，建立全县合法合规统一管理模式和产业利益联结机制。

2019 年安排 2400 万元资金，以购置扶贫车间设备方式注入燕谷坊公司，按照返还率不低于 6.5% 标准，燕谷坊公司为全县 9 个乡镇返还红利。完善各注入扶贫资金乡镇、村与蒙禾源公司利益联结机制，加强扶贫资产保底收益模式。

贫困人口动态管理 2019 年 6 月、11 月开展贫困人口动态管理工作。2019 年 6 月扶贫对象动态调整后 6568 户 13172 人，2019 年年末动态调整后扶贫信息系统在册建档立卡人口 6538 户 13009 人。分别是已脱贫（享受政策）4128 户 7809 人，已脱贫（不享受政策）2410 户 5200 人。

京蒙扶贫协作 2019 年接收北京财政援助资金 1845.48 万元，实施帮扶项目 23 个，主要为产业合作项目，兼劳务协作、人才培训、教育、医疗和残疾人精准帮扶。通过项目实施带动 1851 人。2019 年通过京蒙协作带动投资 3365 万元，协调门头沟区相关单位采购武川特色农产品 120.76 万元，受益贫困人口 172 人。引导武川企业在门头沟区开设武川农产品批发点 1 处、农特产品店 6 家、商超及社区销售专柜 13 个，系列实体店日均批发零售额达 2 万元以上。协调门头沟区援建扶贫车间 6 个，带动 41 人务工，其中贫困人口 29 人。接收挂职干部 16 人，选派挂职干部 84 人，完成干部培训 4 期 340 人次，教育、卫生人才培训 8 期 254 人次。协调到武川县开展专家义诊 2 期，累计义诊 600 余人次，开展“组团式”支教活动 1 期。安排 447 名贫困人口从事门头沟区捐赠公益岗，14 名贫困人口在京稳定就业。两地人社部门建立就业平台招聘信息同步发布机制，开展京蒙劳务协作招聘会 2 场，累计向社会提供北京地区就业岗位招聘信息 1000 余条。组织开展贫困户技能和实用技术培训 4 期 330 人次，开展电商培训 8 期 500 人次。与门头沟区部门、乡镇实现互访对接 38 次，参访人员 332 人次，随行企业 45 家，接收社会捐款 84.01 万元、捐物折款 25.91 万元。武川 9 个乡镇、6 所学校、2 所医院、2 个村与门头沟区对口单位及企业、社会组织保持“一对一”结对帮扶关系。完成贫困村创业致富带头人培训 2 期 40 人，其中创业成功 27 人，实现带动贫困人口 158 人。引导媒体宣传，北京市、呼市相关媒体对扶贫协作工作宣传报道 3 次。

精准扶贫项目 2019 年，投入扶贫资金 11678.22 万元，实施项目 43 个，其中产业类项目 23 个，基础设施类项目 20 个，项目按照程序经县乡村三级公告公示确定，资金全部拨付项目乡镇和相关部门。43 个扶贫项目完成验收。项目累计覆盖贫困人口 1.3 万余人。

围绕全县农牧业产业布局和脱贫攻坚行动方案，通过项目实施，发展肉羊、肉牛养殖，马铃薯、燕麦荞麦种植，中药材、食用菌及山茶特色种养产业。通过采取自营式（扶持贫困户自主个体经营）、参与式（贫困户出租个人资产资源）、投入式（贫困户以扶贫资金为资本入股产业受益）、订单式（引导企业、合作社与贫困户签订购销合同）等产业合作和扶贫模式，实现贫困户产业发展全覆盖，覆盖贫困户 6064 户 13050 人。

扶贫资金管理 2019 年上级财政下达扶贫资金 11678.22 万元。按级次分：中央扶贫资金 350 万元，自治区扶贫资金 4392 万元，市级扶贫资金 6936.22 万元；按扶贫类别分：少数民族发展资金 360 万元，专项扶贫 11318.22 万元。通过强化项目库规则、规范资金使用、加快资金拨付进度等措施手段，规范扶贫资金管理。

金融扶贫 2019 年，扶贫办对县内金融机构进行调研，确认农业银行、农村信用社、邮政储蓄银行、内蒙古银行、立农银行符合发放金融扶贫贷款条件。注入 5 家银行财政扶贫风险补偿金共 6350 万元，各家银行按照风险补偿金 10 倍比例放大贷款发放规模。至 2019 年 10 月末，县内各家银行发放“小额扶贫贷款”488户2175.4万元。完成2017年已到期贷款户贴息工作，贴息264户45.4328万元（年贴息率5‰），贴息资金由专户直接拨付贫困户“惠农卡”。

社会扶贫 2019年，调整包扶主体和帮扶对象，深化市、县级领导包扶贫困乡镇、市县级部门包扶贫困村、市县乡干部包扶贫困户、以及县直部门干部担任帮扶责任人3.5天帮扶机制，保持联系经常化、帮扶常态化，巩固脱贫成果、拓展帮扶效益。县9名处级领导兼任乡镇党委“第一书记”，32名县级领导联系9个乡镇、包抓93个行政村、每人帮扶3户贫困户，2420名机关干部及帮扶部门挂钩帮扶93个行政村。调整驻村队员277名，91个行政村每村不少于3名驻村队员，所有自治区级重点贫困村每村至少派驻一名科级干部。

（办公室）

政务服务

政务服务中心领导名录

主　任：庞占军（任至2019年3月）

　　　　薛顺利（2019年3月任职）

副主任：郭广宇（任至2019年4月）

　　　　李永宏（2019年4月任职）

政务服务 根据《内蒙古自治区人民政府办公厅关于切实做好政务服务事项动态调整和管理工作的通知》要求，按照依申请六类政务服务事项（行政许可、行政确认、行政给付、行政奖励、行政裁决、其他权利事项）清单，协调各单位按照要求对所管辖事项逐一进行梳理认领，梳理22个政府工作部门政务服务事项362项，其中，行政许可125项、行政确认47项、行政给付25项、行政奖励34项、行政处罚1项、其他行政权力事项7项、行政裁决7项、基本社会服务事项116项。认领目录数362项，应编实施清单362项，实编实施清单360项。

互联网+监管事项 按照全市推进“互联网+监管”会议精神，2019年，监管事项认领594项，监管实施清单编制与审核520项，完成率87.5%；执法部门行为采集涉及录入部门27个，录入26个部门，257个执法人员，28项检查行为。

“一网通办”、电子证照 事项办理环节梳理137项，使用市政务服务云平台事项4项，使用国建系统事项17项，使用自治区系统事项18项，使用市级系统事项9项，使用县本级自建系统事项1项。可办理地区证照数49个，其中Excel类型存储数据12个、数据库类型存储数据37个。推进一体化政务服务平台向基层延伸工作。各乡镇、社区、村委会梳理各自政务服务事项，政务服务局汇总收集乡镇政务服务事项83项。

政务大厅 全县审批事项进入政务服务大厅有人社、医保、财政、不动产、交警等建立专业服务大厅。进驻政务服务大厅审批职能部门有农科局、林草局、水务局等15个政府工作部门和税务局、气象局等3个条管部门。设23个窗口，有审批工作人员53名，可办理行政许可事项48项，行政确认9项，公共服务事项16项。至10月底，各审批窗口办理政务服务事项业务量411107件次。

扫黑除恶专项斗争 按照县扫黑办相关要求，成立组织机构，制定实施方案，安排部署扫黑除恶专项斗争各项工作。组织党员干部向办事群众发放宣传单200份，政务服务局大楼悬挂宣传扫黑除恶标语6条，电子显示屏滚动播出扫黑除恶内容40余次，发放县扫黑办致全县人民的一封信、举报奖励办法等系列宣传资料，开展扫黑除恶专项斗争问卷调查，收回问卷110份。加强线索摸排，不定期对政务大厅工作人员、来办事群众和服务对象进行线索摸排，征求意见。

“不忘初心、牢记使命”主题教育 按照县“不忘初心、牢记使命”主题教育领导小组要求，召开专题会议，研究制定政务服务局“不忘初心、牢记使命”主题教育工作安排，明确总体要求，细化具体任务，量化工作安排，强化组织领导。集中学习习近平总书记在“不忘初心、牢记使命”主题教育工作会议、中央政治局第十五次集体学习、中央和国家机关党的建设工作会议、中央党校中青年干部培训班开班式和在内蒙古考察并指导开展“不忘初心、牢记使命”主题教育时重要讲话和《“不忘初心、牢记使命”优秀共产党员先进事迹选编》《坚决彻底反对形式主义、官僚主义—毛泽东等老一辈革命家的部分论述》等学习材料。

撰写专题研讨材料，进行《党在我心中，永远跟党走》《认真检视政务差距，提升政务服务水平》《增强推进党的政治建设的自觉性和坚定性》专题党课。召开征求意见会，向涉及政务服务事项各县直部门和乡镇36个单位，政务服务大厅工作人员，来大厅办事群众征求意见和建议。

（李　美）

（一）政务服务中心

领导名录

主　任：庞占军

概况　2019年，进驻中心审批职能部门共17家，审批工作人员58名。办理行政审批事项58项、服务事项13项。

政务服务　建立审批与服务监管并重、审批与责任挂钩工作模式，实现“一厅式办公，一站式服务”。开展业务进驻工作。优化办事流程，建立延时服务、预约服务、急事急办、特事特办和绿色通道。使用部门“审批专用章”，部门公章和其它印章不再行使审批职能。实施“并联审批”和重点项目政府联席会议审批机制。重大项目开辟“审批绿色通道”。

在武川县政务服务平台，开通网上办事大厅，通过网上申请与提交、网上受理、网上评价等功能，促进工作作风和服务职能转变。公开审批服务项目及内容、办理程序、法定及承诺办理时限、收费标准及依据、服务行为规范、工作人员岗位职责、管理规章制度等。

行政行为　制定《武川县政务服务运行管理办法》《武川县政务服务部门审批专用章管理办法》及首问负责制、限时办结制、责任追究制、服务承诺制等各项工作制度。开展各种创评和廉政教育活动。开展“红旗窗口”“服务标兵”“双创”活动，每年开展一次“党员示范岗”“青年示范岗”和“党团共建岗”“三岗”评比活动。

开展“好差评”活动。对窗口工作人员进行好差评比活动，提升工作人员服务意识。

（李　美）

人力资源和社会保障

人力资源和社会保障局领导名录

局　长：赵志文

副局长：贾志文

　　　　牛　彬

派驻纪检组

组　长：孙建文

就业再就业　2019年，城镇新增就业1361人，城镇失业人员再就业629人，就业困难人员再就业121人，分别完成目标任务的105%、242%、100%；城镇登记失业率2.9%；农村劳动力转移就业40012人，完成目标任务的100%；农村劳动力转移技能培训428人，完成目标任务400人的107%；城镇就业技能培训473人，完成目标任务400人的118%；失业保险核定人数6604人，完成目标任务6600人的100.06%，征缴失业保险费493.30万元，完成目标任务300万元的164%；累计为415名失业人员发放失业保险金654.85万元；为49户创业人员发放创业担保贷款715万元。

社会保险 2019年，城镇企业职工基本养老保险全年参保核定6005人，完成目标任务9300人的64.6%；累计征缴企业职工养老保险7851万元，完成目标任务7200万元的109.04%；企业职工养老金发放63375人次，发放15251.67万元；工伤保险参保核定7672人，完成目标任务7630人的100.6%；征缴工伤保险费243万元，完成目标任务244万元的99.6%，累计支出289.68万元，上解工伤保险资金728.15万元；机关事业单位养老保险参保核定183户4235人，征缴机关事业养老保险10428.16万元，发放养老金及统筹项目内退休费15606.05万元，发放率100%；城乡居民养老保险参保人数100534人，发放人次363902人次，待遇发放金额7454.29万元，发放率100%；社保卡制卡成功102433人，已领卡70465人，未领卡31968人。

农民工工资支付 维护用人单位与劳动者合法权益。至12月底，新签补签劳动合同2898人，办理劳动用工备案手续用人单位126户，劳动用工备案率95%以上，劳动合同签订率100%；薪酬调查全年任务数为15户，完成15户；受理劳动争议仲裁案件12起，结案12起（其中裁决6起、调解4起、撤诉2起），结案率100%，另外不予受理31起；对9家在建建筑工程项目“四制两金”落实情况进行专项检查，累计检查21次；劳动保障年度书面审查工作完成205户，涉及7018人，完成目标任务200户、7000人。

人事人才工作完成2018年度事业单位工作人员年度考核工作；办理机构改革中事业（含工勤）转隶人员221人划转事宜；协助县委组织部推进人才引进工作，拟引进25人，实际引进15人，全部到岗工作；完成全县事业单位职称评聘情况摸底统计；组织开展全县事业单位岗位设置工作；基层项目高校毕业生工作，按照上级工作要求，2019年招募安排45名基层项目生到机关事业单位服务，其中“三支一扶”30人，社区民生人员15人；审批全县除教育系统外其他行政事业在职在岗人员2018年未休假补贴3224人；对2013—2018年受处分126人工资福利进行重新衡量；对全县事业单位工资进行核对，完成2019年度全县3149名事业单位工作人员正常增加薪级工资和绩效工资审核和批复，更新数据库；完成公务员管理和军转安置职能划转、人员转移工作交接。

助力脱贫攻坚 对贫困劳动力摸底调查，依托京蒙劳务协作，有针对性地开展促进贫困劳动转移就业专场招聘会，开展就业技能培训和实用技术培训，促进贫困劳动力特别是建档立卡贫困劳动力实现就业。2019年，组织开展专场招聘会两场，邀请到78家企业，其中北京企业24家，提供就业岗位1600余个，现场达成就业意向210人，达成培训意向60人；开展实用技术培训3期，培训贫困劳动力310人；对25名贫困劳动力开展职业技能培训；对自治区下发77名贫困劳动力和县扶贫办未脱贫39名贫困劳动力进行排查摸底，确定2019年就业扶贫对象23人，23人中公益性岗位安置12人，自主创业1人，灵活就业6人，单位就业4人；为2019年建档立卡贫困户中符合代缴条件2952人代缴养老金；举办武川县2019年度“专家服务基层”贫困户产业发展指导员培训班，培训各乡镇乡村扶贫产业指导员100人。

党建工作 组织实施“两学一做”学习教育，推进学习型党组织建设，组织开展专题学习、书记讲党课等活动。落实理论学习制度，坚持每周二、四早上一小时学习制度，累计组织全体干部职工集中学习80余次，党组中心组学习11次，编印学习资料11期。在全系统开展选树先进典型活动，评选各类先进典型18人，增强先进典型示范带动作用。组织开展坚持底线思维着力防范化解重大风险专项行动和专项资金检查工作，完善全系统风险防控机制，最大限度地减少发生重大风险隐患可能性。利用各类宣传渠道，加强对人力资源和社会保障政策措施宣传解读，对业务办理流程进行公开公示。开展人社系统窗口单位业务技能练兵比武活动。成立人社系统“不忘初心、牢记使命”主题教育工作机构，制定工作方案及工作安排。编印学习资料10余种，举办读书班6次、中心组学习2次、专题学习研讨4次，检视并整改问题5项。成立人社系统扫黑除恶工作机构，制定工作方案及线索排查制度，设立投诉举报箱，公布投诉举报电话，开展多种形式宣传活动，按要求建立档案。

（张　宣）

医疗保障局

医疗保障局领导名录

局　长：周志强

副局长：王丽华

纪　岳

概况　县医疗保障局于2019年3月7日正式挂牌成立，隶属县政府正科级单位。内设办公室、业务股。

城乡居民基本医疗保险　城乡居民基本医疗保险筹资标准、待遇水平均按照呼和浩特市政策执行。全年参保118396人。基金征缴2731.43万元。至10月末，基本医疗保险外转住院报销906人次，基金支付683.9万元，全县大病补充保险补偿1269人次，补偿652.06万元。

健康扶贫工作　贫困人口应保尽保，实现全覆盖。全县2019年建档立卡贫困人口8541人。贫困人口参保缴费个人部分全部由政府足额代缴。金额为222.066万元。

至2019年10月末，“一站式”结算系统共结算1599人次，基本医疗保险统筹支付860万元，医保救助14.08万元，其他保障支出242.73万元。为建档立卡贫困户办理慢性病21人次，送药10710人次，基金支出47.60万元。

城镇职工医疗保险、生育保险、离休干部医疗费保险

城镇职工协议管理医疗机构21家、药店92家。

至2019年10月末，城镇职工医疗保险累计基金支出2977万元，生育保险累计基金支出102.5万元。离休干部医疗保险基金支出165.6万元。

异地就医结算　实现从城镇职工医保到城乡居民异地就医备案登记全覆盖。实现从职工退休异地长期居住人员、常驻异地工作人员向异地就医转诊转院人员备案延伸，将信息录入医保信息系统并上传到国家异地就医管理系统，所有参保人员都能跨省异地就医住院直接结算，解决参保人员“跑腿多、垫资多”等问题。至2019年10月，城镇职工办理异地就医260人次，异地长期居住人员办理异地就医85人次，城乡居民办理异地就医868人次。

（张雅婧）

民　政

民政局领导名录

局　长：赵慧全

副局长：景建功

赵灵虎

达布希拉图（蒙古族）

李和利（2019年4月任职）

王娉婷（女，2019年6月任职）

脱贫攻坚　按扶贫部门提供2019年年底数据，贫困人口4144户7881人正常贫困人口，纳入低保脱贫户2505户4310人，占贫困人口的54.69%；纳入特困供养1户1人。

至2019年年末，发放贫困人口社会救助金1527.7749万元。其中：低保2505户4310人，发放低保金1326.2042万元；临时救助44人次（未脱贫19人），发放资金17.014万元（未脱贫 11.033 万元）；困难残疾人 532 名（未脱贫 17 人），发放资金 59.456 万元（未脱贫 1.778 万元）；重度残疾人 301 名（未脱贫 12 人），发放资金 36.478 万元（未脱贫 1.3752 万元）；特困供养人员 115 人，发放资金 85.4727 万元；孤儿 3 人，发放资金 3.15 万元。

按照县委、县政府要求，制定《武川县对丧失劳动能力贫困人口救助兜底保障未覆盖“清零达标”专项行动实施方案》，对丧失劳动能力贫困人口救助兜底保障未覆盖“清零达标”专项行动，全面摸底排查，对建档立卡贫困人口实施分类精准救助，将符合条件 48 户 86 人全部进行兜底保障。

建立社会救助和扶贫对象渐退机制。对于通过扶贫支持政策实现脱贫建档立卡贫困人口，按程序在建档立卡贫困人口中销号；对于通过扶贫支持政策实现脱贫农村低保对象，提供过渡保障期，即经帮扶后其收入已经超过低保标准，给予享受 12 ~ 24 个月低保救助，过渡保障期结束后，退出低保保障范畴，全县进入渐退期 2 户 5 人。

按照《武川县人民政府办公室关于开展民政对象专项排查规范管理的通知》文件要求，民政局联合各乡镇、各部门和纪委民政派驻组，对全县农村低保 13292 户 21628 人进行复查工作，核查清退农村低保 556 户 1152 人。新认定低保户 836 户 1417 人。

临时救助 2019 年 4 月，县人民政府办公室印发《武川县临时救助实施细则》，对救助使用对象、申请条件、救助标准、审核审批、救助方式作出明确的规定。2019 年城乡临时救助分 8 批 667 人次，全年发放临时救助金 224.2771 万元。

城乡居民最低生活保障 至 2019 年 12 月末，全县核定城镇低保对象 432 户 661 人，全年累计发放低保金 408.5594 万元。2019 年城镇低保保障标准提高到 725 元 / 月·人。全县核定农村低保对象 13686 户 22132 人，全年累计发放低保金 7808.8142 万元。农村低保标准提高到 510 元 / 月·人，城乡低保金全部实现社会化发放并且发放到位。

社会福利 2019 年，核定城乡特困供养对象（五保）1310 人，全年发放供养金 1101.8078 万元；为特困失能半失能护理人员发放护理补贴 58.9826 万元。

全县有敬老院 3 处。金鼎喆人圆养老公寓有床位 344 张，2019 年入住老人 83 人；可镇中心敬老院有床位 100 张，2019 年入住老人 63 人（五保 56 人、自费 7 人）；川河老年公寓有床位 200 张，2019 年入住老人 114 人（五保 98 人、自费 6 人）。

争取呼和浩特市“助康工程”，2019 年为县内 3 家养老机构五保、低保、贫困户老人检测并佩戴助听器 55 台。2019 年，对武川县内 3 家养老服务场所累计拨付资金 228.85 万元。请款 301.4 万元，用于改善可镇中心敬老院和可镇中心敬老院分院消防设施。

2019 年核定困难残疾人 3420 名，全年累计发放生活补贴 411.2244 万元，重度残疾人 2701 名，全年累计发放护理补贴 347.12 万元，其中建档立卡贫困户 293 人。

社会事务 2019 年，根据《自治区民政厅关于开展第六轮盟市、旗县（市区）行政区域界线联合检查的通知》精神、呼和浩特市民政局《关于开展行政区域界线第六轮联合检查工作的通知》要求，与土左旗开展行政区域界线第六轮联合检查工作，处理区域界线纠纷 2 起。

按照《社会团体登记管理条例》《民办非企业登记管理条例》及相关政策法规，做好社会组织日常登记管理工作，至 2019 年年末，批准成立社会团体 2 家，民办非企业 2 家，注销 6 家，撤销 26 家，变更登记 1 家。

孤儿和事实无人抚养儿童补助按月发放，2019 年度核定享受孤儿待遇人员 12 名，全年下拨孤儿供养金 24.48 万元。事实无人抚养儿童 40 人，全年下拨事实无人抚养儿童供养金 82.49 万元。

2019年精简退职人员14人，下拨精简退职补贴资金2.04万元。

2019年按照《中华人民共和国收养法》有关规定，依法登记20例，合格率100%。

至2019年年末，共救助流浪乞讨人员74人次；接回受助人员9人，护送30人，接领7人；救治危重病流浪人员2人；救助未成年流浪儿童2人；火化无名尸体1具。发放救助管理资金15万元。

殡葬管理 2019年5月，开展违法违规私建“住宅式”墓地等突出问题专项摸排工作、硬化大墓282处、“活人墓”261处。

婚姻登记 贯彻执行《婚姻法》和《婚姻管理登记条例》，依法进行婚姻登记。至2019年年末，办理结婚登记1025对，离婚登记415对，补发婚姻证件1824件，补办离婚证42件。

社区建设 全县有社区10个，至2019年年末，共23177户59722人，60周岁以上老人6640人。

2019年，改建原热力收费大厅作为文化社区办公场所，办公面积300平方米。

（办公室）

民族事务

民族事务委员会领导名录

主　任：达布希拉图（蒙古族）

调研工作 调研少数民族聚居村和少数民族贫困人口脱贫攻坚，与县扶贫办沟通，了解全县少数民族建档立卡贫困人口分布状况，掌握全县少数民族贫困人口信息，建立工作台账。

党的建设 开展“不忘初心、牢记使命”学习教育活动，围绕守初心、担使命，找差距、抓落实总要求，发挥党组织战斗堡垒作用和党员先锋模范作用，提升民族工作科学发展、持续发展。

民族工作 加强党的民族理论、民族政策学习，维护民族团结和祖国统一。

开展民族团结进步创建活动。9月，围绕“各民族共同团结奋斗，共同繁荣发展”民族团结进步表彰活动月，推进民族团结进步创建工作，创建2个市级民族团结进步示范单位。

落实民族政策法规“六进”活动（进机关、进企业、进乡镇、进社区、进学校、进宗教活动场所）。深入东营子、西贾格楞图等7个少数民族聚居村、民族小学、伊鑫源清真肉业有限公司、可镇清真寺、西官井社区等进行民族政策法规宣传活动，发放《城市民族工作条例》、《内蒙古自治区民族教育条例》《呼和浩特市社会市面蒙汉两种文字并用管理办法》、民族团结进步创建宣传图册等民族政策宣传资料。在《武川报》刊登《呼和浩特市清真食品管理办法》《中华人民共和国民族区域自治法》。

少数民族发展资金 争取到中央、自治区级少数民族发展资金360万元。按照市民委项目实施指导意见和县政府会议安排，资金全部用于少数民族聚居村乡村道路硬化和农田水利建设。其中240万元少数民族发展资金项目有西乌兰不浪镇大以克少数民族聚居村通村路硬化项目60万元；大青山乡干只汗村委会沙湾子少数民族聚居村入村道路硬化和农田水利建设项目70万元；哈乐镇车辅村委会东营子少数民族聚居村道路硬化项目50万元；耗赖山乡五福堂少数民族聚居村至上沟子村路段硬化项目60万元。

二份子乡黑沙兔村委会大公少数民族聚居村农田水利建设项目50万元；西乌兰不浪镇红山子村委会红山子少数民族聚居村农田水利项目建设50万元。上秃亥乡东房子村委会西贾格楞图少数民族聚居村至黄土坡村砂石路项目。工程全部竣工验收，资金拨付至施工单位。

争取市级少数民族发展资金20万元，支持民族小学开办附属民族幼儿园；争取市级少数民族发展资金10万元，用于蒙中医院蒙药科基础建设。

蒙古语文 落实《内蒙古自治区蒙古语言文字工作条例》和《呼和浩特市社会市面蒙汉两种文字并用管办法》。5月开始，会同城市管理综合执法局等部门对可镇青山路牌匾进行排查。下达《社会市面蒙汉两种文字并用整改通知书》59份，整改55块蒙文脱落、翻译不准确等牌匾。

摸底登记可镇29家制作蒙汉文牌匾厂家，为29家广告店和2家刻章店安装蒙文排版系统，发放呼和浩特市民族事务委员会《关于确定我市社会市面蒙古文、汉文并用"书写比例规格"和"译审程序"的通知》和新修订的《呼和浩特市社会市面蒙汉两种文字并用管理办法》等资料。

2019年12月，举办蒙古文、汉文牌匾管理系统及政策法规培训会。市场监督管理局、城市综合管理执法局及社会蒙汉文牌匾翻译人员、县内25家广告制作厂家负责人参加培训。

清真饮食业 按照《关于开展清真食品市场检查整顿的通知》要求，加大清真餐饮业和清真肉食加工业管理，尊重食用清真食品少数民族饮食习惯、维护少数民族经济利益。联合市场监督管理局、文化旅游体育局、城市管理综合执法局，检查可镇城区范围食品零售及餐饮1180余户，检查中发现35种问题食品，下架5095袋（桶、只）。

扶贫成效 成立机关脱贫攻坚领导小组，明确工作目标和重点，将责任细化到人。在春节、"七一"主题党日、"不忘初心、牢记使命"学习教育活动中开展慰问活动。对接民政保障扶贫工作推进组，将1名建档立卡未脱贫少数民族群众纳入最低生活保障范围，安排为季节性防火员。2019年5月，内蒙古自治区质量协会负责人为少数民族建档立卡未脱贫人口捐助1万元医疗救助金。10月，市民委脱贫攻坚暨产业发展工作现场推进会在武川县召开。

扫黑除恶专项斗争 制定《武川县民族事务委员会扫黑除恶专项斗争实施方案》，组织全体干部签订扫黑除恶专项斗争工作承诺书、工作责任书。组织机关干部集中进行扫黑除恶专项斗争知识学习，研究部署专项斗争工作。深入民族小学、7个少数民族聚居村、内蒙古伊鑫源肉业有限公司、清真食品企业进行线索摸排。

（达　布）

机关事务管理

机关事务管理局领导名录

局　长：武剑威

副局长：邓小峰

概况 武川县机关事务管理局成立于2017年10月，为县政府直属事业单位。内设办公室、财务股、资产管理股、公务用车管理股、党政大楼管理股。

工作职责 研究拟定全县机关事务管理工作的具体政策、规章制度；负责县级机关、事业单位国有资产管理工作；参与县直机关办公用房项目的初审、规划、建设工作；负责县直机关办公用房配置和管理工作；负责县直机关办公用房及设施改造维修工作；负责县直机关、事业单位出租用房、闲置房屋及场所等的经营管理工作。负责县直机关、事业单位公务用车的编制、管理、更新、处置工作。负责县委、政府大楼安全保卫、消防、停车场管理、社会治安综合治理等工作；负责县委、政府大楼的卫生保洁、绿化美化、机关餐厅等后勤服务工作；负责县委、县政府办公大楼水、电、暖等的运行保障工作；负责在县委、县政府大楼召开的各类会议和重要活动的服务保障工作。负责县级机关办公用房物业服务项目的招标采购与管理工作；负责其他县级机关办公场所安全保卫工作的监督指导；负责推进、指导、协调和监督全县公共机构节能工作，组织实施县级机关办公用房的节能改造工作。

公务用车改革 全县事业单位公务用车制度改革涉及单位258个，187辆公务用车，其中改革后保留车辆174辆（机要通信应急用车20辆、业务用车111辆、特种用车43辆），2019年11月完成“全区一张网”建设任务，全县党政机关公务用车全部纳入平台建设并运行。

公共机构节能 按照区、市主管部门要求，将全县各乡镇各部门2017—2019年水、电、暖、燃油费用原始票据复印件上报自治区机关事务管理局。

第五小学2019年被评为自治区级公共机构节能示范单位，同时申报国家级公共机构节能示范单位。推荐耗赖山乡申报自治区级公共机构节能示范单位。

规范办公用房 工作组分赴全县各乡镇各部门对办公用房进行实地测量。

党性教育示范基地 经县委组织部会议决定，机关事务管理局承担得胜沟爱国主义教育示范基地后勤各项建设工作，教育示范基地已成为全县、全市进行爱国主义教育主要示范基地。

（郭建军）

退役军人事务

退役军人事务局领导名录

局　长：张　耀（2019年3月任职）

副局长：王海中（2019年6月任职）

副局长：郝秀明（2019年6月任职）

概述 根据《中共呼和浩特市委办公厅呼和浩特市人民政府办公厅关于印发<武川县机构改革方案>的通知》和《中共武川县委办公室武川县人民政府办公室关于印发〈呼和浩特市机构改革的实施意见的通知〉》文件精神，2019年3月7日，县退役军人事务局正式挂牌成立，属县政府职能部门并开展正常运营工作。按照武川县机构改革方案具体要求，将原属县民政和民族宗教事务局双拥优抚安置工作职责、人员及所属优抚事业单位光荣院职责和人员划转退役军人事务局。内设综合股和安置拥军优抚褒扬纪念股。按照内蒙古自治区退役军人事务厅、内蒙古自治区党委机构编制委员会办公室《关于规范盟市级以下退役军人服务保障机构有关事宜的通知》文件精神，县设立退役军人服务中心及9个乡镇和10个社区退役军人服务站。

双拥工作 人事变动调整县双拥工作领导小组，领导小组下设办公室，属正科级编制，配备专职工作人员，落实领导小组制定的各项工作任务。建立健全各项规章制度，职责明确，管理规范，各乡镇和相关部门分别建立相应组织机构，制定双拥工作各项制度。

开展双拥宣传月活动，出动宣传车，印发双拥宣传材料1000份，编制双拥信息6期，走访慰问驻军部队2个，发放慰问金1万元；慰问重点优抚对象，每户发放慰问金500元、米面油各1份。清明节，县四大班子领导在可镇青山园开展祭扫英烈大型活动，传承革命英烈，活动人数500人次。建军节走访慰问县人武部、武警中队、光荣院及重点优抚对象，发放慰问金2万元。9月30日开展烈士公祭活动，参加活动人数240人次。

组织参加第三届“庆八一双拥杯”羽毛球、乒乓球邀请赛暨第一届全市退役军人事务工作者运动会，获呼和浩特市双拥工作领导小组、中共呼和浩特市退役军人事务工作领导小组、呼和浩特警备区颁发的优秀组织奖。

优抚安置 根据《军人抚恤优待条例》规定，足额发放各类重点优抚对象抚恤定补和生活补助费，2019年为全县各类重点优抚对象发放抚恤定补费，为各类重点优抚对象发放医疗补助费。按照武川县退役军人事务局《关于给2017—2018年夏秋季征兵入伍城乡义务兵发放优待金的通知》，为城乡义务兵发放优待金。

根据《退役士兵安置条例》规定，接收符合政府安置政策转业士官和残疾军人，发放待安置期间生活补助费。按照武川县退役军人事务局《关于下拨2019年城乡退役士兵自主就业经济补助金的通知》，为城乡退役士兵发放补助金，并将城乡退役士兵自主就业经济补助金列入地方财政预算。

根据民政部《优抚事业单位发展规划》总体要求，经请示县人民政府同意后，在可镇西区新建1所多功能标准化光荣院，工程项目占地面积15亩，建筑面积3800平方米，设计床位130张，项目总投资1040万元。2017年完成各类审批手续，2018年9月动工新建，2019年9月完成主体工程。

根据退役军人事务部《关于做好当前退役军人和其他优抚对象信息采集工作的通知》和武川县民政和民族宗教事务局《关于开展退役军人和其他优抚对象信息采集工作的通知》。

落实光荣牌悬挂工作。4月28日，召开全县光荣牌悬挂工作启动仪式动员会并按照自治区、呼市两级业务部门文件要求进行部署。2019年为全县退役军人和其他优抚对象悬挂光荣牌。

根据中共呼和浩特市委宣传部、呼和浩特市退役军人事务局、呼和浩特警备区政治工作处转发《关于开展2019年度“最美退役军人”学习宣传活动的通知》，经过摸底和遴选，推荐17名优秀退役军人，其中2名退役军人获“最美退役军人”称号。

完成退役士兵社会保险接续上报审核工作。

由上级业务部门投资30万元对大青山英雄纪念碑进行维修。

党的建设　健全和完善机关党建各项制度。根据武川县机构改革方案通知要求，新组建中共武川县退役军人事务局机关党支部并选举新一届委员，对机关党组成员进行分工，建立局机关党务工作各项制度并组织开展工作。

学习中共十九大报告和习总书记重要讲话精神，坚持“两学一做”常态化、制度化，抓组织建设、队伍建设和干部职工政治思想教育，以党建工作推动退役军人事务工作。

完善机关党组工作新机制，建立党内各项工作制度。组织机关党员干部职工学习党章、党内生活若干准则及党的各项规章制度，定期召开党员和机关党组各成员学习制度。

扫黑除恶专项斗争　成立扫黑除恶专项斗争工作领导小组，制定武川县退役军人事务局扫黑除恶专项斗争实施方案，设立举报箱，建立《武川县退役军人事务局扫黑除恶专项斗争工作制度》《责任落实制度》《联络员工作制度》《线索排查制度》《责任追究制度》《保密制度》。制定宣传工作方案，印发《致全县人民群众开展扫黑除恶专项斗争的一封公开信》，公布投诉举报电话,在单位宣传栏设立固定标语并悬挂条幅。

扫黑除恶专项斗争领导小组同局内各股室签订扫黑除恶责任书。完善工作责任和考核机制，组织全局干部职工学习扫黑除恶工作手册，开展问卷调查材料20余份，向县扫黑办汇报工作进展和报送工作资料。

做好摸排扫黑除恶举报线索工作。要求各乡镇退役军人服务站和10个社区退役军人服务站上报线索举报摸排情况。

（赵小雨）

中国人民政治协商会议武川县委员会

政协工作

政协武川县委员会领导名录

主　席：张立侠（女）

副主席：张春梅（女）

李润毛

李登红

张建雄

常务委员：王　晶

邢　诚

孙长青

苏文德

李志光

李　艳（女）

杨二枝（女）

汪　昊（女）

张　力

张树名

陈永亮

段慧颖（女）

袁国栋

崔志平

中国人民政治协商会议武川县委员会工作机构领导名录：

提案委员会

主　任：高怀富

副主任：冀凌芝（女）

经济科技委员会

主　任：刘和平

教文卫民族宗教委员会

主　任：宋永强

副主任：苏文海

文史委员会

主　任：刘金玉

副主任：苏凤梅（女）

概况　至2019年12月为政协武川县第九届委员会任期，委员会设办公室、提案委员会、经济科技委员会、教文卫民族宗教委员会、文史委员会。

党组织建设　第九届常委会恪守根本政治原则，树立“四个意识”，坚定“四个自信”，做到“两个维护”，学习贯彻习近平新时代中国特色社会主义思想，学习贯彻习近平总书记系列重要讲话精神和在内蒙古考察时的重要讲话精神，学习贯彻中共十九大、十九届二中、三中、四中全会精神，增强对中国共产党和中国特色社会主义的政治认同、思想认同、理论认同、情感认同，指导实践，推动工作。政协党组履行管党治党政治责任，执行党的政治路线，贯彻落实上级党委和县委决策部署，县委听取政协党组工作汇报，审议政协常委会工作报告、年度协商工作计划和工作要点，政协组织在党的领导下履行职责、开展工作。

学习贯彻习近平总书记关于加强和改进人民政协工作重要思想、在中央政协工作会议暨庆祝中国人民政治协商会议成立70周年大会上重要讲话精神，学习贯彻中共中央、自治区党委、市委和县委关于加强和改进人民政协工作新部署新要求，深化对人民政协性质、地位、作用认识，明确政协工作方向，引导委员和各族各界人士提高政治站位，与党同心同德、同向同行，增强新形势下政协工作责任感使命感。组织开展庆祝中华人民共和国成立70周年和人民政协成立70周年活动，参与市政协开展理论研讨会和征文活动；政协机关举办党史学习会、座谈交流会，组织党员干部参观爱国主义教育基地、红色教育基地和廉政教育基地，参观集宁战役纪念馆和乌兰察布党史馆，回顾总结历史，增强守初心、担使命职责。组织召开32次专题学习。举办习近平总书记关于加强和改进人民政协工作重要思想、新修订政协章程和委员履职业务知识专题辅导讲座。

开展“不忘初心、牢记使命”主题教育。按照习近平总书记提出“四个到位”要求，突出“规定动作”，学习研讨，自觉对标对表，检视问题找差距，召开2次政协委员座谈会“开门纳谏”，党组成员深入联系点“登门纳谏”，广泛征求意见建议，整改落实。按照县委“牢记使命、强化担当，紧扣‘生态立县、绿色强县’发展定位，推进县域经济高质量发展”主题实践活动安排，围绕文化旅游产业发展、房地产遗留问题和物业管理、燕麦产业发展、道路交通管理、城镇绿化管理、市容市貌治理等开展8项专题调研。

协商建言改革　发挥人民政协为社会主义协商民主重要渠道和专门协商机构作用，推进协商民主制度化、规范化建设。政协九届二次会议期间，委员们围绕政府工作报告和其他重大决策等进行协商讨论，加强城镇基础设施建设、加强农产品品牌保护、促进农民专业合作社发展、关注教育教学质量提升、加强医疗卫生事业发展等建言资政。政协搭台，委员提意见，围绕促进民营经济发展、防范民间借贷风险、提升教育教学品质、加强小区物业管理、加强农村环境综合整治、提高科学知识普及、促进马铃薯产业发展等10个专题举行委员大会发言，县委、县政府主要领导听取大会发言并点评，对提出建设性意见建议，批示相关部门研究落实。

政协常委会组织召开专题协商活动，聚焦党政关心、群众关切工作提出协商议题和协商计划，经县委批准后，由县委、县政府、县政协共同组织实施。2019年，围绕优化营商环境促进民营企业发展，推进政务服务改革、提高行政审批效率、解决企业融资难等问题，与政府开展面对面协商议政，围绕加强领导为优化营商环境提供组织保证、深化改革提高管理服务水平、加强干部队伍建设、拓展渠道解决企业融资难问题、引导促进民营经济健康发展等方面提出建议。围绕提升教育教学质量开展专题协商。组成调研组深入中小学实地了解情况，召开座谈会，提出促进教育体制改革、加强教师队伍建设、科学制订教师招录计划、建立教师激励机制等9个方面建议。县政府分管领导、相关部门负责同志和行业代表参加协商会议。

开展提案办理协商。把提案提出和办理过程作为协商民主过程，抓住提案提出、审查、办理三个环节，提高提案质量、办理质量和服务质量。围绕全县经济、政治、文化、社会、生态文明建设中重大问题，向委员印发提案选题参考目录。政协九届二次会议后，委员们对全县农业发展、生态文明建设、民营经济发展、教育事业、文化建设、医疗卫生事业、城镇物业管理、环境卫生、交通安全、社会保障、法治建设等方面提出提案79件，经审查立案73件。与提案承办单位举行提案办理协商会，推动形成协商意见，强化办理落实。

民主监督 贯彻落实中共中央《关于加强和改进人民政协民主监督工作的意见》精神，健全体制机制，组织开展监督活动。组织委员开展“四白”园区运行、生态建设工程、移动互联网建设运营情况考察活动，丰富民主监督内容。开展评议有计划、按程序，有序开展民主评议工作。深化民主监督员工作，支持特邀监督员围绕政府效能、民生实事、项目推进等重要方面参与全县监督活动，助推改革发展、服务民生事业。

履职为民 责任担当 关注民生民情，倾听群众呼声，反映群众意愿。发挥人民政协联系各界群众重要渠道作用，围绕改革发展过程中各种矛盾、问题和群众普遍关心热点、难点问题，协助县委、县政府做好理顺情绪、解疑释惑、宣传疏导、凝聚共识工作。围绕全县改革发展稳定大局，人民群众关心关注现实问题，了解群众意愿诉求，反映社情民意。2019年，向自治区政协、市政协报送社情民意信息19篇。

围绕脱贫攻坚开展工作，为群众办实事、解难事、做好事，主动服务全县脱贫攻坚工作。落实县委各项扶贫措施，通过协调，为包扶两个行政村投资200余万元两个储窖项目建设完成并投入使用；向大召寺争取的价值3万元生活物资，开展扶贫救济活动；协调市、县法院法律援助资金20万元，救助因残致贫家庭；组织机关干部和政协委员开展社会救助、扶贫帮困、资助贫困大学生等社会公益性活动，助力脱贫攻坚。

运用“政在协商·武川”公众号、政协委员手机微信群，宣传党的政策和县委、县政府重点工作以及政协履职情况，为委员报送提案、反映社情民意信息等搭建网络报送渠道，提升政协履职服务水平。推进政协机关工作制度化规范化建设，健全完善学习、会议、工作等各项规章制度。抓好机关干部队伍建设和党风廉政建设，加强意识形态工作。支持县纪委监委派驻政协机关纪检监察组开展工作，自觉接受监督。

界别活动 发挥政协委员和社会各界人士作用，加强政协专委会与界别活动组指导联系，组织2次界别座谈会、6次界别委员视察考察活动。促进宗教和谐，支持县委、县政府落实宗教政策，组织委员开展宗教活动场所视察活动，走访宗教团体，加强与宗教界代表人士联系，促进交流，引导宗教界人士模范带动信教群众爱国爱教、拥护改革发展，促进宗教与社会主义相适应。

利用京蒙扶贫协作平台，加强与北京市门头沟区政协工作联系。举办座谈会，交流政协工作经验；开展考察活动，了解两地经济社会发展情况；走访慰问贫困户，奉献一片爱心；通过沟通协调，争取30万元工作经费支持，助推政协文史工作和文化工作；共同举办书画展，加强文化合作交流。

文史编撰 开展文史资料编撰工作。完成《武川县政协志》《武川县村名录》《草原丝绸之路第一站——武川与白道》编辑工作。经过协调，在大青山乡干只汗村委会下南滩村树立“北魏武川镇城址”标志碑。

重要会议 2019年1月7日，政协武川县第九届委员会第三次会议在可镇召开，会期3天。会议听取和审议政协武川县第九届委员会常务委员会工作报告、政协武川县第九届委员会提案工作情况报告；审议通过政协武川县第九届委员会常务委员会工作报告决议、政协武川县第九届委员会提案工作报告决议和政协武川县第九届委员会第三次会议政治决议；举行委员大会发言；列席武川县第十五届人民代表大会第三次会议。

常委会会议 2019年3月22日，政协九届委员会召开第五次常委会议，会议传达学习全国两会期间习近平总书记在内蒙古代表团审议时的讲话精神；传达学习全国两会精神；确定2019年工作要点；审议通过杨二枝因身体原因、王禹人因工作调动原因辞去政协委员职务请求。

2019年11月28日，政协武川县第九届委员会召开第六次会议，传达学习自治区党委关于政协工作会议精神；学习讨论习近平总书记在庆祝中国人民政治协商会议成立70周年大会讲话；审议关于武川县燕麦产业发展情况调研报告、关于对武川中药材产业发展情况调研报告。

2019年12月6日，政协武川县委员会召开第七次常委会议，围绕优化全县营商环境进行专题协商。

2019年12月6日，政协武川县委员会召开第八次常委会议，围绕提升武川县教育教学质量进行专题协商。

2019年12月31日，政协武川县委员会召开第九次常委会议，审议政协武川县第九届委员会第三次会议会序册；审议政协武川县第九届委员会常委会工作报告；审议政协武川县第九届委员会常委会提案工作情况报告；审议关于对县政协委员（常委）2019年度履职考评具体事宜。

（苏凤梅）

政协办公室

政协办公室领导名录

主　任：苏文德

副主任：张志刚

政治建设　学习贯彻习近平新时代中国特色社会主义思想和中共十九大精神，树牢“四个意识”，坚定“四个自信”，做到“两个维护”。贯彻《中共中央关于加强党的政治建设的意见》，加强政协党组织政治建设，提高政治站位，落实政治责任，落实党中央大政方针和自治区党委、市委、县委决策部署。执行《中国共产党重大事项请示报告条例》，政协党组每年向县委作工作报告、年度协商计划、常委会工作报告、全体会议、重要工作等。加强意识形态工作，广泛凝聚共识。落实县委扫黑除恶专项斗争决策部署，提高政治站位，落实主体责任。

学习习近平新时代中国特色社会主义思想，学习贯彻习近平总书记关于加强和改进人民政协工作重要思想和对内蒙古工作重要指示精神，学习全国两会精神和自治区、市、县会议精神。坚持和执行学习制度，政协党组理论学习、常委会议集体学习、主席会议学习、委员学习培训、机关学习例会等，丰富学习内容和形式，提高政协干部和委员思想理论认识，增强履职能力。

组织建设　加强政协党组织建设，突出政治功能，发挥政协党组领导核心作用。加强政协常委会建设，围绕县委、县政府中心工作，履行政治协商、民主监督、参政议政职能。加强专委会建设，支持专委会开展工作，落实专委会联系界别委员工作制度，丰富界别活动。发挥界别在政协工作中作用。加强政协委员学习培训和服务管理工作，提高政治把握能力、调查研究能力、联系群众能力、合作共事能力，增强委员责任意识和履职主动性，发挥委员主体作用。

机关建设　落实中央八项规定及其实施细则精神，执行自治区、市、县相关配套规定，反对和整治形式主义、官僚主义、享乐主义和奢靡之风。坚持求真务实，真抓实干，持续改进调查研究方式方法，在队伍求精、调研求深、成果求实上下功夫，着力提高调查研究质量。坚持勤俭办会，科学安排会期和规模，不搞与会议无关活动。改进文风，各种文件力求简明扼要、具体可行，委员大会发言提倡开门见山、直面问题。坚持党的群众路线，密切政协干部、委员与群众联系，了解民情，倾听民意，为县委政府科学决策提供民意支持。

加强对《中华人民共和国宪法》《中国共产党章程》《关于新形势下党内政治生活的若干准则》《中国共产党廉洁自律准则》《中国共产党

纪律处分条例》《中国共产党党内监督条例》《中国人民政治协商会议政协章程》等法律法规学习，强化政治纪律和组织纪律，执行廉洁纪律、群众纪律、工作纪律和生活纪律。落实政协制定各项制度，加强日常监督管理。开展“不忘初心、牢记使命”主题教育，加强机关自身建设，提升参谋助手、统筹协调、服务保障能力和工作质量水平。坚持以制度管人管事，健全和完善机关工作制度，加强监督管理，促进机关各项工作开展。

专题协商　开展调研视察工作。围绕全县重点工作、重大项目建设和民生工程，组织开展2项专题调研（燕麦产业发展专题调研、中药材产业发展专题调研）和4项视察（农村环境综合整治视察、文化旅游业发展情况视察、清洁能源发展情况视察、特色蔬菜种植情况视察）活动。

民主监督　加强政协民主监督制度建设，健全组织领导、知情反馈、沟通协调等制度，围绕县委重大改革举措、重要政策贯彻执行情况，开展监督活动。开展民主评议，对县文化旅游体育局工作进行民主评议。

界别活动　落实政协专委会联系界别工作制度，加强专委会同各界委员联系，丰富界别活动内容、创新界别活动形式。年内组织开展五项界别活动，对宗教活动场所进行考察；对“四白”园区运行情况进行考察；对大青山前坡和后坡生态建设工程进行考察；对养老康复服务业发展情况进行考察；对移动互联网基础设施建设、运营情况进行考察调研。

脱贫攻坚　落实县委脱贫攻坚决策部署，坚持领导干部和机关包联乡镇、村工作制度，做好扶贫工作，加强工作指导和协调配合，推动中央脱贫攻坚专项巡视反馈意见整改工作落实落细。协调部门和乡镇、村实施马铃薯储窖建设项目。组织机关干部开展帮扶贫困户工作，巩固提高帮扶成效和群众满意度。

（苏凤梅）

武川县纪检监察

纪检监察

纪委监察委员会领导名录

县委常委、纪委书记、监委主任：闫　义

纪委副书记、监委副主任：郭宝音（蒙古族）

赵占宏

纪委常委、监委委员：韩俊杰

纪委常委：赵志宙

纪委常委、党风政风监督室主任：刘全根

纪委常委、办公室主任：赵慧勇

监委委员、第二纪检监察室主任：任志强

监委委员：张新华

组织部（干部监督室）部长：梁建军

信访室主任：田　野(女）

案件监督管理室主任：薛子龙

案件审理室主任：周　敏

第一纪检监察室主任：郭银龙

第三纪检监察室主任：王志强

第四纪检监察室主任：孙勇刚

第五纪检监察室主任：郑飞

第六纪检监察室主任：徐云峰

留置场所管理中心主任：靳　文

派驻机构

第一派驻纪检监察组

组　长：万瑞清

第二派驻纪检监察组

组　长：张喜斌

第三派驻纪检监察组

组　长：孙建文

第四派驻纪检监察组

组　长：李俊飞

第五派驻纪检监察组

组　长：李和利（任至2019年5月）

第六派驻纪检监察组

组　长：姚福生

第七派驻纪检监察组

组　长：朱文珍（蒙古族）

第八派驻纪检监察组

组　长：范明

第九派驻纪检监察组

组　长：王忠怀

第十派驻纪检监察组

组　长：伊学敏（2019年5月任职）

政治监督 开展“不忘初心、牢记使命”主题教育。纪委通过常委会会议、理论中心组学习等方式，先后39次学习习近平总书记重要讲话和指示批示精神，用习近平新时代中国特色社会主义思想指导实践、推动工作。按照县委总体部署，围绕8个专题，开展理论中心组学习13次、集中研讨12次、理论学习培训1150人次；纪委监委领导班子成员带头，讲授党课13次；开展组织力提升、过政治生日等主题党日活动7次；围绕民营企业发展生态、“三务”公开等课题开展调研8次；开门纳谏与登门纳谏相结合，征求意见建议25条，查找问题38个，整改完成35个，整改完成率92.1%。

围绕“贯彻落实习近平总书记重要讲话和指示批示精神、贯彻执行党中央重大决策部署、严明党的政治纪律和政治规矩、践行党的宗旨和贯彻党的群众路线”4个方面，建立20项政治监督台账；建立扫黑除恶专项斗争、脱贫攻坚巡视整改等监督检查台账，加强政治监督。围绕“三大攻坚战”等党中央重大部署、党风廉政建设“两个责任”和全县重点工作落实情况开展监督检查。2019年，开展明察暗访30轮次，通报曝光12个乡镇部门10人次，向县委报送签报专报10次，提出工作建议26条。对9个乡镇、16个部门83个方面问题，下发纪检监察建议书66份，整改问题77个；贯彻《中国共产党问责条例》，问责党员干部43人；对违规露天造像案件追责问责22人，处分4人，组织处理18人。

专项整治 开展扶贫领域腐败和作风问题专项整治。围绕巡视整改落实、扶贫资金拨付、扶贫项目推进等开展监督检查53轮次，向县委提出工作建议27条，反馈问题44个；查处扶贫领域腐败和作风问题线索27件，处分5人，组织处理2人。

扫黑除恶专项斗争 推进中央扫黑除恶督导联动整改，建立“九查九看”[一查各乡镇党委和各部门党委（党组）贯彻落实习近平总书记有关重要指示和重要决策部署情况，贯彻落实自治区党委、市委和县委扫黑除恶专项斗争的总体要求和实施步骤情况看政治站位高不高。二查扫黑除恶专项斗争第一责任人、直接责任人切实履行扫黑除恶重大政治责任情况；第一责任人对扫黑除恶工作亲自研究部署情况，是否形成切实有效的压力传导机制；直接责任人靠前指挥、主动作为，落实扫黑除恶各项工作任务况，看责任意识强不强。三查扫黑除恶宣传工作情况，综合运用各种媒体和宣传阵地进行政策解读、工作动态等多种宣传方式开展宣传情况，是否设立扫黑除恶举报电话、举报箱等便捷的群众举报平台，群众是否广泛知晓，并积极参与扫黑除恶专项斗争，看落实责任实不实。四查严守法律界限，严格依法办案，涉黑涉恶问题线索查办情况，看政策把握准不准。五查重大复杂疑难案件督办查办情况，建立领导包案督办制度及执行情况，看工作力度大不大。六查各乡镇、各部门扫黑除恶领导小组及其办公室发挥职能作用，加大统筹力度，层层压实责任，相关监管部门协同配合，推动解决经费保障、专业队伍建设，对重点行业、重点领域形成强大合力、整治突出问题情况，看统筹推进力不力。七查各乡镇纪委深挖彻查“保护伞”工作开展情况，把扫黑除恶与反腐败斗争和基层“拍蝇”相结合，治理党员干部涉黑涉恶问题，深挖黑恶势力背后“保护伞”情况；是否存在扫黑除恶专项斗争中态度消极暧昧，甚至包容放纵，工作玩忽职守、失职失责造成严重后果和不良反应等问题，看深挖彻查深不深。八查整顿软弱涣散基层党组织，严防黑恶势力侵蚀基层政权，为铲除黑恶势力滋生土壤提供坚强组织保证情况，看基层组织强不强。九查扫黑除恶相关制度机制建立执行情况，看制度机制全不全]监督清单，开展3轮次监督检查，向县委提出建议7条，反馈问题22条，下发纪律检查和监察建议书22份，约谈工作不到位党委（党组）书记2名；深挖彻查涉黑涉恶腐败和“保护伞”，受理相关问题线索68件，全部处置，处置率100%；立案11件，处分14人，组织处理15人。其中，办结中央督导组交办三类问题线索19件，处分5人，组织处理6人；查办涉黑涉恶腐败问题和“保护伞”问题线索49件，处分7人，组织处理9人；查处“保护伞”2人。

民生领域专项治理 开展财政补贴资金“一卡通”管理问题专项治理，清理滞留“一卡通”1728张，占滞留总数的96.4%；开展人防系统腐败问题专项治理，督促人防部门对中共十八大以来人防领域工程建设、项目审批治理重点进行自查自纠；推进“大棚房”专项治理，督促完成23个“大棚房”拆除整改。全年累计受理民生领域问题线索51件，处分4人，组织处理6人。

推动“三务公开” 通过组织推动、示范带动、上下联动、监督推动，增强公开事项全面性，规范审批流程，拓展公开内容深度和详细度，从2018年1.2万条增长到5.94万条，增长395%，点击量达到19.4万次，居全市第四位。全县98.6%单位实现按月公开。对“三务公开”不及时、不到位等问题约谈党组织16个、党委（党组）书记16名。

“上访变下访” 建立县委常委包案、纪委常委包乡、纪检监察干部包村信访化解机制，保障群众合法权益、维护社会和谐稳定。全年累计下访142批次305人，排查信访问题111件次，解决问题、化解矛盾71件，息诉罢访69件。

清扫基层“微腐败” 坚持基层“微腐败”清扫行动与扶贫领域腐败和作风问题专项治理、民生领域腐败专项整治、扫黑除恶专项斗争、“三务”公开等工作相结合，落实领导包案制度，全年累计受理问题线索161件，立案23件，处分26人，组织处理28人。

评定“清风干部” 对全县3300名在编在岗干部进行评定，评定“清风干部”2939名，361人不符合评定标准未被评为“清风干部”；深化结果运用，将“清风干部”评定作为廉政审查意见必审内容，全年累计廉政回复64批2618人次；坚持把“清风干部”评定与开展为干部澄清正名工作同向发力、同向推进，为2名受到不实举报干部澄清正名。

纪检监察改革 履行纪检、监察两项职能，完善纪法贯通办法和法法衔接机制。实现“流程再造”，制定审查调查常用文书使用管理规范，修订完善信访举报、线索处置等14项制度规定。强化上级纪委对下级纪委领导，推动双重领导体制具体化、程序化、制度化，全年向县委和上级纪委报告有关情况13次。提升监察全覆盖，县级层面选聘特约监察员9名；成立全县9个乡镇监察办公室，配备监察干部27名，聘请村级监察联络员93名，打通监察“最后一公里”。建立纪检监察室联系乡镇纪委、派驻纪检监察组工作机制，赋予派驻机构监察权限，强化乡镇纪委、派驻纪检监察组协作配合工作责任，提高办案能力，形成学习互助、业务互补协同机制。

惩治腐败 全年受理问题线索381件（次），立案79件，处分58人，其中乡科级14人；留置涉嫌职务犯罪2人，移送检察机关2人；挽回经济损失294.05万元。

坚持纪严于法、纪挺法前，综合运用监督执纪“四种形态”，采取约谈提醒、组织处理、纪律处分等方式，处理、处分296人次。全年开展以案警示51批次；召开全县科级干部警示教育大会2次，500余人接受教育；纪检监察干部参加法院公开庭审50人次。

人才培养 加强人才保障，组建执纪审查人才库，推选自治区“执纪监察尖兵库”1人、“执纪监察合格人才库”18人；开展“两支精兵”培训，推选谈话突破精兵10人，数据分析精兵10人，精细化管理人才5人；推选“三个一百”优秀案例6件，入选自治区纪委监委优秀案例库4件。

宣传引导 强化党风廉政宣传教育工作，通过网络、公众号发送廉情廉语1176条，发布通报33期，发放宣传资料600余册；发挥廉政教育基地宣传警示教育作用，全年开展廉政警示教育活动23批、1000余人，增强全县各级党员领导干部坚守底线思维思想自觉和行动自觉。

自身建设　加强党的政治建设，树牢“四个意识”，坚定“四个自信”，坚决做到“两个维护”。开展“讲政治、练内功、提素质、强本领”学习教育活动，选派14批51名委领导和业务骨干参加上级纪委监委业务培训，选派9名纪检干部到自治区纪委和市纪委实践锻炼；组织全县纪检监察干部开展中央纪委国家监委18门核心业务课程等培训班26期、923人次，实现培训全覆盖；采取以案代训、组团办案方式为基层培养办案能手，抽调23人参与自治区纪委监委、市纪委监委办案；1名纪检监察干部被自治区纪委监委评为执纪监察尖兵。强化内部管理，实施纪检监察系统干部工作日志制度和钉钉办公管理制度，推进工作落实。

（张溢宣）

巡察工作

县委巡察办公室领导名录

组　长：闫　义

副组长：刘冬生

办公室主任：师青山

组织领导　落实《关于市县党委建立巡察制度的意见》，坚持“统一领导、分级负责”原则和一届党委实现对所管理党组织巡察全覆盖明确要求，从讲政治高度推动巡察工作。县委常委会议学习《中国共产党巡视工作条例》《关于市县党委建立巡察制度的意见》《中国共产党党内监督条例》，交流研讨学习习近平关于巡视巡察工作重要论述等，深化市县开展政治巡察重要意义和重大举措，强化县委政治担当。县委巡察工作领导小组和巡察机构干部集中学习《中央巡视工作规划（2017—2021年）》、习近平总书记考察内蒙古重要讲话、参加十三届全国人大二次会议内蒙古代表团审议时重要讲话精神和批示指示落实情况，学习赵乐际在推进巡视工作会议上讲话和调研时重要讲话，强化党员干部“四个意识”，提高政治站位，增强巡察监督责任积极性和主动性。交流研讨内蒙古党委巡视办编印《巡察工作指导手册》，提高巡察规范化水平。发挥职责使命，履行主体责任，研究解决巡察人员编制、经费保障、干部待遇等问题；巡察工作领导小组组织实施工作责任，听取巡察阶段性情况汇报，解决巡察人员抽调等问题。制定《中共第十四届武川县委员会巡察工作规划（2017～2021年）》《武川县委巡察工作实施办法（试行）》《中共武川县委巡察工作领导小组工作规则》《中共武川县委巡察工作领导小组办公室工作规则》《武川县委巡察工作办法（试行）》《巡察工作大协作机制意见》《被巡察党组织配合县委巡察工作规定》《武川县委巡察组组长库、人才库管理办法》等巡察机构制度。完善业务流程及管理制度体系。

巡察监督　十四届武川县委巡察工作五年规划明确被巡察单位共有57个(包括3个镇6个乡1个园区和47家县直单位)、村社区103个。2019年，已开展7轮常规巡察，第七轮常规巡察已反馈完成，正在有序整改。前六轮已完成对42个单位党组织及66个村居巡察工作，巡察覆盖率64.07%；发现问题914个，已整改819个，整改率89.6%，移交问题线索11件，办结11件，给予党纪政务处理7人；交叉巡察发现移交线索35件，办结14件，立案审查1件，正在办理20件。营商环境上下联动专项巡察移交问题线索1件，正在初核。二轮次交叉巡察共挽回经济损失3.4878万元。对前六轮42个被巡察单位党组织巡察整改工作进行督查评估，被巡察党组织对反馈问题建立完善各项制度150余项。

整改责任　在巡察中，对能够及时纠正违反党的纪律、违反中央八项规定精神和“四风”问题，推动工作缓慢，不担当、慢作为问题，要求被巡察党组织或有关部门即知即改、立行立改。

严肃问题反馈，督促整改落实。向被巡察党组织反馈意见，剑指问题，在党内通报，向社会公布，形成警醒。通过电话问询，掌握整改工作进度。通过听取汇报，研究整改落实中重要复杂情况；通过审阅整改情况报告，检查全面整改情况。通过回访，对已经整改实地检查、对正在整改进行督促、对尚未整改或整改不到位加强督办。

创新工作机制，压实“一岗双责”。巡察办探索工作机制，创新制定“征求意见书”“立行立改通知书”，健全相关配套制度。

及时移交问题线索，做好跟踪督办。将发现违纪违法线索移交县纪委，以纪委领导督办、电话催办等方式督促办理，确保巡察问题线索快查快结。

建立督查制度，规范巡察督查。建立《县委巡察整改督查办法（试行）》《县委巡察办关于进一步加强和规范整改工作的通知》等相关文件，成立巡察整改督查组，根据被巡察党组织上报整改方案，制定整改督查评估表，依据综合评定将被巡察党组织巡察整改工作评定为三个档次，全面考量整改效果。2020年12月11日开始，派出2个督查组对十二届市委第三轮常规巡察哈乐镇党委和营商环境上下联动专项巡察整改情况进行督查。

责任担当 十四届县委任期内参与并接受交叉巡察4轮、上下联动2轮。2019年4月，十四届县委成立巡察组与市委巡察组联动对县政法委和县公安局党委开展上下联动巡察监督，对扫黑除恶推进情况进行专项检查，巡察发现24个问题，立行立改10个，已全部整改。

人员素质 县委巡察办党支部以“四个自信”为主题，通过党建文化长廊，集中体现巡察工作特色党建文化品牌。开设“武川巡察”公众号，在“呼和浩特巡察”公众号上发表文章10篇，宣传全县巡察工作。统筹协调巡察组进驻，成立临时党支部，定期召开巡察组临时党支部会议，研究日常工作，组织学习交流，巡察期间党建不缺位、工作全覆盖。

开展培训研讨交流，提升巡察干部业务素质。每一轮巡察动员部署会后专门安排时间，以专题讲座、分组讨论、经验交流等形式对巡察干部进行集中培训。派员参加中央巡视办和自治区、市委巡视巡察机构学习培训。

2019年8月，县委机构编制委员会批复成立武川县巡察数据服务中心。

（师青山）

群众团体

总工会

领导名录

主　席：张显业

副主席：李爱兰（女）

概况　县总工会内设办公室、组宣科、经济劳保科、基层法工科。下设股级事业单位1个：职工服务中心。

劳动竞赛　开展岗位练兵、技能比赛、技术交流、合理化建议等群众性职工技能提升活动。组队参加市总工会举办首届“弘扬工匠精神、展现行业风采”呼和浩特市公共供水行业练兵技术比武活动。

宣传管理　加强劳模管理与宣传服务。做好劳模津贴发放和体检工作，慰问各行各业各级劳模代表10人；五一期间开展评选表彰县级五一劳动奖和工人先锋号活动。在国庆节期间，慰问各级劳模代表50人，发放价值1万元慰问品。

基层工会组织建设　2019年，指导快递、物流、餐饮、药品和金融行业成立工会联合会。举办“八大群体”集中入会仪式，全县货车司机、餐饮业、快递员等“八大群体”共500余名职工参加活动，为“八大群体”发放宣传册和防暑降温慰问品。

集体协商　开展工资集体协商“要约行动季”活动。举办全县企业集体协商培训暨案例分析研讨会和职工劳动保护暨安全生产培训会，邀请市总工会法工部和专兼职指导员为各类企业工会主席进行授课，观摩会现场演示指导讲解签订集体合同、工资专项集体合同。

职工文体活动　元宵节期间，组织全县职工开展扑克、棋类比赛；五一期间举办“唱响劳动美·建功新时代”庆祝五一国际劳动节职工文艺演出暨颁奖典礼；举办全县干部职工千人登山活动比赛。七夕节期间，联合团委、妇联举办“七夕职工联谊、共筑美丽武川”全县第一届单身青年职工交友联谊活动，各行业、各单位70余名单身青年参加交友联谊活动。

职工解困脱困　2019年，元旦春节送温暖救助困难职工165人；开展“心系环卫工、真情暖寒冬”送温暖活动，为245名环卫工发放羊毛手套、皮鞋等劳动用品，共投入资金4万余元；推动职工医疗互助保障工作，召开职工医疗互助保障工作推进会。在“六一”儿童节，开展慰问农民工家庭留守及单亲儿童活动，慰问41名小学和幼儿园留守及单亲儿童。国庆节期间，开展慰问农民工活动，慰问农民工250名，发放米、面、油生活物资，价值5万元。

精准脱贫 2019年，先后为建档立卡户和一般户发放热水壶、挂历春联及防暑用品等。为全县460余名驻村工作队员开展"送清凉"活动。开展职工志愿者服务活动暨服务队授旗仪式，组织志愿者服务队到定相营村宣传农民工入会、务工、维权等知识，为村民提供义务理发和诊疗服务，邀请县乌兰牧骑为村民进行慰问演出。

（办公室）

团县委

领导名录

书　记：李　敏（女）

概况 2019年，武川县团委直属团委14个（9个乡镇，3个学校，1个教育局团委，1个经济开发区管委会团委），直属学校团总支1个，非公经济团工委1个（5个团支部），直属团支部23个。各乡镇团委直属团支部107个，学社衔接团支部9个，各学校团委、团总支直属团支部72个。全县系统内团员2368名。

思想政治引领 团县委按照团中央、自治区团委及团市委关于"青年大学习"行动要求，深化"青年大学习"行动，引导青年持续学习习近平新时代中国特色社会主义思想，组织全县各界青年线上开展"青年大学习"网上主题团课学习，线下开展"青年大学习"活动21场。开展"不忘初心、牢记使命"主题教育，学习研讨19次，典型教育2次，党史、新中国史学习1次，革命传统教育1次。

团县委本级 4月30日，团县委组织开展"青春心向党 建功新时代"纪念五四运动100周年活动，对600余名来自全县各界团干部、团员青年开展五四精神宣讲活动，组织团干部、团员青年收听收看纪念五四运动100周年大会直播。5月，组织20余名来自全县各界团员青年开展纪念五四运动100周年座谈会；组织西部计划志愿者开展谈心交流活动；组织部署各学校开展"传承好家风 弘扬好美德"系列活动4场。6月，与县委宣传部、关工委、教育局联合开展"腾飞中国·辉煌70年"庆祝中华人民共和国成立70周年武川县青少年爱国主义教育活动。7月，开展"青春心向党·建功新时代"学习宣传贯彻习近平总书记视察内蒙古重要讲话精神主题宣讲会；开展"弘扬五四精神，践行跟党初心"主题宣讲会。8月，开展第二期"学习宣传贯彻习近平总书记视察内蒙古重要讲话精神"主题宣讲会。

学校领域 第二中学开展青春与信仰同行入团宣誓暨表彰大会，树成人意识并担社会责任—18岁成人礼仪式，文明礼仪伴我行主题演讲比赛。第一中学开展2019届高三毕业典礼暨优秀毕业生表彰大会，"诗传古韵 词润芳华"首届诗词大会，"表彰先进 歌唱祖国" 2019年主题党团活动。第三中学举办"腾飞中国 辉煌70年"演讲比赛。六一期间，举办争做新时代好队员少先队员入队仪式、争做新时代好队员国学经典诵读比赛、青少年县长杯足球联赛活动等队日活动11场。十一期间，开展"我与祖国共成长""争做新时代好队员 喜迎自治区第七次少代会""助力三城同创 共建美好家园"少先队员手抄报作品展示活动共5期，开展我和国旗同框、祖国我想对你说、我爱你中国、祖国在我心等庆祝新中国成立70周年系列活动16场。2019年，开展新生入队仪式、"我是接班人 争做好队员"、开学第一课、学雷锋、"缅怀革命先烈 弘扬爱国精神"、入团宣誓仪式、安全伴我行、网络安全进课堂等其他团队日活动30余场。

4月，团县委联合中国通用技术集团团委，邀请专业沙盘培训老师为民族小学五年级学生和全县心理老师开展专业沙盘培训。7月，组织第一小学和第三小学篮球队，到清水河县参加“2019姚基金希望小学篮球季内蒙古赛区呼和浩特分赛区篮球赛”，第一小学和第三小学分别获得亚军和纪念奖。

助力脱贫攻坚　按照县委精准扶贫工作安排，团县委对帮扶1户贫困户和20户一般户进行长期结对帮扶。定期慰问帮扶户，干部主动购买帮扶户农产品并帮助他们在网络平台上销售，将生产扶贫落到实处。7月，到贫困户和帮扶村开展共青团助力脱贫攻坚“访贫问苦送温暖”主题党日活动，为贫困户送去生活用品。

团县委授予王瑞瑞等3人“青年致富带头人”称号。3月，成立武川县青年创业联盟，有创业者、导师团、志愿者等61人。4月，与中国通用技术集团团委举办“同心圆梦 情系武川”通用技术集团青春扶贫行动帮扶协议签订暨微心愿启动仪式，中国通用技术集团团委向武川县青年创业联盟捐赠资金1万元，用于全县青年就业创业工作。

联合中国通用技术集团团委分别对民族小学、第二小学、西乌兰不浪学校46名学生开展“微心愿”活动。8月，依托“中国茅台 国之栋梁”资助5名建档立卡户家庭且2019年参加高考并被全日制普通高等院校录取大学新生；依托“爱心小鸟 希望之星”公益助学计划资助4名品学兼优、家庭经济困难青少年。10月，依托内蒙古希望工程1+1助学金计划资助6名贫困学生。11月，中国通用技术集团中纺院团委帮扶第一小学20名贫困生实现微心愿；依托“希望工程天祥基金”公益助学计划，资助3名贫困学生。12月，组织20名贫困学生参加团市委组织宝贝出村·情暖童心“青城学子”爱心公益活动；接收北京市门头沟团区委联系爱心企业捐赠款2万元，为乡镇小学购买学生校服及生活用品等物资。

推动“青创易贷”项目、金融支持青年创业行动计划落地实施。向银行推荐申请人26名，通过银行审批25名，金额304万元。

公益服务　1月，呼市公安局团委携手县团委在西乌兰不浪小学开展“奉献爱心 传递书香”公益捐书活动，为西乌兰不浪小学捐赠图书500余册。7月，北方工业大学心系故里实践团在武川县开展“推广普通话，助力脱贫攻坚”“工大学习普心语，武川青年树英才”活动，走进社区和学校对3～6岁小朋友开展普通话宣传与交流活动。7月，与自治区文联文艺志愿者协会与中国农业大学艺术中心在西乌兰不浪学校开展“责任唤醒青年时代担当，艺术温暖老区留守儿童”志愿服务活动。8—9月，联合北京睦友社工在全县开展“做情绪的小主人”“七彩假期”儿童亲社会行为提升服务、“绿色社区，环保童行”等“牵手计划”系列公益活动8场。组织青年志愿者志愿服务第七届内蒙古·武川莜面文化节系列活动。

围绕“生态立县、绿色强县”发展目标，助推大青山北坡生态保护和修复。9月，团县委与县总工会、县妇联联合制定《关于开展“绿化青山、守护北疆”生态建设你我同行公益行动方案》和《“绿化青山、守护北疆”生态建设你我同行公益行动倡议书》。2019—2025年，动员组织全县广大职工、共青团员、妇女群众，用7年时间，建设绿化造林公益林基地，集中实施宜林荒山荒坡造林1800亩。

青年职业文明建设　为表彰先进，树立典型，发挥先进典型示范引领作用，经过对各行业申报候选单位严格考核，2019年评选气象台等8个青年集体为全县青年文明号。

青少年权益保护和预防犯罪　制定《共青团武川县委员会关于深入开展宪法和法治宣传教育活动实施方案》。全县各中小学开展“安全相伴文明同行”、安全第一课等安全自护教育系列活动7场。团委参加检察院落实最高检“一号检察建议”会议及“携手关爱，共护明天”主题检察开放日活动。预防校园欺凌，全县各中小学开展“预防校园欺凌 共建和谐校园”主题活动6场。

开展“新起点、新征程、新超越”“青春飞扬 梦想起航”中考高减压活动 2 场。与公安局、政法委、妇联等单位共同开展“6 • 26”国际禁毒日宣传活动、“珍爱生命 远离毒品”法治进校园专题讲座。

青少年法治教育宣传 加强网络安全宣传，全县各中小学开展网络安全宣传周活动 5 场。开展“国家安全教育日”活动 3 场。开展“扫黑除恶”专项斗争活动，全县各中小学开展教育宣传 4 场。

团干部队伍 加强基层团组织建设，提高基层团干部队伍工作能力，团委开展 2 场团干部培训，对全县村（社区）团支部书记及全县各领域团干部 160 人进行培训。组织全县 10 名优秀团干部参加赴井冈山参加“不忘跟党初心 牢记青春使命”—2019 年通用技术集团青年员工理想信念专题培训班。与北京市门头沟团区委对口帮扶，组织 6 名优秀团干部赴北京参加门头沟区 2019 年第二期团干部培训班。

“青年爱里”阵地建设 全县建成“青年爱里”14 家，其中县级“青年爱里”11 家、市级“青年爱里”2 家、自治区级“青年爱里”1 家。在“青年之家”云平台录入 3 家“青年爱里”，在云平台完成 100% 录入工作。西官井社区“青年爱里”2019 年开展 24 场活动，约 700 人参加。大青山乡党员干部党性教育基地“青年爱里”已投入使用。

（郭　峰）

妇　联

领导名录

主　席：龙玉芝（女）

副主席：张　芳（女，2019 年 5 月任职）

张海燕（女）

概况 2019 年，县妇联承接上级妇联权益部、组织部、宣传部、发展部、家庭儿童部工作，县政府妇女儿童工作委员会办公室设在县妇联。各部门、各乡镇、村（社区）设妇联组织。

妇联工作 利用社区、村“妇女之家”活动阵地，开展“身边人讲身边事”活动及各类志愿服务。县乡村（社区）三级妇联召开“70 年，我的家与国”女性恳谈会 60 余场。开展“巾帼心向党，礼赞新中国”系列活动；12 月，举办好家风好家训故事分享会。开展“精彩人生女性终身学习计划”，注册“女性享学吧”人数 500 余人；与县内各小学联系，开展“扣好人生第一粒扣子”爱国主义教育活动，通过活动开展，提升家长素质，构建学校、社会、家庭三位一体教育作用。

基层妇联组织建设 6 月，县妇联全体干部看望慰问退休党员；8 月，举办村妇联主席履职能力提升培训班，93 个村妇联主席全部参加培训；分期派乡镇、村（社区）妇联主席参加上级妇联组织各项培训。

巾帼脱贫行动 开展“乡村振兴巾帼脱贫行动”，多方争取资金为县内 130 余名贫困妇女进行手工串珠、扎花、盘扣、刺绣等技能培训；与县就业服务中心联合，组织全县 70 名贫困妇女免费参加串珠手工技能培训；争取县老促会支持，在大青山乡干只汗村为互助幸福院老年妇女培训制作手工串珠抽纸盒和笔筒；县妇联先后派出五名优秀妇女参加上级妇联组织技能培训。争取市妇联经费支持，邀请北京布韵传奇手工编织专业合作社老师，为耗赖山乡大沙岱村“妇女之家”巧手工作室 22 名妇女传授京绣、丝绫堆绣、串珠如意球技艺。

晟源山茶种植专业合作社被评定为自治区巾帼脱贫示范基地，王玲玲被评为全国巾帼建功标兵；凯弘农牧业有限公司和森康农民种植专业合作社（明秀园农家院）被呼市妇联评定为巾帼创业就业示范基地。

申报“母亲水窖”安全饮水项目，争取资金

95万元，新建哈乐镇车铺行政村六合店自然村自来水工程、巩固提升哈乐镇卜圪素行政村什八台自然村自来水工程，解决2个村159户490人、近700头（只）大小畜安全饮水问题。

社会活动 召开纪念国际劳动妇女节109周年表彰大会暨女职工“情绪健康与中医养生”知识讲座，表彰2018年度三八红旗手5名、巾帼建功标兵5名、最美家庭5户，邀请内蒙古中医医院中西结合肿瘤、乳腺科主任为参会人员作“情绪健康与中医养生”知识讲座。王玲玲被评为自治区三八红旗手，周丽被评为呼和浩特市三八红旗手。

联合县总工会、团县委举办武川县第一届青年职工交友联谊会，70余名青年男女参加联谊会。

向全县广大妇女和家庭发出倡议，组织各乡镇巾帼志愿者服务队助力精准脱贫，专项整治环境卫生。

开展寻找“最美家庭”和“好家风好家训征集”活动，冀玉珍获得呼和浩特市“最美家庭”标兵户称号，周丽英、李彩凤等9户家庭获得呼和浩特市“最美家庭”称号，李乌兰娜拉获得呼和浩特市“传承好家风好家训”三等奖。

在武川县第三中学召开妇女之家“五学一做”女性素质提升—积极教育、智慧家长专题讲座，近600名家长聆听讲座。

各级妇联强化宣传，运用互联网新媒体，通过微信公众平台发布妇工动态50篇。

妇女儿童维权 利用“三八”“六一”等节日，通过多种形式宣传《中华人民共和国妇女权益保障法》《中华人民共和国反家庭暴力法》《中华人民共和国未成年人保护法》等法律，提高广大妇女儿童自我保护能力。

2019年，接待调处信访案例15起，其中5起涉及家庭暴力，结办率100%。

思想道德建设 县妇联联系紫丁香之爱团队，救助贫困留守儿童41名；2019年春节前夕，为第一小学捐赠毛背心50余件；为3名患病儿童联系北京睦友社工团队获取救助。

利用家长学校、家庭教育指导中心，配合县文明办做好“新时代好少年”推选及宣传工作。利用节日围绕“新时代好少年”宣传学习和创新实践，组织讲座、演讲比赛、知识竞赛等，丰富活动载体。

公益事业 7月，县妇联慰问帮扶上秃亥乡刘家村委会后营字号、下滩、苏计3个自然村共计62户常住户，送去价值2000元暖壶、脸盆、毛巾生活用品；发放贫困母亲“两癌”救助金34人共175498元；争取北京门头沟区妇联对口帮扶资金1.5万元，慰问2019年年底脱贫建档立卡贫困妇女共44人。

（龙玉芝）

科　协

领导名录

主　席：王　晶（女）

副主席：吴　刚

组织建设 组织实施《关于加强乡镇科协组织建设的实施意见》和《提升基层科协组织力“3+1”试点总体方案》工作要求，完善9个乡镇科协组织机构建设。推动科普信息员队伍建设，形成乡镇科协同科普信息员双通道，扩大科协组织影响力。组织全县9个乡镇基层科协干部13人，参观呼和浩特市赛罕区根宝现代农业产业示范区和科普示范基地，赴内蒙古大学听取中科院院士讲授“未来已来唯变不变”科普大讲堂；组织9名乡镇科协主席和1名燕谷坊企业科协主席参加内蒙古自治区科协举办基层科协组织建设能力提升培训。

队伍建设 举办乡镇和各单位科普信息员培训。至2019年年末，注册科普信息员606人，活跃分享人数199880次，位列全市第一，全国

141名。

基础设施建设 根据内蒙古科协《关于申报基层科普行动计划项目通知》《关于实施2019年提升重点人群科学素质建设项目的通知》《关于进一步加强“科普中国”落地应用及规范科普e站建设的通知》要求，完善4处科普e站相关软硬件设施建设。

科技脱贫攻坚 2019年，科协包扶二份子乡南湾村，在职干部3人包扶21户42人。

围绕扶贫先扶智，智志相结合原则，内蒙古自治区科协举行“百名专家走进盟市旗县科普传播行”科技扶贫活动，县科协共举办11场次科技培训和现场指导，受益人数1000余人，发放科普图书3000余册。

2019年1月，组织进行“冬季送温暖”扶贫活动，对南湾村21户贫困户送暖壶42个、米面油21份。6月，为村民送鸡苗和雏鸡饲料21份。

科普活动 科协引进自治区优质科普资源，服务全县农村地区。开展“科技助力乡村振兴”系列活动，同内蒙古心理协会联合在全县11个行政村、3个社区和留守儿童集中的西乌兰不浪中心校、第五小学，举办关于留守老人心理健康、邻里和谐、子女教育、家庭和睦、新时代农村养老新观念等健康辅导活动14场次，受益800余人次发放各类科普宣传手册和读本1600余册。

与呼市供电局在上秃亥乡马王庙村联合举办3场农业实用技术讲座和田间指导，受益人群200余人，发放图书500余册。

与内蒙古科技馆联合分别在第二小学、第三小学、第五小学、西乌兰不浪中心校举办4场科普大篷车进校园科技活动和垃圾分类讲座，受益学生2000余名；与赛罕区科协联合邀请赛罕区巨华小学在儿童节期间，在县特殊教育学校联合举办“科技光辉照校园，共享探索科学梦”手拉手活动，40多名家长和学生为特殊教育学校学生捐赠学习和生活用品。

在“全国科普日”和“科技活动周”活动期间，内蒙古自治区科协举办“百名专家走进盟市旗县科普传播行”春季和秋季活动中，在武川一中、三中开展青少年科普教育，在各村举办中老年眼科义诊、中草药种植与管理知识、马铃薯晚疫病、向日葵列当田间地头指导等14场科普传播实用技术讲座。累计受益2000余人次，发放科普图书和实用技术手册3800余册。8月，组织全县12名马铃薯种植大户参加中科协在山西吕梁县举办“中国马铃薯产业发展高端论坛”。9月，推荐粮巨丰农技协会会长参加内蒙古科协举办全区农技协培训。

科技创新 《关于2019—2021年内蒙古自治区科普教育示范基地、科技教育示范学校、科普示范e站、科普示范社区申报的通知》，县科协2019年7月成功申报耗赖山乡大豆铺村科普e站，第二小学科普示范学校，内蒙古燕谷坊生态发展有限公司科普示范基地。按照内蒙古自治区科协关于推进智慧农技协通知要求，成功申报武川县粮巨丰农技协。

2019年3月，第二小学老师获第34届内蒙古自治区青少年科技创新大赛科技辅导员科教创新成果竞赛二等奖。

2019年6月，农牧和科技局高级农艺师和呼和浩特市蒙禾源菌业有限公司技术总监，2人获呼和浩特市优秀科技工作者。

2019年中国科协办公厅发布《关于对2019年科普中国信息员队伍建设优秀组织单位予以表扬的通知》通知，授予武川县科协“2019年科普中国信息员队伍建设优秀组织单位”称号。

至2019年，登记在册科技工作者125名。

（吴　刚）

归国华侨联合会

归国华侨联合会领导名录

会　长：赵金峰

侨务工作 加强侨联干部队伍工作“能力”提升，加强内部建设。保持政治站位，学习习近平新时代中国特色社会主义思想、落实党的十九大精神和习近平总书记考察内蒙古重要讲话精神及第十次全国归侨侨眷代表大会精神。引导侨界群众坚定对中国特色社会主义信心，自觉拥护以习近平总书记为核心的中国共产党领导，发展共同思想政治基础；加强业务知识学习培训，开展统战干部和侨联工作人员对国际形势、礼宾礼仪、产业发展以及“自贸区”“一带一路”等知识学习和培训。加强学习外语、经济、政策法规等业务知识，完善侨联工作体系和工作网络，提高侨务服务水平和为侨服务质量。坚持制度化、长效化学习，强化学习时效性和实用性。

依法护侨 做好侨务各项工作，促进侨界和谐稳定，为社会和谐、发展大局服务。加强依法护侨，维护侨益，组织开展侨法宣传工作，丰富侨法宣传形式和内容，落实归侨在国内合法权益；建立健全归侨信息。调查摸底各有关单位侨情调查统计工作，建立归侨侨眷和留学归国人员信息档案，推荐有代表性和社会影响归侨侨眷和留学归国人员到全县侨界代表人物信息库，发挥海外人才和资源优势，培养新一代侨界代表人物。落实侨务信访维稳工作，依法维护海外侨胞和归侨侨眷合法权益。做好全县困难侨眷、归国留学人员情况调查摸底工作，开展贫困归侨侨眷信息统计。加强对侨界特殊困难群体关怀救助。解决归侨实际困难，维护归侨侨眷利益。

（赵金峰）

工商联

领导名录

主　席：袁国栋

副主席：李　艳（女）

党组书记：杨治彦

党的建设 按照全县组工会议部署和要求，突出工商联工作重点，创新党建工作平台和载体，加强党员干部队伍建设。在“不忘初心、牢记使命”主题活动中，按照主题教育要求，推动解决民营企业实际困难，推动民营经济高质量发展。3月，呼和浩特市工商联到武川县开展调研，走访调研民营企业运行、企业防范化解风险及企业党建等工作。

职能履行 2019年，工商联全体干部到县部分会员企业中进行实地调研，听取各会员企业对县委、县政府及执法部门和工商联工作建议和意见，对企业党建情况和企业非党人才进行摸底，制定出台《处级领导干部联系民营企业方案》。

开展军民融合调查和和谐劳动关系调查；推荐民营企业燕谷坊参与全国“万企帮万村”精准扶贫行动先进民营企业评选；会同县委统战部、农发行武川支行开展“党建＋扶贫”主题党日活动，落实习近平新时代中国特色社会主义思想和中共十九大精神；开展扫黑除恶专项斗争宣传排查工作。

商会服务 组织县内企业家参加市工商联组织各类学习、培训和招商引资活动。组织重点民营企业赴河南大学参加市工商联组织“不忘初心、牢记使命”理想信念教育培训班；派企业参加市工商联组织促进民营企业高质量发展大会，内蒙古草原乌骨羊生物科技有限公司、内蒙古薯元康生物科技有限公司、武川县川宝绿色农产品有限责任公司获“呼和浩特市优秀民营企业”称号。

联系内蒙古湖北商会来大青山植树基地义务植树；会同总工会、劳动监察大队举办全县企业集体协商及安全生产培训会；带领企业参加检察院“检察护航民企发展”主题开放日活动；组织政协委员民营企业家视察清

洁能源项目；携手邮储银行赴企业实地调研企业融资难问题；协调包商银行和县内民营企业召开银企对接会；完成“非公经济人士之家”建设。

召开民营企业法律培训班，提高企业防范经营风险和法律风险能力，增强诚信经营和守法经营意识，避免或者减少经济损失。

扶贫工作 工商联干部职工深入帮扶户，开展扶贫专项调研。在“党建+扶贫”主题党日活动中，为上秃亥乡三道河贫困户发放生活用品。组织全体帮扶干部对三道河村开展环境卫生集中整治工作。

（李 艳）

文 联

领导名录

主 席：王 晖

副主席：吴鹏飞

概况 文联组建有作家协会、书法家协会、美术家协会、音舞协会、剪纸艺术家协会、摄影艺术家协会、中老年书画艺术家协会等，各类协会会员有200余人。出版发行2019年《武川文艺》。

活动开展 2019年，组织与北京市门头沟区文联联合开展书画笔会，150人参加活动；与内蒙古文联艺术中心、中国农业大学艺术部联合在西乌兰不浪乡中心校开展助力和关爱留守儿童艺术活动；组织书画协会会员参加内蒙古文联、呼市文联主办书画笔会，其中7名会员获得区、市两级文联表彰奖励；组建武川县硬笔书法家协会并举办首届硬笔书法笔会。

创建文联网络文艺平台“武川县文艺信息中心”。

（王 晖）

残 联

领导名录

理 事 长：杨 玺

副理事长：张俊斌

残疾人康复 按照人均190元补助标准，完成1439名残疾人康复项目服务；发放残疾人辅助器具300余件；组织实施“斯达克”让世界充满欢声项目，通过宣传报名490余人，确定409名可以适配听力障碍者，适配者赴呼市进行佩戴。

教育就业 为25名残疾大学生和61名重度家庭大学生补发2018年度重度残疾家庭和残疾大学生补贴，补贴标准专科每人每年1500元，本科和研究生每人每年2000元，发放资金15.75万元，全部以财政“一卡通”发放。2019年，为16名残疾大学生发放补贴2.8万元。2019年新录取5名残疾大学生。协助统战部登记、筛查、审核“泛海助学行动”残疾家庭和残疾大学生54人；审核上报2家残疾人扶贫基地和1家残疾人辅助性就业机构，安置残疾人就业30人；利用残疾人康复中心（600平方米）建设残疾人辅助性就业机构，聘用有资质民办企业内蒙古庆龙汽车用品有限公司开展残疾人辅助性就业，安排就业年龄段残疾人20人，负责汽车坐垫和按摩枕加工，每月给予残疾人工资500元；2019年组织106名残疾人开展职业技能培训，610名农村残疾人开展农村实用技术培训。

残疾保障 春节期间，对城乡无劳动能力和无生活能力贫困残疾人、因患重病和自然灾害等10种原因造成家庭经济困难残疾人，由乡镇残联、村委（社区）残协专职委员摸底调查，填写2019年元旦春节困难残疾人慰

问申请表并呈报，开展春节慰问活动，为147人进行现金500元慰问，共7.35万元；为56人发放大米和面粉；因自然灾害、意外事故、生活困难残疾人和因大病造成家庭困难残疾人进行生活救助和大病救助13人，救助资金2.75万元；残疾人困难补贴3584人，重度护理补贴2836人，补贴标准为每人每年1300元。协助民政部门对各乡镇上报两项补贴进行审核，审核新增困难残疾人生活补贴852名，重度护理补贴

536名；为238名三四级智力及精神残疾人发放居家托养护理补贴，发放标准为每人每年600元，发放资金14.28万元。

精准扶贫 2019年，扶贫办对全县建档立卡人员进行动态调整，调整后纳入建档立卡贫困残疾人988人，其中稳定脱贫不享受政策257人，享受政策731人（其中包含4名边缘户人员）。通过帮扶贫困户全部脱贫。

宣传文体 在“爱耳日”“爱眼日”“全国助残日”期间，发放《残疾人社区康复知识手册》《残疾人常用法律知识手册》，张贴宣传标语，发放宣传手册，宣传人道主义思想和现代文明社会残疾人观，倡导理解、尊重、关心、帮助残疾人良好社会风尚，全年报送信息20余条；组织选拔24名残疾运动员组成武川县代表队参加呼和浩特市第六届残疾人运动会，参加8大类17项比赛项目，代表队获得金牌4枚、银牌5枚、铜牌3枚，团体体育道德风尚奖。20名运动员获得个人荣誉证书及个人体育道德风尚奖证书；在可镇西官井社区组织开展“康复健身 共享残运 喜迎新中国70华诞”第九届残疾人“健身周”趣味活动，有53名社区残疾人参加活动；选拔由残疾人为主唱民间二人台组合和1名青年残疾人，参加“我和我的祖国”呼和浩特市第四届残疾人文艺汇演，表演二人台《残疾人赶上好政策》，独唱《我的中国心》。

办证 至2019年，办理残疾证6804本，其中新办理残疾人证406本，因去世等原因注销176本；开展2008年、2009年、2010年三年到期换证工作，到期换证2389人。

（冯志强）

红十字会

领导名录

常务副会长：魏丕志

概况 县红十字会履行《中华人民共和国红十字会法》、《内蒙古自治区〈实施中华人民共和国红十字会法〉办法》和国务院《关于促进红十字事业发展的意见》规定的职责，红十字会工作与党建结合、与脱贫攻坚结合、与扶危济困结合、与相关部门结合，以党建引领红十字会工作，加强自身建设，拓宽筹资渠道，扩大救助范围，依法管理，参与政府人道领域工作。

健全完善各项制度，系统、规范灾情报送、贫困救助、日常公务等工作，形成人道救助体系。红十字会坚持年度捐赠资金审计、统计、公示制度，做到“两公开、两透明”（捐赠款物公开，财务管理透明，招标采购公开，分配使用透明），提升红十字会社会公信力。2019年调入3名干部。

基层组织建设 落实上级《关于全面推进红十字会基层组织建设工作的通知》要求，加强基层组织建设，全县9个乡镇全部建立红十字组织，达到“六有”标准（有组织机构、有热心红十字会带头人、有制度、有经费保障、有志愿服务者、有活动）；103个村（社区）建立红十字会组织70个，建会率67.9%，全县所有学校均建立红十字组织，建会率100%。全县行政、事业单位全部加入团体会员单位，累计发展会员1500人。专职干部全部缴纳会费，形成横向到边，纵向到底基层组织网络。三圣太村委会被评为呼和浩特市红十字会基层组织工作先进集体，王晓东同志被评为呼和浩特市基层红十字会先进个人。

志愿服务 红十字志愿服务工作委员会组织机构健全，完善志愿服务管理制度，拓宽志愿服务工作领域，志愿者认真履行职责，尽己所能，不计报酬，积极参与各种志愿服务活动，对特殊困难人群开展生活救助、心理辅导等服务，为红十字会各项活动作出贡献。2019年，志愿者到耗赖山乡大沙岱村敬老院、川河敬老院开展敬老爱老活动，清明节前组织公益学堂（2018年10月创办公益学堂）学生缅怀先烈，六一节期间组织儿童前往大青山抗日游击根据地展馆举行爱国主义教育，为单亲儿童过生日。中秋节前夕，志愿者赴川河敬老院为老人们送去中秋西瓜和过冬棉衣。8月13日参与中西部地区博爱家园项目观摩活动，联合城市执法局清理可镇卫生宣传活动。宣传扫黑除恶、疾病预防，参与光明行、献血等公益活动。9月30日在可镇公园举行新中国70周年纪念活动，高唱《我和我的祖国》《我爱你中国》。志愿者参与5次寻求走失人员行动。

年内新发展志愿者90人，其中注册志愿者50名，志愿者服务人数近300人。2019年被呼和浩特市精神文明建设委员会授予优秀志愿服务集体称号，大爱无疆志愿服务队被市红十字会授予呼和浩特市红十字会优秀志愿服务队，大爱无疆博爱公益学堂被市红十字会授予呼和浩特市红十字会优秀志愿服务队称号。

筹集工作　推进“博爱一日捐”筹资工作。落实《关于开展“博爱一日捐”活动的通知》精神，动员全县机关事业单位参与“博爱一日捐”募捐活动，全县行政事业单位“博爱一日捐”募捐款总额712350元。

“五个一”工程重点项目　2019年，在大青山抗日游击根据地展馆建成人道文化传播基地和应急救护点，在蒙中医院、耗赖山圪顶盖村建立应急救护角，在第一小学建立红十字会示范学校。争取上级资金和本级配套实施“博爱家园”项目，投资25万元完成可镇三圣太村委会实施“博爱家园”现代农业种植项目；投资40万元，在大青山乡井尔沟村委会实施“博爱家园”大蒜种植项目，博爱生计金32万元发放、回收顺利。

备灾救灾　修订完善《武川县红十字会自然灾害等突发公共事件应急预案》，调整应急工作领导小组和执行机构，明确灾情上报工作流程、时限等，按要求开展备灾救灾工作。每年“博爱一日捐”捐款20%转入备灾基金。

人道救助　实施小天使项目3例，天使阳光项目9例，已手术救助8例，进行及时上报。2019年，投入“博爱送万家”善款27.41万元，救助685名贫困人口。实施红十字“光明行”活动，为180名白内障患者进行免费治疗，为患者节约资金907200元。电话回访率80%，入户回访率80%，关爱护眼行动筛查1954例。开展“单亲”“娘弃娃”等特殊困难家庭救助活动，累计投入资金16.66万元，救助小学生136人。

2019年完成第十三季、第十四季“博爱·寸草心”为学生发放四季衣服。北京红十字会累计救助资金14.41万元，急救包6000元，用于贫困学生；呼和浩特市“星光梦想秀”栏目乌兰察布商会资助贫困学生5名，每名学生4500元，共22500元；北京定向捐款哈乐镇20万元，用于山茶种植和加工。自治区红十字会慰问特殊困难家庭3户，每人2000元，棉被面粉约500元，折合资金7500元；争取自治区红十字会资金5万元用于资助50名贫困孩子；在县光荣院、川河敬老院发放面粉100袋。内蒙古自治区烟草有限责任公司捐资20万元用于上秃亥乡七号村委会修路。

应急救护培训　开展应急救护培训工作，实现应急救护培训进社区、学校、机关、农村，开展普及型培训1017人次，应急救护员培训完成240人次，提高群众防灾避灾意识和自救互救能力。

造血干细胞采集　采集造血干细胞血样25份，存入中华骨髓库，并对2010—2012年造血干细胞志愿捐献者进行回访，对2005—2007年超龄和死亡志愿者进行统计。

无偿献血　配合自治区血液中心开展无偿献血宣传和动员工作，组织全县干部职工及爱心群众进行无偿献血活动，全年献血2.5万毫升，为医疗临床用血提供保障。

人道文化宣传　强化人道文化宣传，扩大人文传播，组织志愿者开展学雷锋和干细胞血样采集活动，扩大宣传效应。推进项目传播，利用红十字会特殊作用，打造符合红十字会宗旨“品牌项目”，以项目推动业务工作，提高红十字会社会公信力。优化媒体传播，利用电视、广播、报刊等媒体宣传，在内蒙古电视台经济频道播出 3 次；在呼市台直通首府、青城眼报道 2 次；在武川电视台播出 6 次。在《呼和浩特市晚报》登载信息 2 篇，报送党建信息 9 篇，制作简报 24 期。

党建工作　2019 年召开全体党员大会，增设组织委员、宣传委员（纪检委员），新支部成立后，明确班子成员责任分工。组织开展“不忘实心、牢记使命”主题教育活动，定期召开支部党员大会研究分析党建工作，健全完善“三会一课”、民主生活会、组织生活会、民主评议党员、党费收缴等相关制度。组织落实“三会一课”、领导班子成员讲党课、开展党员谈心谈话。在七一、国庆节、重大纪念日，组织开展主题党日活动，规范全体党员干部行为准则。

党员领导干部落实三重一大制度，重大问题、重要支出、重点项目进行集体研究，请示有关领导研究后方可实施。

（康先梅）

法 治

政 法

县委政法委领导名录

书 记：王燕春（县委常委）

常务副书记：张 河（2019年4月任职）

副 书 记：仝 猛

邓庆斌

张喜庆（2019年4月任职）

范卫宏（2019年4月任职）

任利军（2019年4月任职）

杜 权（2019年4月任职）

概况 县政法委员会内设办公室、社会治理指导室、反邪教和执法监督室、综合协调室、政法调研室（事业单位编制）

政法工作 2019年，全县政法各单位组织开展系列专项整治和打击行动，依法严厉打击各种违法犯罪活动，防止重大案（事）件发生，确保人民群众生命财产和生产秩序安宁，维护社会稳定。县公安局共立刑事案件117起，破获刑事案件现案37起，破案绝度数58起，抓获刑事案件嫌疑人39人，同比上升44.4%，打击处理151人，同比上升150%；受理治安案件321起，治安拘留273人，同比上升41.5%。县人民检察院受理提请批捕案件57件81人，批准逮捕46件68人，不批准逮捕12件13人；受理刑事案件58件84人，依法提起公诉57件83人，有罪判决率100%。县人民法院共受理刑事案件49件（旧存7件），已结43件，结案率87.76%；受理执行案件925件，执结421件，结案率45.51%，执结标额9261.71万元，限制消费154人次，失信15人次，拘留2人。县司法局开展矛盾纠纷排查调处工作，共排查调处各类矛盾纠纷201起，调处成功201件，调处成功率100%，防止群体性事件和因调处不及时引起“民转刑”案件发生，维护基层社会稳定。

2019年，按照呼和浩特市委统一部署，政法系统从6月开始，集中开展纪律作风建设专项行动，共分5个阶段（组织学习、强化政治建设；严肃自查自纠、广泛征求意见建议；组织专项督查、开展“肃纪”行动；结合扫黑除恶专项斗争、开展“清伞”行动；强化“长效”管理、开展创优评选活动）。政法各单位坚持对照市县要求，对中央扫黑除恶专项斗争第15督导组提出6个方面22个问题和市政法委专项行动列出7个方面、24条具体问题表现，组织政法各环节部门和全体干部，直面问题根源，找出差距，查找不足，做到“不真查问题不放过”。通过查找和广泛征求意见，全县政法系统505人参与活动，查找问题1096个，其中部门查找49个，个人查找1047个。经过全面整改，所有问题均落实并定期销号。

扫黑除恶专项斗争　全县从“政治站位、依法严惩、深挖彻查、综合治理、组织建设、组织领导”六个方面开展工作，形成“县委领导、政法委牵头、各部门齐抓、群众积极参与、专班打击、法治保障”工作格局。至2019年12月20日，向市公安局提级侦办涉黑团伙1个，侦办涉恶团伙5个，打处嫌疑人34人，破获刑事案件31起。抓获上网涉恶团伙逃犯16人，扣押涉案资金9.9万余元。检察院批捕涉恶案件12件30人，受理公安移送审查起诉9件33人，提起公诉7件33人。法院依法审结6件24人，判决附加罚金27万元。立案查处涉黑涉恶腐败和“保护伞”问题9件16人，其中给予党纪政务处分7人，组织处理9人；查处“保护伞”2人（乡科级1人、一般干部1人）。5件涉恶案件，查办线索15件，对9名涉案人员给予党纪政务处分（其中党内警告2人，留党察看1年、政务撤职处分1人，留党察看2年、降低岗位等级2人；开除党籍、开除公职2人、政务警告2人），给予组织处理12人（提醒谈话7人、诫勉谈话5人）。开展村“两委”换届“回头看”，对村“两委”成员逐一审查，两联审931人次，13人审核未通过，清理“两委”干部3人。开展“8+3”项专项整治（其中“8”是指矿产资源、房地产、生态环境、交通运输、非法金融、城市管理、缉枪治爆、信访乱象；“3”是指“黄赌毒”、土地确权纠纷、宗教领域）。

社会治安综合治理　落实社会治安综合治理领导责任，建设平安武川、法治武川，加强综治中心建设，推进网格化建设。全县103个村（社区）共划分网格1019个，配备网格管理员1229人，协警103人。通过三级网格收集反映各类矛盾问题1100件，已全部解决。成立县级综治中心1个，乡级9个，村（社区）103个。

专项整治校园周边治安乱象。将校园视频监控系统、“一键式”报警等紧急报警装置接入公安机关、教育部门监控和报警平台，提升对属地校园突发事件应急指挥与校园安全日常监控能力。整治校园周边流动商贩、占道经营现象，检查周边副食、餐饮店铺，确保食品安全。清理校园周边“黑网吧”“黄赌毒”等治安乱点，净化校园周边治安环境。公安机关开展涉枪涉爆违法犯罪清查整治行动。全县共收缴枪支3把、各类子弹718发、雷管1311枚、索类爆炸物品399米、管制刀具242把。打击“黄赌毒”违法犯罪。关停涉黄旅店13家，查处涉黄案件4起，行政拘留并处罚款6人。关停麻将馆121家，查处涉赌案件6起，行政拘留4起8人，罚款2起16人。结合禁毒专项行动，共立毒品刑事案件7起，破案6起，刑事拘留犯罪嫌疑人1人，批准逮捕犯罪嫌疑人7人，缴获毒品“安眠酮”共727.08克、安纳咖1795.63克。办理毒品行政案件35起，打击吸毒人员35人。强化交通安全管理。开展各类交通安全整治行动，严查超速、超员、疲劳驾驶、酒后驾驶等违法行为，实行对路面24小时有效监控。加强对山区公路、事故多发路段路面巡逻，严密监控。交管武川大队共开处简易处罚决定书14821份，罚款929800元。办理违法计分12分案件10起；查处涉嫌危险（醉酒）驾驶案件5起，饮酒后驾驶机动车27起，罚款38500元，无证驾驶机动车33起，罚款35000元。加强寄递物流业安全管理。对寄递业进行专项检查，落实“开包验视”要求。政法、公安等部门联合开展执法检查，推进实名收寄信息化、收寄验视和过机安检制度落实。强化社区服刑人员在刑意识，提高社区矫正工作质量。在册社区矫正人员59人，全部落实帮教措施，建立定位系统，对全县列管刑释解矫人员做到底数清、情况明。

对已纳入管理并落实监护人和监护措施的精神病患者，进行登记建档。

维护社会稳定 印发《武川县2019年维稳工作要点》，落实情报信息搜集研判、监控预警、重点敏感、事件处置措施。在全县开展信访维稳突出问题大排查、大化解、大整治活动，排查各类风险隐患175件，涉及1271人，其中群体访52件、个访123件。落实重大事项社会稳定风险评估工作，从源头预防各类矛盾发生，完善各类应急工作机制和预案，强化应急处置演练。在重大节日和敏感日期间落实重大信息零报告制度，关注各类重点人员动向，强化教育稳控工作。各乡镇、各单位实行24小时值班制度，每天实行零报告制度。

2019年，党政联合接访中心走访135批次640人次，网上受理信访事项50件；到市党政机关、市联合接访中心走访17批次181人次；到自治区信访局走访2批次17人次，越级进京到国家信访局2批次2人次，非接待场所3人次；受理上级交办督办案件6件，已办结；转办县信访事项45件，办结37件；收到中央扫黑除恶第15督导组移交信访事项13批次48件，办结48件。

反邪教工作 成立呼和浩特市反邪教协会武川分会，选举出会长、副会长、秘书长，完善全县反邪教网络。开展反邪教宣传教育和警示教育。9月，联合县文体旅游局、县卫健委、县工会、县科协、县教育局等单位开展反邪教宣传“进校园、进社区、进机关、进企业、进农村、进网络”活动，利用各种会议和专题对全县党员干部进行反邪教理论培训。全年在《武川报》刊发“反邪教专题知识问答”3期，在武川调频广播“青山之声”播放反邪教工作新闻4次、反邪教公益广告2期，在武川县反邪教微博发稿3614篇，反邪教微信公众号发稿119篇。

（张　河）

公　安

公安局领导名录

局　长、党委书记：吕志刚

副局长、党委委员：刘志斌

杜俊宏

康全林

布　和（蒙古族）

政　委、党委委员：吕志刚

纪检监察室

主　任、党委委员：张国勇

政工办

主　任、党委委员：李　忠

刑警大队

大队长、党委委员：李一凡

维护社会稳定 完成2019年全国两会、新中国成立70周年庆祝活动、中共十九届四中全会等重大敏感节点维稳工作。完善矛盾纠纷多元化解稳控。全年共化解信访突出问题91件（其中：农业农村类18件，国土资源10件，劳动社保17件，城乡建设类21件，其他类25件）。

开展严打涉众型经济犯罪专项行动，共受理经济案件3起，立案3起，破案2起，抓获涉案人员7名，涉案金额6930余万元。

落实公共安全责任，开展隐患排查整治，筑牢校园安全、大型活动、监管等各项安全举措，维护全县人民群众生命财产持续安全。

平安武川建设 坚持上下同心，全警行动，持续在宣传发动、线索摸排、案件攻坚、组织领导、督导整改等方面不断发力，推动扫黑除恶专项斗争向纵深发展。2019年，侦办各类线索55条，其中，上级公安机关督、转办36条，本级线索19条，已全部办结。发现并由市公安局提级侦办涉黑犯罪团伙1个，自侦并打掉恶势力集团1个、团伙4个，破获刑事案件33起，抓获犯罪嫌疑人41人。向纪委监委移送公职人员涉嫌“保护伞”7人。核查中央督导组转办开发区线索29条，办结28条，待结1条。

开展“黄赌毒”专项整治行动，严厉打击“黄赌毒”违法犯罪行为。全年，共办理涉赌案件32起，刑事拘留1起1人，行政拘留28起120人，罚款3起50人；办理涉黄案件12起，刑事拘留2起5人，行政拘留10起13人；立毒品刑事案件6起，破案6起，移送起诉7人，缴获毒品“安眠酮”共727.08克、“安纳咖”1795.63克，共办理毒品行政案件64起，打击吸毒人员64人。

严打涉枪爆犯罪。摸排重点领域、重点人员，开展打击整治“涉枪爆”专项行动，严管严控枪爆物品。全年共收缴枪支3支、弹药600余发；销毁剧毒化学物品5.5吨、雷管2427枚。

社会治安环境　2019年，县公安局立刑事案件186起，同比下降13.1%；破获刑事案件现案42起，破获刑事案件绝对数84起，同比上升9.1%；抓获刑事案件嫌疑人49人，同比上升16.7%，打击处理206人，同比上升68.9%；受理、查处治安案件461起，治安拘留469人，与2018年同期同比上升48.9%。

建设“雪亮工程”，接入各类视频监控668路，全面升级服务器、公安有线、无线等各类基础信息通信网络，视频监控在线率达到100%。实施暖警工程，改造修缮哈乐、二份子、哈拉合少3个派出所。

民警队伍建设　开展“不忘初心、牢记使命”主题教育、“践行新使命、忠诚保大庆”教育，坚定民警队伍政治素质、政治纪律和政治规矩，激发民警敬业精神。

2019年，全局7个集体、20名个人受到市级以上奖励。推进公安队伍正规化、专业化、职业化建设。举办“新警入警、荣誉退休”颁奖宣誓仪式，为从警十年、二十年、三十年民警颁发从警荣誉纪念章，增强公安民警职业荣誉感、自豪感、归属感。坚持刀刃向内，严肃纪律作风整顿，全年对20名违规违纪民警、辅警作出党纪政纪处分。

舆论宣传　按照“宣传推着工作走、宣传跟着工作走”原则，强化公安各类宣传报道。至11月末，累计在各类报纸、网站、平台刊稿490篇，其中在《人民公安报》、人民网等国家级媒体刊稿6篇，在省级媒体刊稿191篇，在市级媒体刊稿178篇，在县级媒体刊稿115篇，营造武川公安工作舆论氛围。

社会治安防控体系　落实旅馆业、网吧验证登记制度，做到“实时、实名、实情、实数”。加强对农家乐、留宿洗浴场所等监管力度。2019年共检查各类场所1090家次，发现并责令整改隐患70余处。

推广寄递网点监控联网接入和视频巡查，提高对收寄验视行为实时监管能力，2019年共检查寄递场所80余家次。

以党政机关、企事业单位、学校、医院、银行、宾馆、旅店、网吧、KTV等单位、行业场所为重点，组织协调各行业主管部门、行政管理部门、行政监管部门，不间断进行隐患排查和安全检查工作，持续开展滚动式清查、常态化整治、周期性治理。主动与县教育主管部门、学校、交警协调，加强校园安全管理，督促辖区中小学校设置标准门卫室，配足保安力量，配齐防护器材，悬挂安全防范提示牌、警校联系牌、设立举报箱，对全县13家公办中小学幼儿园、12所民办中小学幼儿园进行4次联合检查，开展5次校园法制教育和宣传活动。

加强对大型群众性活动安全监管，圆满完成第二届冰雪艺术节、莜面文化艺术节等大型活动安保维稳工作。

开展交通秩序大整治，严厉查处醉驾、酒后驾驶、无证驾驶等交通违法行为。全年，开展各类集中统一行动71次，纠正违法行为11356人次，开出简易处罚决定书31317份，办理饮酒驾驶51起，醉驾16起，无证驾驶67起，一般超载违法行为59起，罚款211万元。

惠民服务 立足优化服务方式，提升服务效能，深化“放管服”改革。至2019年6月18日，完成户口登记事项。通过高拍仪“一站式”办理，实现让数据多跑路，让群众少跑腿工作目标。各派出所均已实现办理临时身份证。

（马　飞）

检察院

检察院领导名录

党组书记、检察长：常月收（蒙古族）

党组成员、副检察长：宋雪骏

王　军

王春林

党组成员、政治部主任：李学智

党组成员、检察委员会专职委员：解振武

扫黑除恶 推进扫黑除恶专项斗争。2019年，批准逮捕涉恶案件12件30人，受理公安机关移送审查起诉案件9件33人，提起公诉案件7件33人，其中作出生效判决6件24人。发现并向监委移送违纪违法犯罪线索3件3人，法院认定判决涉黑涉恶被告人财产刑案件4件，判处14人27万元罚金；加强产权司法保护，制定印发《开展打击和处置非法集资工作实施方案》《关于进一步服务和保障非公有制经济持续健康发展的意见》，促进非公经济持续健康发展。

脱贫攻坚 发挥法律监督职能，研究制定《关于立足检察职能服务脱贫攻坚的意见》，与扶贫办联合印发《实施方案》，将国家司法救助融入脱贫攻坚工作，为脱贫攻坚提供司法保障。做好对口帮扶工作，协调县相关部门投资110余万为帮扶乡镇建成马铃薯储窖。

污染防治 运用法律监督职能，对县境2起环境受损情况进行公益诉讼摸排，并进行立案调查。开展大青山自然保护区回头看专项治理活动，实地走访22家矿山企业恢复治理情况。开展乡村环境整治公益诉讼专项监督活动，到县9个镇（乡）进行公益诉讼摸排工作，发现线索4条，发出检察建议4份。

检察工作 2020年，受理侦查机关提请批准逮捕案件56件79人，批准逮捕44件64人，比去年同期增长79.2%；受理移送审查起诉刑事案件57件83人，依法提起公诉56件82人，比去年同期增长21.7%，有罪判决率100%。加强对侦查活动监督，办理立案监督案件1件，依法提请抗诉1案1人。受理监察委移送职务犯罪案件1件1人，法院做出有罪判决；落实“一号检察建议”，完善未成年人检察工作机制，审查逮捕未成年人犯罪案件7件10人，批准逮捕5件8人，比去年同期增长400%；受理移送审查起诉未成年人案件6件9人，审查起诉4件4人，比去年同期增长300%。设立专门未成年人检察办案团队，在六一儿童节、国际禁毒日等，推进法治进校园。

民事检察工作。将审判程序违法监督与审判人员违法监督相结合，开展虚假诉讼领域深层次违法行为监督专项活动。受理民事执行监督案件7件，比去年同期增长43%；办理民事判决裁判监督1件。

行政检察工作。开展校园食品安全、矿山治理、涉污企业、市容市貌专项执法检查监督活动，向行政机关提出督促履行职责检察建议9件，全部回复采纳。

公益诉讼检察工作。摸排公益诉讼线索24件，立案15件。受理刑事附带民事案件1件。联合市场监督局开展对旅游景区“农家乐”、校园食堂以及校园周边超市食品卫生安全检查，向相关部门发出检察建议5份，维护旅游景区和校园周边食品公共安全。

检察管理 提升案件管理工作效能。建立案件质量评查人才库，将优秀检察官列入人才库。全年案件管理部门评查案件95件，规范执法办案行为，提高案件质量和效率。

加强刑事执行检察工作。按照驻检制度落实每周到看守所 4 次，每月 16 次。受理在押人员举报控告 3 件。受理申请和审查羁押必要性案件 13 件 13 人，发出释放或变更强制措施建议书 11 件 11 人，办案单位采纳 11 件 11 人。向看守所发出关于安全环节检察建议 15 件，均被采纳。开展监督维护在押人员合法权益专项活动 6 次。到社区矫正派驻检察室办公，各乡镇司法所开展检察工作 6 次。参与监督司法局社区矫正大队劳动教育改造活动。向司法机关发出关于矫正人员缺席劳动、加强管理检察建议 14 件，均被采纳。

推进检察技术工作。做好统一业务应用系统运维保障工作。按照最高检要求实施统一业务应用系统适应内设机构改革版调整配置，部署归档模块、流程监控子系统等。做好检察内网、门户网站、12309 智能化检察为民综合服务网络平台、保密管理软件、机要通道等运维指导和技术支持，保障设备和系统安全、稳定运行。

队伍建设　强化干警思想政治工作。在规定 8 个研讨专题外，结合基层检察工作实际，增加有检察特点研讨专题。完成 12 个调研课题。结合开门纳谏、推门纳谏、征求意见等方式，梳理出 9 个问题，已完成整改 6 项。

加强检察队伍专业化建设。落实司法责任制，突出员额检察官在司法办案中地位。录用 12 名聘用制书记员，完善检察辅助人员结构。选派干警参加各类培训，参加市院“专案组”与上级院检察干警长期共同办案，提升审查案件能力。

（王　丹）

法　院

法院领导名录

院　长：其木格（女蒙古族）

副院长：胡国梁

彭海龙

段慧颖（女）

纪检组组长：田利民

政工科科长：张晓郡

执行局局长：杨继林

概况　2019 年，人民法院受理各类案件 2755 件，同比增长 22.77%；结案 2507 件，同比上升 14.37%，结案率为 91.00%；员额法官人均结案数达到 109 件，同比上升 11.71%。其中受理刑事案件 74 件，审结 63 件，结案率为 85.14%；民商事案件 1614 件，审结 1477 件，结案率为 91.51%；行政案件 18 件，审结 15 件，结案率为 83.33%。共受理执行案件 1141 件，执结 959 件，同比上升 25.80%、34.46%，结案率 90.27%，比上年同期提高 5.82 个百分点，执结标的 35939.52 万元，标的到位率为 65.19%。符合司法救助条件的案件，给予司法救助 ,2019 年共发放行救助款 108.3 万元。优化内部机构设置，将内设机构由 14 个整合为 8 个，下设机构 1 个，另设派出法庭 2 个。建立定期通报制度，每月通报院庭长办案任务完成情况，公开接受监督，将院庭长办案情况纳入业绩考核，2019 年院长庭长直接承办案件 961 件，占案件总数的 59.54%。投资 130 余万元建成数字审委会系统并投入使用，实现审委会会议全程管理以及会议全程录像，为审委会工作流程化、规范化管理提供信息化支撑；全面实现案件卷宗电子化，对案件立案、审理、执行流程等各个环节实现网上运行。

刑事审判　全年共受理刑事案件 74 件，审结 63 件，结案率 85.14%。审结故意伤害、强奸、非法拘禁等暴力犯罪案件 7 件，审结盗窃、敲诈勒索、诈骗等多发性侵犯财产罪案件 12 件。打击危害公共安全犯罪，审结危险驾驶、交通肇事等案件 21 件。依法从重审结毒品犯罪案件 7 件，遏制毒品犯罪蔓延；深入推进扫黑除恶专项斗争向纵深发展，依法从严、从快审结涉恶案件

7件34人。审结由院长担任审判长，检察长出庭支持公诉侯某等6人恶势力犯罪团伙涉嫌非法拘禁、非法侵入住宅罪一案，在社会引起反响。开展“打财断血”，追缴犯罪所得2.34万元，加大财产刑惩罚力度，判处罚金27万元，对未主动履行附加财产刑案件全部移交执行局强制执行，执行到位18.19万元，摧毁黑恶势力经济基础。堵塞行业监管漏洞，发出司法建议8份，全部收到回函；保持反腐高压态势，审结贪污、贿赂、渎职等职务犯罪案件3件，其中审结由武川县监委侦办、检察院提起公诉武某某贪污、挪用公款一案。审结武川县城乡居民基本医疗保险服务中心干事傅某某挪用公款一案；强化未成年人刑事审判工作，共受理案件7件7人，贯彻“教育、挽救、感化”方针，判处缓刑2件2人，判处单处罚金1件1人。促进平安校园建设，建立校园法治宣传阵地，成立法治校园宣讲团，开展“菜单式”法治宣传教育活动4场（次），参与校园欺凌防治工作，编辑并发放反校园欺凌法律读本1000余册，受众近千人，《内蒙古法制报》《呼和浩特市日报》等媒体对此进行刊载。

民商事案件　贯彻新发展理念，应对各类矛盾纠纷，受理民商事案件1614件，审结1477件，结案率91.51%。贯彻落实县委“营商环境提升年”工作部署要求，加强对借款合同、民间借贷合同、买卖合同纠纷审查力度，审结案件957件。加大财产保全力度，实施保全措施71次，以保促调，维护合法借贷关系和当事人合法权益。审结婚姻家庭、继承纠纷、侵权责任纠纷等案件199件，修复当事人关系，促进社会和谐稳定。审结涉及房屋买卖、劳动争议、物业纠纷等事关民生问题案件53件。开通诉讼“绿色通道”，快立、快审、快执，审结企业拖欠员工和农民工工资案82件。推进案件繁简分流、案件速裁和审判方式改革，依法适用简易程序审理案件987件，占案件总数的66.82%，提高审判效率，减轻当事人诉累。

行政案件　发挥行政审判职能，加大行政审判力度，受理各类行政案件18件，审结15件，结案率83.33%，其中非诉执行案件8件，结案8件，规范行政主体执法行为，维护行政相对人合法权益。年初参与县政府组织的民工欠薪清理工作10余次，为部分工地、企业等用工人员追要工资近200万元。主动延伸司法职能，向有关部门发出司法建议11篇，全部收到回函。促进依法行政，助力法治政府建设。

执行案件　巩固“基本解决执行难”工作成果。受理执行案件1141件，执结959件，同比上升25.80%、34.46%，结案率90.27%，比上年同期提高5.82个百分点，执结标的35939.52万元，标的到位率65.19%。完善网络司法拍卖和网络询价工作，扩大竞拍人范围，促进标的物拍值最大化，提高资产处置效率，提高司法公信力。2019年，公开司法拍卖135件；加大对失信被执行人联合惩戒力度，利用电视媒体、新闻发布会、官方微信、微博和商业中心电子屏等载体，分批次公布失信被执行人108人。依法充分适用拘留、限制出境等强制措施，拘传45人，拘留28人，限制高消费636人。破解涉民生、涉金融案件执行中难点问题，开展涉民生、涉金融案件专项行动4次，专项行动期间受理涉民生、涉金融执行案件262件，执结188件，到位标的额3719.18万元，提高人民群众满意度。在穷尽执行手段后，对于部分被执行人确无财产可供执行，且申请执行人生活特别困难，符合司法救助条件的案件，给予司法救助,2019年发放执行救助款108.3万元。

审判管理　以“大数据、大格局、大服务”为指导，提高办案质量和效率，司法服务水平有效提升，人民群众在享受方便快捷司法服务中感受到公平正义。每月召开案件提质增效专题工作会议，加强对审判执行工作运行态势把控，全年发布审管通报22次。建立主审法官会议制度，每月对疑难、复杂类案件进行专门研讨。定期对发改案件开展剖析评查工作，将瑕疵案件与绩效考核挂钩，倒逼法官提升审判质量，案件质量得到提升。实施审判流程节点和结案扎口管理，严格审限变更审批程序，对临期案件及时进行预警通报。2019年，法定审限内结案率100%，平均审结时限为65天，较上年度缩短6天。加强院庭长对审判工作宏观监督指导，以主持、参加专业法官会议，主持审判业务方面课题研究，组织编写《办案系统操作手册》，在全区法院系统首次以纸质图书形式系统介绍网上办案流程，被自治区高级人民法院主办的《内蒙古审判》刊载，被多家市直兄弟法院作为学习资料引入，为全区办案流程操作工作探索出一条可推广规范化、标准化有效路径。

司法公开、司法公信　依托信息技术，以“两微一端”、LED显示屏宣传“阳光司法”。推进审判流程公开，运用手机短信平台及时通知当事人案件办理情况；推进裁判文书公开，裁判文书公开率100%；推进执行信息公开，公开执行案件信息1070条，提升案件透明度。推进庭审公开，新增3套庭审直播设备，庭审公开直播案件139件，缩短司法与公众距离，打破公众对司法神秘感，提高司法公信力。

诉讼服务　建立诉讼服务中心、网上诉讼服务平台、“12368”服务热线“三位一体”诉讼服务体系，增设跨域立案服务窗口，方便当事人异地立案，解决立案空间困扰，实现诉讼服务一站式办理。坚持和发展新时代“枫桥经验”，建立“大调解”工作机制，通过诉前调解化解矛盾纠纷案件113件。与司法局下设人民调解委员会进行对接，引导当事人通过人民调解委员会解决矛盾纠纷，达成调解协议后进行司法确认。2019年，受理司法确认案件40件。开通绿色通道，保障困难群众、弱势群体合法权益，全年缓、减、免交诉讼费154.09万元。

司法扶贫　坚持“以法治思维助推扶贫工作，构筑法治守护墙”工作理念，推进法治乡村建设。以法治手段助力精准扶贫，组织法官深入田间地头为贫困户提供法律咨询和扶贫政策讲解，宣传“扫黑除恶”相关知识。2019年，赴帮扶村开展法治宣传活动9次。最高人民法院主办的《中国审判》杂志以《武川法院护航脱贫攻坚》为题进行专题报道。助力美丽乡村建设，多次组织干警入户走访，做好村容村貌整治工作，优化乡村人居环境。助力文化乡村建设，探索“党建+扶贫”新模式，开展“党建促脱贫攻坚”“不忘初心扶贫帮困”“扶智同追梦 送书下乡村”等主题党日活动6次。

巡回审判　为方便路途遥远、交通不便，涉及老弱病残等弱势群体诉讼，巡回审判将庭审开到田间地头，将案件化解在百姓家门口，让群众就地享受到高效便民诉讼服务。全年开展巡回审判26次。将相邻关系、土地、林权纠纷等需到现场实地勘验以便查明案件事实案件作为巡回审理重点，采取集中立案、集中送达、集中审理“三集中”工作机制，缩短当事人参加庭审出行距离，节约诉讼成本。

司法改革　突出法官主体地位，确保业务部门集中精力办理案件。完成员额法官二次入额考录工作和书记员招录工作，充实审判力量。

投资130余万元建成数字审委会系统并投入使用，实现审委会会议全程管理以及会议全程录像，为审委会工作流程化、规范化管理提供信息化支撑；实现案件卷宗电子化，对案件立案、审理、执行流程等各个环节实现网上运行。加强电子卷宗深度应用，在审判各个阶段根据需要对卷宗进行智能分析，实现审判流程动态监管，全程留痕，保证审判工作公开公正可查询；建立智能材料收转云平台，方便诉讼材料提交、流转，提高工作效率，减轻群众诉累；设置法官物理信箱，方便当事人与法官沟通联系；安装完成多功能诉讼服务自助终端一体机，有查询、办理、领取文书等多项自助功能。

队伍建设　学习贯彻习近平新时代中国特色社会主义思想以及中共十九届四中全会精神，强化“四个意识”，坚定“四个自信”，做到“两个维护”。推动最高人民法院办公厅党总支与院党总支共建基层党建联系点常态化，连续三年与最高院办公厅开展党建共建活动；推进“不忘初心、牢记使命”主题教育，全体党员在“守初心、担使命，找差距、抓落实”中接受新的思想政治洗礼。抓理论学习，组织集中学习12次，开展中心组专题研讨会8次。班子成员深入乡村、社区、机关、学校开展调查研究，形成调研报告7篇。开门纳谏听意见，发放征求意见函217份，召开座谈会3次，征求到意见建议20条，整改完成17条。加强信息报送工作，编发主题教育专题简报24期。

坚持以审判业务为核心，强化专业知识、专业能力培训。全年邀请专家讲座、参加上级法院业务培训等培训活动18次，实现分类培训9期128人次，提高干警业务水平和岗位技能。定期开展裁判文书评比工作，组织庭审观摩11次，提升法官法律适用、庭审驾驭、文书制作等综合能力。强化庭审数字化、档案规范化、文书公开化等技能日常培训与专项考核，推动卷宗材料“一案一评查”工作，提高法官助理、书记员审判辅助工作能力。

文化建设 以建设学习型法院为切入点，加强法院物质文化、精神文化、制度文化和行为文化建设。建成全区首家最高人民法院数字图书馆分馆，涵盖199个数据库、30余万册电子图书，推动司法信息化和智能化发展。充实纸质图书馆馆存，2019年新增藏书3000余册，总藏书5000余册，其中专业性法律书籍2000余册，为全院法官查阅专业书籍、撰写裁判文书、开展实务调研提供便利。依托图书馆建成法院文化长廊，打造法治文化墙，营造尊法崇法，公正司法良好法治环境，推动书香法院建设。履行宣传职责，配合县志办完成《武川县志》县法院部分编纂工作。编辑出版《武川审判》杂志2期。

多元监督 坚持全方位、多角度监督，广开监督渠道，把法院各项工作置于监督之下，实现审判监督多元、审判质量优化。接受人大、政协监督，邀请人大代表、政协委员视察法院工作、旁听庭审、见证执行50人次。围绕“不忘初心、牢记使命”主题教育召开座谈会5次。接受检察机关法律监督，落实检察长列席审判委员会制度，邀请检察长列席审委会1次，增强审判委员会工作透明度。接受社会监督，强化舆论引导，发布信息676条，公众点击量2万余次。召开新闻发布会2次，通报法院司法公开和数字图书馆建设情况。加大信息公开，在国家、自治区、市、县级媒体上发表信息60条，普法宣传8次。

（张世琪）

司法行政

司法局领导名录

党组书记、局　长：任建国

党组成员、副局长：王国瑞

段吉柱

概况 2019年3月，机构改革重新组建司法局，将政府法制办、县委政法委依法治县办职能划归司法局。

工作职责 承担全县普法守法、依法治县、行政执法监督、规范性文件审查、行政诉讼与复议、人民调解、法律援助、社区矫正、安置帮教、基层刑释解教、公共法律服务和维护社会稳定等工作。

基层建设 加强司法所规范化建设，项目总投资63万元，新建2个基层司法所。

“七五”普法 落实“双普法”责任，推进“谁主管谁普法谁执法谁普法”工作机制。全年开展各项宣传活动400余次，出动宣传车辆90台次，发放宣传资料、物品5万余份，悬挂标语、条幅50余幅，进行法律宣讲5次。对全县1个区级、9个市级民主法治示范村（社区）进行复核。推进法律进机关、进乡村、进社区、进学校、进企业、进单位“法律六进”主题活动。延伸法律服务触角，扎根基层、机制完善、协同有力进行法治宣传教育。

纠纷化解 以化解社会矛盾纠纷为主线，确保矛盾纠纷不积累、不上交、不激化，减轻信访压力，消除全县信访隐患。2019年，参与调解各类纠纷72件，其中道路交通事故调解36件，法院诉前调解32件，涉法涉诉信访案件调解4件，调解率100%。参与信访接待60余次，解答涉法涉诉信访法律知识50余人次。

社区矫正 开展社区矫正调查评估程序和工作流程，规范文书格式，提高社区矫正规范化水平。至2019年年末，接收社区矫正人员25名，期满解除矫正29名，完成审前调查评估19件，整理完善社区服刑人员档案及归档207卷。网上录入社区服刑人员信息。向上级报送案例12篇，各类宣传信息简报54篇，完成社区矫正工作数据及情况说明78件。

安置帮教 2019年，积极做好监狱刑满释放人员工作，做到与监狱无缝对接，其中可镇司法所接收3名涉黑涉恶刑满释放人员，按照重点人员进行管控。做好远程会见工作，发挥亲情感化帮教作用。进行1次服刑人员与家属远程探视工作。配合县人民法院完成人民陪审员选任工作。

扫黑除恶 发挥司法行政部门法治宣传职能优势，集中宣传扫黑除恶专项斗争相关法律法规。至2019年年末，召开大型“扫黑除恶”法制宣传教育活动3次，发放宣传单2000余份、书籍3000余套、宣传品2000余份，现场解答法律咨询1000余人次。开展司法行政机关内部警示教育活动，以案明纪，用身边事教育身边人，严查司法行政内部和矫正人员中涉黑涉恶涉伞问题，完善案件线索通报机制，在第一时间发现处理涉黑涉恶问题。严格律师代理涉黑涉恶案件制度，提高政治站位，公正阳光司法。

依法治县 加强行政规范性文件监督管理工作。落实合法性审核有关工作及行政规范性文件报备工作。加强行政执法行规范化。执法部门由原来86个缩减到77个。规范各部门执法行为。组织开展行政执法机关、执法案卷评查工作。完善行政机关负责人出庭应诉制度，组织参加行政应诉案件，树立司法权威。依法履行行政机关内部监督机制。行政复议作为政府系统内部自我纠错制度，提高行政执法能力和水平，推动法治政府建设，促进社会和谐。受理1起行政复议并回复意见。

法律服务 完善公共法律服务实体平台建设。实现县、乡、村全覆盖，面向基层、面向群众提供公益、专业、均等便民综合性“一站式”服务。建成县级公共法律服务中心1处，乡镇法律服务站9个，村、社区建立48个法律援助工作室。为受援人提供方便、快捷、优质、高效法律援助工作，保障弱势群体合法权益。2019年，办理刑事法律援助案件60件（其中涉恶案件14件），结案53件；办理民事法律援助案件20件，结案10件；法律咨询总人数758人次。

公证、律师工作 进行2次法律援助业务培训，推进法律援助工作，提高全县法律援助工作人员法律法规知识水平和业务技能。落实法律援助值班律师工作。与人民法院建立诉前调解合作机制，保障人民群众诉讼权利。完善刑事法律援助制度，提高司法效率，加强人权司法保障，促进司法公平正义。2019年，公证处办理各类公证213件，其中民事类公证190件，经济类公证23件，出具执行证书4件。办证合格率99%。

（孙雪珍）

军 事

人民武装

政治建设 部党委组织开展“传承红色基因，担当强军重任”和“不忘初心、牢记使命”主题教育活动。按计划学习规定书目，党委成员分别讲授专题党课，组织研讨交流。分3次组织干部、文职人员、职工，专武干部、部分民兵干部和应急连在训人员参观大青山抗日游击根据地展馆、抗日游击根据地司令部旧址，祭奠井尔沟烈士陵园烈士，重温入党誓词，接受红色教育。“八一”前夕，组织党政机关领导干部和编兵单位领导开展军事日活动，增强全县干部国防观念、意识。

战备训练 推进民兵调整改革工作，适应新体制、新编制和新使命要求，部党委围绕应急应战、国防动员准备和后备力量建设，完善应急预案、抓好物资储备等工作。“立足平时，考虑险时，着眼战时”为指导思想，落实党委专题议战议训，完善组织机构方案预案。根据年度训练任务，完成应急分队训练任务。在警备区组织群众性练兵比武竞赛活动中取得团体总分第三名，基干民兵在比武中取得前三名，文职人员获得优秀教练员奖项。

国防动员 调整县国防动员委员会各专业办公室，完成潜力数据收集上报。推进基层武装部建设。按照基层武装部建设细则，部党委成立检查调研组，协调联系武装工作副县长带队对基层人武部进行检查调研，向其乡镇主要领导提出要求，向县委、县政府上报书面报告。向警备区申请经费，统一购买战备物资器材。第三季度，对各乡镇建设情况进行检查督导，提高基层人武部建设。

征兵工作 做好兵员征集工作，确保兵员质量，开展征兵宣传。指导各乡镇采取入社区、走村庄、进人家，进行征兵宣传。协调县委宣传部利用网络、媒体传播等方法，开展征兵宣传。

国防工程 县人武部担负辖区工事国防工程管护任务。开展《中华人民共和国军事设施保护法》和国防建设重要性宣传，强化人民群众国防观念和保护军事设施自觉性。集中组织人力对辖区国防工程进行全面普查，完成所有国防工程普查工作，对坑道进行修缮和维护。

扶贫攻坚 落实上级扶贫部署和要求，将扶贫工作纳入党委议事议程，健全工作机制，与村“两委”班子商定细化2019年脱贫项目，研究部署帮扶工作。人武部投入经费10万元，对大青山乡大兴有村“两委”阵地建设进行帮建，投资3万余元配套完善办公设施；投资5万余元为帮扶6个行政村购买化肥和部分生产资料；国务院第三方脱贫检查验收前夕为大兴有110户村民购买生活用品，利用劳动节、端午节等节日，慰问贫困户。

安全管理 县人武部党委围绕管理重点，注重业务培训、分析讲评、警示教育、检查督导、奖勤罚劣等环节落实，发挥人防、物防、技防、制度防等作用，紧盯人、车、枪、弹、密、库、网、酒等防范重点，落实制度，严抓严管。县人武部领导与所有人员进行2次谈心谈话，落实车辆派遣手续，根据车辆状况进行维修保养，对营区水、电、暖管道线路进行检修改造，消除隐患。对营区监控系统进行扩容改造，加装监控终端。对兵器室弹药库外防盗门加装门禁系统。

（张　伟）

经济管理与监督

财 政

财政局领导名录

局 长：刘志成

副局长：张 璠

温秀丽（女，兼开发办主任）

总会计师：尤玉良

财政收入 完善盘活财政存量资金长效机制，加大监督检查，全年清理收回财政资金11581万元，统筹用于消化暂付款和保障重点支出。争取上级补助资金，全年争取均衡性转移支付13253万元，一次性财力补助3671万元，争取专项转移支付80903万元。

财政支出 强化扶贫资金保障，全年扶贫项目资金支出15087万元，主要用于少数民族发展、京蒙扶贫协作、结对帮扶单位工作经费、代缴贫困户医疗和养老保险、得胜沟乡和耗赖山乡产业发展等项目。至2019年年末，扶贫资金支出进度92.19%，促进脱贫攻坚工作开展。

控制一般性支出和“三公”经费支出，加大民生投入。全年农业项目支出12848万元、林业项目支出14530万元、水利项目支出1453万元，主要用于土地流转补贴、农机购置补贴、农村人居环境整治、移民补偿、农产品初加工、优势特色以奖代补、京津风沙源治理、退耕还林、生态效益补偿、天然林保护、水利发展、农业水价改革、抗旱等项目。

支持教育优先发展。全县教育支出20095万元，拨付教育经费8578万元，化解历年教育建设债务资金2437万元，保障全县教育事业正常运转和普通高中、职高“两免”政策实施。

落实社会保障政策。社会保障和就业支出34238万元，主要用于城乡困难群体补助、优抚对象生活补贴、高龄福利性补助、城乡医疗救助、临时救助、救灾、公益性岗位、“三支一扶”、民生志愿者生活补贴、配套城乡居民养老、机关事业养老、工伤、生育、代缴建档立卡贫困户养老保险、残疾人就业和扶贫救助等支出。

支持医疗保障体系改革。卫生健康支出10912万元，主要用于职工医疗保险、城乡居民医疗财政补助及代缴建档立卡贫困户医疗保险、基本和重大公共卫生及基本药物制度补助、公立医院改革药品零差价补助、医疗卫生服务能力提升等支出。

支持公共文化服务体系建设。文化旅游体育与传媒支出 2919 万元，保障“两馆一站”免费开放和旅游事业有序发展。

统筹发展社会各项事业。其他事业类支出 2246 万元，主要用于大青山自然保护区武川段工矿企业退出和生态环境修复、农村危房改造、生态环境能力建设、城镇污水处理、推进新型城镇化及城乡公共设施建设、不动产登记以奖代补、清洁供暖等项目。

财政预算执行情况 2019 年，全县一般公共预算收入完成 25254 万元，完成年初预算收入 25187 万元的 100.27%，比上年同期增加 1493 万元，增长 6.28%。其中：税收收入完成 19941 万元，占全县一般公共预算收入的 78.96%；非税收入完成 5313 万元，占全县一般公共预算收入的 21.04%。

2019 年，全县一般公共预算支出完成 187314 万元（其中专项上解支出 21262 万元），完成调整预算数的 91.89%，比上年增加支出 11299 万元（含上解支出），增长 6.42%。

一般公共预算收入、上级补助收入、专项资金收入、上年结余结转收入及调入资金收入构成当年一般公共预算财力 203846 万元，与一般公共预算支出 187314 万元相抵，滚存结余 16532 万元（其中安排预算稳定调节基金 1145 万元，其余为未拨付上级专项资金结余）。

2019 年，政府性基金收入完成 1518 万元，完成政府性基金年初预算数 66.7%，比上年减少 5309 万元，下降 77.76%。

2019 年，政府性基金支出完成 3008 万元，完成政府性基金调整预算数 81.50%，比上年减少支出 4259 万元，下降 58.61%。当年政府性基金收入、上级政府性基金专项补助收入、上年政府性基金结余，形成当年政府性基金财力收入 3691 万元。当年政府性基金支出 3008 万元，政府性基金调出 292 万元，年终结余 391 万元，结转下年继续专项使用。

2019 年，社会保险基金收入完成 35987 万元（不含失业保险、城乡居民医疗保险基金），比年初预算减少 10516 万元，下降 23%，其中：社会保险费收入 24123 万元，各级财政补贴收入 4145 万元，账户利息收入 470 万元，转移收入 66 万元，上级补助收入 7180 万元，其他收入 3 万元。

2019 年，社会保险基金支出 46175 万元，比年初预算增加 2640 万元，增长 6%。

2019 年，上级下达债券置换债务资金 8470 万元（借新还旧），上年结转 25343 万元，债券置换债务资金收入共 33813 万元，偿还旧债券支出 8470 万元，上级收回未置换债券结余 21544 万元，年末债券置换债务资金结余 3799 万元。

财政监管 建立覆盖所有财政资金运行全过程的内部监督机制，强化管理。履行财政部门监督职责，对 9 个乡镇 19 个行政村及 1 个社区，2017—2018 年“一卡通”情况进行专项检查；对全县 2018—2019 年拨付扫黑除恶专项经费使用情况进行监督检查。

加大对政府投资项目监管力度，累计完成评审项目 15 个，报审金额 8818 万元，审定金额 7674 万元，综合审减率 13%，节约财政资金 1144 万元。

强化国有资产管理，完成 2018 年度行政事业单位、国有企业资产报表编制工作，以及公共基础设施行政事业性国有资产报表报告工作，开展2019年度行政事业性国有资产月报试编工作，向人大报告国有资产管理情况提供依据，实现资产动态管理。

落实政府会计制度，对全县行政事业单位财务人员进行培训；完成县内会计人员基本信息采集核实工作，实现与国家会计人员信息管理系统实时对接。

财政服务 优化财政资金审批、拨付程序，实行层层把关，分级负责，确保财政资金安全有效运行。将财政收支、部门预决算、“三公”经费、扶贫专项资金等进行及时公开，主动接受社会监督。开展预算绩效管理，对 2018 年度扶贫资金由各使用单位进行绩效自评，审核通过后，录入财政扶贫监管平台，涉及项目数 71 个，涉及金额 2.4 亿元；根据上级要求，确定 2019 年财政重点评价项目 6 个（扶贫项目），项目涉及基础设施、产业扶贫、危房改造等 3 个方面，评价金额 9003 万元。

加快农村综合改革工作，通过“一卡通”发放惠民补贴资金 34854 万元，涉及 9 个领域 41 类 47 项，惠及 561816 人次。

完成政府采购工作，完成采购项目 51 项，采购预算金额 13759 万元，实际采购金额 13515 万元，节约资金 244 万元，节约率 1.9%。开展政府采购领域妨碍公平竞争清理工作，依法对政府采购代理机构招标项目进行抽查，规范政府采购行为。

（办公室）

税　务

税务局领导名录

局　长：原绥生

副局长：王文阁

姜　敬

张利平

赵　磊

田永茂

张集超

韩国军（任至 2019 年 3 月）

王　廷

李　文

纪检组长：赵汉亮

党委委员：胡满贵

党建工作　2019 年，税务局党委组织全体干部职工学习贯彻习近平新时代中国特色社会主义思想及中共十九大，十九届二中，三中，四中全会精神，习近平总书记在主题教育工作会议上的重要讲话精神，习近平总书记关于税收重要指示批示精神等一系列最新讲话精神会议精神，开展“不忘初心、牢记使命”主题教育。局党委按照市税务局“抓好党建、带好队伍、收好税费、做好表率”总要求，加强党的领导和党的建设，坚持党建引领，落实国家税务总局、自治区税务局、市税务局及县委、县政府各项部署要求，依托“智慧党建”平台贯彻落实上级机关及该局党总支部工作部署，强化“提升、应用、融合、促进”功能，发挥“智慧党建”平台作用，解决党建活动传统化、单一化，完善党委理论中心组、“三会一课”，实行边开会边报送新措施。利用智慧党建平台学习党内最新理论知识及上级最新决策部署，学习采取积分制，党员干部比学赶超。智慧党建每周推送各类考试，党员在学习过程中对要点掌握精准。税务局通过智慧党建推送学习任务 94 次，党支部召开各类会议 60 余次，信息发布 269 篇。组织党员到大青山革命根据地开展爱国主义教育。与自治区区税务局、市税务局各党支部联合开展共建 30 余次。多层面多形式开展学习培训和思想动员，以党委书记讲党课、支部组织党员学习等形式组织开展各类主题党日活动。全年召开党委理论中心组学习 12 次、党委专题学习 6 次、党支部政治例会 12 次、党员集中学习 12 次，讲党课 15 次。

税收收入　2019 年，税务局累计组织各项税费收入 72631 万元，同比增收 8823 万元，增长 12%。县级政府公共预算收入完成 21012 万元，同比增收 2027 万元，增长 9.65%。税收收入完成 46292 万元，同比增收 6334 万元，增长 13.68%。社会保险费完成 23871 万元，同比增加 5236 万元，增长 22%。其他收入完成 2468 万元，同比增收 522 万元，增长 21.1%。

2019 年，增值税、企业所得税和印花税同比有所增长，增长主要是国融证券和清洁能源企业带动。

减幅最大是个人所得税，个人所得税政策调整全面减收；土地增值税下降是土地交易量减少和房地产业整体下滑。

全县第一产业发展迅速，国家对农牧业税收优惠，占全部税收收入的0.48%。

第二产业受到国家节能减排，关停高耗能、高污染企业，采矿业停产，税收收入下降85%左右。制造业增长113%，冀东水泥销售额增加。清洁能源占全部税收收入的40%。

第三产业发展不充分，层次水平较低.房地产业受市场影响，新开发项目减少，主要清理欠税，房地产业占全部税收收入8%。金融业占全部税收收入的28%。

减税降费　税务局成立由一把手负总责减税降费工作领导小组，建立完善相关制度，成立“党员先锋队”“党员突击队”到企业和办税大厅宣传减税降费政策。组织内部培训，提升干部业务能力和水平。通过组织培训、上门解读政策、在人群密集地发放宣传资料等方式，宣传减税降费政策。局党委班子到办税服务厅、不动产登记中心、纳税企业调研指导减税降费工作，强化监督检查。带领党员先锋队、青年先锋队、老干部宣传队等，分别到企业、个体商户进行政策宣传。

扫黑除恶　税务局持续推进扫黑除恶专项斗争工作，发挥税务部门职能作用，通过召开会议、组织考试等方式，提高干部职工认知，对全局税务干部进行摸排，无涉黑涉伞问题。在办税厅等纳税人密集场所，利用LED屏滚动播放、张贴条幅等方式集中开展扫黑除恶宣传活动。由税源部门牵头，采用“明察”“暗访”相结合模式开展走访工作，建立调查台账及汇总反馈台账。在税收执法领域形成上下一体、横向到边、纵向到底扫黑除恶专项斗争法治宣传工作。

纳税服务　税务局推进纳服工作向纵深发展，加强办税服务厅建设，为纳税人营造方便、快捷办税环境。对纳税人涉税事项做到一厅通办、一网通办、一窗通办；重新修订办税服务厅配套制度，梳理整合业务流程，编印各类业务办税指南；通过电子屏、发放宣传册等方式引导纳税人自助办税，利用自助办税终端、手机APP等平台实现多样性自助办税；蒙古语、汉语两种语言服务岗设立并运行；特设办税事项“最多跑一次”咨询台，使办税业务方便快捷；落实首问责任制；借助电子平台、发放宣传材料、印制办税指南、摆放宣传架等途径开展税法宣传，让纳税人知晓政策，实现纳税人办税“只跑一次、一次到位”。

绩效管理　2019年，税务局重视绩效管理工作，建立落实绩效指标责任制，考评指标对应各股室、每个责任人，做到目标明确、指标落地、任务到岗、责任到人，形成上至局领导，下至绩效联络员责任落实体系，上下一致，齐抓共管。发挥领导小组领导协调作用，统筹协调各股室绩效工作。安排专人负责绩效工作统筹、监督、运行，确定各股室绩效联络员，形成层层抓落实绩效管理工作格局。在日常监控和考核中，绩效办人员按照指标考核时间节点，及时对相关股室进行督促和指导，跟踪各股室工作进度。召开绩效分析讲评会，对每季度指标落实情况进行通报，核查扣分原因，指出问题，总结经验，研究制定改进措施，提升干部职工对绩效管理工作重视。

（赵　严）

市场监督管理

市场监督管理局领导名录

党组书记、局　长：马俊生

党组成员、副局长：冀　强

赵瑞峰

刘　裕

概况　2019年3月27日，中共武川县委办公室和县人民政府办公室联合印发《武川县市场监督管理局职能配置、内设机构和人员编制规定》

通知，武川县食品药品管理局合并至武川县市场监督管理局（加挂武川县知识产权局牌子），为县人民政府正科级工作部门。

机构内设综合办公室、政策法规、新闻宣传股、综合执法稽查股、市场监管股、质量安全及计量标准监管股、特种设备安全监察股、综合抽检监测股、食品安全监管股、知识产权监管股。

市场监督管理局派出机构 4 个（可镇市场监督管理一所、可镇市场监督管理二所、哈乐镇市场监督管理所、西乌兰不浪镇市场监督管理所）。

企业注册登记管理 深化商事制度改革，推进全程电子化、压缩企业开办时间、“证照分离”压减工业产品生产许可、简易注销、集中审批、银行代办等工作。

2019 年，按照《市场监管总局关于启用新版营业执照的通知》规定，自 3 月 1 日起，经登记机关准予设立、变更登记以及补发营业执照各类市场主体，颁发新版营业执照。新版执照统一调整为横版，设有正本和副本。印制国徽、边框、标题（营业执照）、国家企业信用信息公示系统网址、登记机关公章、年月日、国家市场监督管理总局监制等内容。正副本照面按照《营业执照印制标准（2019 年版）》打印统一社会信用代码及号码、记载事项名称及内容、二维码等内容。新版营业执照对二维码功能进行统一调整，实现二维码与国家企业信用信息公示系统上公示企业信息精准链接。办事群众可以通过扫描二维码直接查询该市场主体公示信息。适用新版营业执照市场主体包括公司制企业法人及分支机构、非公司制企业法人及分支机构、合伙企业、个人独资企业、农民专业合作社法人及分支机构。2019 年，换发新版营业执照 865 张。

2019 年，新登记企业 216 户、个体工商户 754 户、农村合作社 36 户，注销 717 户。新审批食品经营许可证 251 户、食品小作坊登记备案证 89 户、呼和浩特市学生小饭桌登记备案证 21 户，食品小餐饮备案证及食品小摊贩备案证 67 户。完成 2019 年市场年报公示企业 1396 户、个体工商户 3095 户、农民专业合作社 943 户。注销营业执照 717 户，其中企业 145 户、个体 511 户、农业合作社 61 户。

“双随机、一公开”监管 深化“双随机、一公开”监管，执法人员按照“谁登记、谁管辖、谁检查、谁录入、谁公示、谁负责”原则，不定期、分批次进行随机检查，将检查结果及时录入综合业务系统，依法查处企业违法行为并对外公布检查结果。全年开展“双随机”、“一公开”抽查 10 次 244 户，上级下派任务 2 次 118 户，联合其他部门抽查 2 次 5 户。

民生实事 2019 年 5 月，和谐便民市场正式投入运营，市场占地面积 7221 平方米，建筑面积 4235 平方米，可容纳 120 家商铺，配套 30 间库房，1300 平方米冷藏冷鲜库。市场内分为蔬菜区、水果区、肉食区、百货区，市场外围设置菜农专用售货位 140 个、停车位 200 个。

消费者权益保护 开展“衣食住行”领域市场整治工作，营造诚实守信、规范自律、公平竞争市场环境，守住安全底线。保障人民群众生命健康安全。

2019 年，共立案 23 起，结案 22 起，收缴罚没款 10 万余元，其中接受烟草部门移交无证经营烟草案件 6 起，收缴罚没款 0.3 万余元，不合格化肥、滴灌带案件 7 起，收缴罚没款 6.2 万元。

全年受理各类投诉 42 起，其中食品药品投诉 32 起，市场经营行为投诉 9 起。“12315”投诉平台转办 28 起，市投诉中心转办 16 起，到局直接投诉 14 起。

食品药品市场监管 加强基层食药所建设，为基层所配套办公、执法设备，基层监管人员通过网上学习、集中培训、现场教学等方式，提升业务能力。

按照市政府《餐饮服务业“四化”管理实施办法（试行）》，对县内 650 余家餐饮店进行全面“四化”（厨房管理“透明化”、食品贮存“超市化”、用具管理“色标化”和加工制作“规范化”）规范，餐饮店95%达到“四化”标准要求。对新开办餐饮店按照“四化”要求进行现场指导验收。

按照上级关于校园及校园周边综合治理要求，在两个学期开学期间对学校食堂、校园周边各类食品企业进行集中清理整顿；开展旅游景区集中整治，对哈达门高山牧场“绿色旅游”景区、得胜沟红色旅游区以及周边农家乐进行全面检查，消除食品安全风险隐患；加强药品生产经营使用单位检查，全部药品生产企业、医疗机构（包括私人诊所）、药店，以及80%村卫生室均进行至少一次检查；开展药店阴凉间建设专项整治，县内50家药店达到要求，杜绝不凭处方销售处方药行为；开展疫苗集中专项整治，对县内疫苗使用单位、库存情况等进行全面细致检查，排除问题疫苗隐患；开展药店执业医师挂证专项整治，杜绝执业医师不在岗问题；开展医疗机构大型医疗器械集中检查，保证CT机、B超机等仪器正常运行；开展化妆品经营专项整治，对县内15家专营店、3家大型综合超市进行排查。

对各类小作坊进行全面排查，严把登记发证关口，落实“六规范”（规范申请登记、规范生产环节条件和设施设备、规范原辅材进货查验、规范生产过程控制规范和从业人员管理、规范包装储存运输和标识），保证食品生产环节食品安全。

对县内符合分类管理640余家餐饮服务单位进行量化，A级企业132家、占全部分类企业的21%，B级企业493家、占77%，同时在呈祥路、商业街等示范街为餐饮服务单位悬挂“寻找笑脸就餐”A、B级标识牌。

将永盛成超市、武皇酒业、学校食堂以及“蒙奇药业”等企业定为高风险单位，并按相应等次进行相应频次检查。

开展农村食品专项整治，以“三无”产品、过期产品为重点，督促企业定期自查产品情况，确保农村市场食杂店、超市等不经营问题食品；以食品批发企业为重点，核查索证索票制度落实、派送记录、临期产品回收记录等，提升食品销售环节管理水平。

争取自治区食品检验检测专项经费采购气相色谱仪、微生物试验台等仪器，完成仪器安装。

质量技术监管 针对锅炉、压力容器、压力管道、起重机械重点监控单位和重点监控设备，开展特种设备安全大检查。共检查锅炉27台锅炉，压力容器70台，电梯45台，起重机械12台，气瓶充装单位2家。发出特种设备安全监察指令书4份，发现隐患4起，整改4起。注册起重机械2台，锅炉10台，注销锅炉3台，停用锅炉2台。

配合自治区特种设备检验研究院、锅炉压力容器检验研究院定期检验各种特种设备，发现隐患要求使用单位立即整改，合格后方能使用。

申办计量标准考核证书（2018—2022年度），具备对加油机容量检定、精密压力表标准、衡器检定等项目检定资格，开展集贸市场、医疗卫生单位、眼镜行业等领域计量监督检查，强化计量器具和商品量计量监管，督促各使用单位严格遵守计量法律法规有关规定。全年，检定加油机102台、大衡35台、天平60台、压力表52块。

对计量器具进行备案管理，共有24家食品企业、11家加油站、超市2家、工业企业8家、牧业企业3家、个体户31家、事业单位1家、百川热力有限责任公司与中燃燃气有限责任公司2家，备案总数为82家。

（柳　霞）

审计监督

审计局领导名录

局　长：吕慧刚

副局长：王　敬

　　　　魏雨华（女，蒙古族）

赵永生（2019年5月任职）

总审计师：柳秀芳（女）

审计业务 2019年，审计局对2018年县本级预算执行和其他财政收支以及部门预算执行、乡镇财政决算、领导干部任期经济责任、重大政策措施落实、专项资金和民生工程等情况进行审计，配合上级审计机关对扶贫资金进行审计，完成县委、县政府交办其他审计事项，对上年审计查出问题整改情况进行督查。

受减收增支等因素影响，财政运行压力较大。支出消化、债务化解任务繁重。2018年年底财政暂付款余额15.85亿元，有45.45亿元债务需要化解。收入增幅大幅度回落。2018年公共预算收入增幅回落8个百分点，刚性支出强劲，减收增支因素叠加，收支矛盾突出。

2019年，对政府办、市场监督管理局、残联等5个单位预算执行，二份子乡、西乌兰不浪镇2个乡镇财政决算，原老干部局等6个单位主要领导干部经济责任履行情况进行审计。县本级部门预算执行力与约束力增强，预算管理提高，违纪违规问题减少。

按照审计署统一部署，对创新驱动发展战略、地方银行防控金融风险、减税降费等政策措施贯彻落实情况按季度进行跟踪审计。

配合审计署驻太原特派办对县扶贫政策措施落实和资金分配管理使用情况进行审计。全县建档立卡贫困户未脱贫人口由2018年年初1617户3137人，下降为2018年年底50户98人，效果显著。

按照市审计局统一安排，对2018年保障性安居工程进行跟踪审计。

精准扶贫 加大对扶贫领域审计监督。配合审计署驻太原特派办完成2018年县扶贫资金审计，督促各乡镇、部门做好以前年度扶贫资金审计整改工作，整改情况形成报告定期向市审计局汇报。

改进工作作风，做好精准扶贫包扶工作。包扶干部进村入户向贫困户宣传精准扶贫、精准脱贫政策，协调相关部门为贫困户送去1台水泵，解决贫困户灌溉问题。

扫黑除恶专项斗争 落实扫黑除恶专项斗争，成立扫黑除恶专项斗争领导小组，制定扫黑除恶专项斗争工作方案和相关工作机制。通过张贴宣传图、悬挂横幅、开展宣传周活动等形式，开展扫黑除恶专项斗争宣传工作。每月向县扫黑办报送工作进展情况及简报和线索统计表。在审计过程中，以各审计组组长、主审为点开展扫黑除恶专项斗争问题线索排查，设置举报箱、举报电话。

意识形态 成立由党组书记任组长，党组成员任副组长，股室负责人为成员“审计局意识形态工作领导小组”，日常工作由办公室负责。落实中心组学习制度，以学习宣传贯彻中共十九大精神为主线，将精准脱贫、扫黑除恶等作为中心组学习重要内容，开展“不忘初心、牢记使命”主题教育活动，形成用制度管学习、促学习格局。

围绕“依法审计、文明审计”，开展文明单位创建活动，参与审计大讲堂学习，审计文化书屋配备审计、会计、时政、财经、社科等各类千余册图书，促进审计干部业务水平提升。

党风廉政建设 组织审计机关全体人员收看全国、全区审计机关党风廉政建设工作视频会议，学习贯彻会议精神。落实“一岗双责”，局长与股室负责人、审计人员层层签订廉洁自律承诺书。

综治维稳 成立以党组书记为组长、党组成员为副组长、各股室负责人为成员工作领导小组，推进风险隐患排查工作，加强对各自部门、各自领域存在风险隐患开展常态化排查及梳理工作。利用宣传栏、横幅、标语及反邪教警示教育活动，宣传相关法律、法规知识，反对封建迷信活动，教育干部职工不信邪教、不传邪教。

（朱　姝）

统计监督

统计局领导名录

局　长：闫美英

副局长：刘　华

杜俊峰（女，2018 年 1 月任职）

统计数据中心

主　任：张　星（女）

种植业统计　2019 年，全县农作物总播面积为 1782525 亩，比 2018 年同期下降 6.1%。粮食作物总播面积为 805665 亩，比 2018 年同期下降 16.6%；粮食产量 186522 吨，比 2018 年同期下降 5.7%。其中，小麦种植 177240 亩、产量 24034 吨，莜麦种植 164220 亩、产量 19758 吨，马铃薯种植 414315 亩、产量 133186 吨（折粮）。油料播种面积为 611190 亩，比 2018 年同期增长 5.2%；油料产量 81826 吨，比 2018 年同期增长 59.5%。

畜牧业统计　至 2019 年 12 月末，牲畜总头数 402962 头、只，比 2018 年同期增长 18.9%。其中，大牲畜 5947 头，比 2018 年同期下降 27.4%；羊 391364 只，比 2018 年同期增长 20.4%；猪 5651 头，比 2018 年同期下降 1.3%。当年肉类总产量为 5132 吨，比 2018 年同期增长 15.1%；其中猪牛羊肉产量 4978 吨，比 2018 年同期增长 14.3%。

统计服务围绕县委、县政府中心工作和社会生活热点难点，开展统计调研。综合核算专业每月编印《统计月度上报 / 反馈数据》，为领导决策提供统计服务。全年在武川县政府门户网站上发布统计动态信息 10 篇。统计专业人员撰写各类统计报告 41 期，印制《统计月度上报 / 反馈数据》19 册。赴经济开发区、金三角开发区、可镇等地开展调研活动。通过上门走访企业、蹲点调研、座谈交流等方式实地查看企业，查阅企业统计台账，与企业统计业务人员交流讨论，探讨改进统计服务、优化联网直报工作流程、夯实源头数据办法和措施，形成与改革发展相关统计精品分析 8 篇。完成《武川县统计年鉴（2018 年）》数据编撰工作。

完成 2018 年年报及 2019 年定期报表工作　各专业严守国家“四条红线”，做好对企业网上直报数据审核评估工作，客观、真实准确地反映全县经济发展。开展人口抽样、劳动工资调查、汽车能源消费、部分行业事业单位统计等调查工作。完成工业、县域经济、固定资产投资、房地产开发、建筑业、能源、批发零售、住宿餐饮、社会科技等各类定期报表工作。

第四次经济普查　2019 年 1 月 1 日开始第四次经济普查正式登记，4 月 30 日已全部完成入户登记上报工作。共上报单位 1096 家，个体经营户 474 家（在 2018 年摸排清查阶段共上报个体经营户 5718 家，在此基础上进行抽样登记）。县普查办和各乡镇普查工作人员在数据采集处理平台上，对普查表数据按专业审核。6 月 15 日已完成阶段性数据审核和自查工作。

政务服务事项认领工作　推进“放管服”改革，提升服务规范化、便利化水平，在现行统计法律法规基础上，依据权责清单和国家级基本目录，梳理本部门政务服务事项，确认 6 项行政奖励。

统计系统队伍建设　注重专业干部岗位交流锻炼，通过召开统计专业培训会议，加强员工专业知识技能。全年市、县两级安排培训学习会议 50 余人次。

统计法治工作建设　严格“一套表企业”统计基础规范化建设标准，规范数据生产行为。对数据联网直报情况及时监测，及时审核，确保企业规范上报，落实“一套表”数据质量检查主体责任。强化对基层报表数据质量经常性地检查，加大数据质量核查力度，确保统计数据真实可靠。开展统计数据造假专项整治工作，提升统计数据质量，提高统计公信力。

推进“双随机、一公开”工作 制定《武川统计局“双随机、一公开”工作方案》以及各项配套措施。选派符合条件人员参加统计执法证考试，配齐配强统计执法力量

（何冠亚）

城乡社会经济抽样调查

城乡社会经济抽样调查队领导名录

队 长：李 芃

副队长：兰文亮

贺小东

概况 城乡社会经济抽样调查队成立于2008年，负责县境内规下企业抽样调查、全县城乡社会经济、农牧业、劳动力就业、社会保障、生产投资、价格、服务业、旅游业以及各部门形象等民情民意统计调查工作。承担武川县城乡社会经济抽样调查。内设财务室、办公室、综合室。

党建工作 调查队党支部完善党建工作长效机制，在“不忘初心、牢记使命”主题教育活动中，牢固树立“四个意识”，坚定“四个自信”，坚决做到“两个维护”，把全面从严治党纳入到统计调查工作日常监督管理中，党建工作科学化、规范化。

落实党风廉政建设责任制。责任在肩、常抓不懈。坚持依法治统、从严治统。组织全队干部职工进行集中学习。学习《关于深化统计管理体制改革提高统计数据真实性的意见》传达提纲、《统计违纪违法责任人处分处理建议办法》《防范和惩治统计造假、弄虚作假督察工作规定》等统计改革文件和《中华人民共和国统计法》《统计法实施条例》《统计常用法律文书格式及使用说明》等统计法律法规知识。

城乡住户调查 2019年，调查队提高原始记账数据质量，对调查点工作分解到人、任务到人、责任到人。每季度至少入户一次至几次。组织召开记账户和辅调员参加各类培训会7次。对城乡居民收入等重要统计数据进行审核、评估，提高基层统计数据可信度。按时完成住户2019年定期报表、住户季报、农村贫困监测季报、农民工监测季报及年报工作。

推进电子记账工作，将住户调查电子记账工作列为全年重点工作推进，采取组织培训宣传、强化现场辅导、数据即录即审等多项措施保证电子记账工作顺利进行，电子记账普及率82.5%。

进一步提高记账户记账能力，规范住户辅调员工作职责，调查队策划设计鼠年住户收支调查知识宣传台历，发放到每位调查对象手中，受到调查对象好评。

产粮普查 武川县是全区47个产粮大县之一，调查队对全县主要粮食作物直接调查、直接上报，准确反映全县粮食作物播种面积和产量生产情况，及时上报。组织参加全区农作物面积遥感测量业务培训，完成遥感测量、实地调查、实割实测和资料整理工作。在全区工作会议上获得自治区总队表扬，并要求全区粮食产粮大县资料整理归档工作按照武川县调查队标准执行。

畜牧业普查 按照内蒙古自治区人民政府要求，及时准确反映全区畜牧业生产经营情况，畜牧业调查由2018年以乡镇起报，改为全面调查和抽样调查相结合方法进行，畜牧业普查工作增加，调查队按时完成畜牧业普查工作，接受市局组织事后质量抽查。

畜禽监测 按照相关制度工作要求，每季度对全县5个畜禽监测点进行畜禽监测调查，摸清监测点存栏、出栏及养殖情况。

企业、服务业调查 2019年，正常填报企业15家，其中工业5家、服务业4家、工业品4家、建筑业1家、个体户1家。每月企业上报数据期间，对每个企业上报数据进行审查，对变动幅度超过±5%数据，附情况说明。对企业新上岗统计人员进行业务培训。每季度末，对样本

企业通过电话进行查询。

商品价格统计调查　每月 20 日，负责价格专业人员在固定地点采集当月价格，通过市场调查，分析数据，如实反映价格变化情况，及时报送价格热点问题。

（郭海生）

工　业

发展改革

发展和改革委员会领导名录

局　长：张宏伟

副局长：张林平

胡宪政

张秀欣

经济协作局

副局长：郭俊杰

项目稽查办公室

主　任：赵永生

概况　根据中共呼和浩特市委办公厅、呼和浩特市人民政府办公厅批准的《武川县机构改革方案》和《武川县机构改革实施意见》，武川县发展和改革委员会加挂武川县工业和信息化局、武川县商务局、武川县粮食和物资储备局牌子。

重点项目完成情况　至2019年10月，招商引资到位资金7.13亿元。

至10月末，固定资产投资完成9.85亿元，同比下降5.24%。其中第一产业完成0.15亿元，同比下降81.7%；第二产业完成7.65亿元，同比增长98.49%（全部为工业）。第三产业完成2.05亿元，同比下降56.18%（其中，房地产完成0.88亿元，同比增长14.9%）。

2019年，新签约项目7个，协议资金30.61亿元。

清洁能源　华能武川县光伏发电有限公司武川县10兆瓦光伏扶贫项目。该项目于2018年3月15日开工建设，7月10日全部并网发电。2019年完成合资公司股权变更、注资以及项目综合竣工验收等工作。

河北建投新能源有限公司武川大元山（小井）50兆瓦风电清洁供暖项目。该项目于2017年5月正式开工建设。2018年12月并网发电，2019年重点建设生态恢复、水土保持、检修道路后续工程。

续建项目。山东国风武川县上秃亥风力发电供电供热工程项目。该项目于2017年8月18日开工建设。已完成升压站、电气设备安装、风机吊装8台。

开工项目。呼和浩特市国龙新能源有限公司武川县上秃亥100兆瓦风电清洁供暖项目。项目于6月15日开工建设，已完成风机基础浇筑、吊装9台风机、线路塔组装。二期50兆瓦风电清洁供暖项目同步建设。

武川县蒙天风能有限公司武川大元山(德胜)50兆瓦风电清洁供暖项目。2019年6月20日风电场开工建设，完成风机基础浇筑、吊装2台风机、集电线路开挖30基浇筑20基。

内蒙古蒙能风电供热有限公司风电供热100兆瓦项目。2019年6月开始升压站扩建工作，完成升压站内周转库、35千伏配电室、项目设备招标，签订施工合同。

商务工作　2019年，开展市场秩序专项整治，确保成品油市场、人员密集场所安全生产。至9月，累计检查加油站85人次、人员密集场所等相关企业220人次。

按照电子商务进农村综合示范县工作要求，通过商务部、财政部专家对电子商务示范县项目中期考核，争取到电子商务示范县项目后续资金500万元。开发武川线上销售平台。中国国际电子商务有限公司已开发完成中电优品武川馆互联网平台建设，并与商务部扶贫网站对接，完成武川本地涉农企业调研选品，针对武川当地土豆、荞面、菌菇开始上行工作。

至2019年11月，开展农村电子商务培训52期，完成农村电商人才培训4456人次，其中，培训建档立卡贫困户769人，带动全县就业人数1693人，建档立卡贫困户就业人数316人，带动残疾人就业3人。

工业经济　1—10月，全县规模以上13户工业企业累计实现产值16.9亿元，同比上升26.44%。

推进环聚新能源共12万千瓦光伏发电并网。至2019年，风电并网55万千瓦，水电120万千瓦，光伏发电14万千瓦，清洁能源总装机189万千瓦。

重点工作　开展“助保贷”助推中小微企业发展，降低融资成本。为1户中小企业发放两笔流动资金贷款2000万元。三联淀粉申请“助保贷”贷款2000万元。为中小微企业争取国家和自治区中小企业发展专项、高质量奖励项目资金60万元，其中薯元康30万元，燕谷坊30万元，为4家企业争取产业扶贫资金和“小巨人”资金奖励，促进中小微企业发展。

社会投资　至2019年，在内蒙古投资项目在线审批平台审批各类项目29项，网上审批率达到100%。

按月报送政府2018年政府投资类项目进展情况。2018年政府投资类项目共7项。按月报送服务业重大项目进展情况。其中，燕谷坊燕麦仓储、物流及深加工项目已完成投资1.08亿元；西贝燕麦仓储物流加工及燕麦博物馆建设项目完成投资0.15亿元；帝锦城住宅小区建设项目完成投资0.77亿元。

价格综合工作　价格成本监审。对全县马铃薯单位种植成本进行数据收集、分析、上报（马铃薯成本监审是国家制定农产品监审品种），全县确定6户马铃薯种植成本调查户。新增油菜籽调查基本户9户，签订农产品调查协议书，辅导农户填写调查登记簿，收集、整理各调查户成本信息数据，按规定及时上报呼和浩特市成本监审局。

价格信息监测。每月3次向呼市价格信息监测中心采集、整理、上报粮食、蔬菜、肉禽蛋市场零售价格。配合呼和浩特市价格信息监测中心对全县农资产品价格、绒毛市场价格、农产品价格进行信息采集。

价格认证。受理公安部门委托涉案物品价值认证77件，累计委托涉案物品价值金额578万元，为办案机关办理刑事和行政案件提供法律依据。

价格收费。对全县42家行政事业性收费单位和24家经营服务性收费单位收费项目、标准、依据进行公示，上报上级价格收费管理部门。

粮食工作　根据呼和浩特市发展和改革委员会呼和浩特市粮食和物资储备局印发的《呼和浩特市粮食行业安全生产大检查实施方案》文件精神，按照属地管理原则，对呼和浩特市第六粮库区市级、地方储备粮、企业自查商品粮进行检查，经检查粮食承储实物性质、品种数量与保管账、银行台账对应相符。

按照粮食经营户一户一卡、一户一台账的管理原则，对全县办证企业粮食收购许可证进行年检。在可镇进行2019年粮食科技活动周、2019年世界粮食日和粮食安全周宣传活动。与民政局进行重要应急物资交接工作。

精准扶贫 发展和改革委员会包扶五福堂、什八台、黄羊渠、大豆铺4个村委会28个自然村，涉及常住户（包括贫困户和一般户）580户，七一期间，组织机关党员干部深入各帮扶村开展走访慰问，开展各项结对帮扶活动。为包扶常住户送去价值2万余元生活物资。

移民后期扶持资金管理 武川县水库移民全部采用直补形式，每人每年600元资金，由财政惠农“一卡通”发放。核减人员补助资金当年足额发放，第二年相应核减补助资金。至2019年年末，核减35人。结余资金2.1万元，留存县财政。

（李志平）

经济开发区

领导名录

党工委

书 记：常介光

副书记：乔子华

管委会

主 任：常介光

副主任：王永军

党政综合办

主 任：杨 俊

财政审计局

局 长：卢 灵

人力资源和社会保障局

局 长：王海中（任至2019年6月）

新能源产业办公室

主 任：韩国强

经济运行情况 2019年，开发区11家生产性企业，间歇性运行7家（冀东水泥、武兰水泥、武兴水泥、汇能铁合金、安利铁合金、青川铁合金、雅虎铁合金）。至10月底，工业总产值7.73亿元（2018年同期为4.35亿元），同比增长77.7%；工业增加值1.45亿元（2018年同期为0.99亿元），同比增长46.5%。税收完成3740万元（其中冀东水泥3241万元），2018年同期为2030万元，同比增长84.2%；招商引资完成9500万元，固定资产投资完成1859.3万元。

重点项目 橡塑跑道项目。该项目由内蒙古荣胜科技有限公司投资6000万元，建设年产橡塑跑道20万平米。项目于2019年7月完工，正在调试设备。

新型建筑环保材料项目。该项目由内蒙古全亿新型建材有限公司计划投资5000万元，建设年产100万平方米高性能混凝土保温材料。项目于8月开工建设，车间钢结构已完成，计划2020年6月试产。

机械设备制造项目。该项目由内蒙古淳德机械设备有限公司拟投资4530万元，建设机械设备制造安装项目。项目于5月与管委会签订投资框架协议。正在办理土地等审批手续。

扫黑除恶 按照县委、县政府统一安排部署，开发区召开领导班子会和干部大会，专题研究部署扫黑除恶工作，成立扫黑除恶工作领导小组，制定工作方案，开展各项工作。在开发区鑫川大道制作大型宣传牌2块，在服务街以及各企业悬挂宣传标语20余条、张贴扫黑除恶专项斗争通告20幅，发放宣传资料200余份，发放调查问卷200余份，组织企业职工学习扫黑除恶相关知识。会同大青山乡派出所对开发区各企业以及商铺进行地毯式摸底排查，与企业职工谈话，与企业签订责任状，要求企业建立相关台账，建立长效机制，推进平安园区建设。

安全生产 开发区落实安全生产“红线”意

识，健全完善安全生产责任制和各项规章制度，召开专题安全生产工作会议，安排部署全年安全生产工作，管委会与企业签订安全生产责任状；开展安全生产大检查活动，对非煤矿山、建筑施工、道路交通、消防、危险化学品、特种设备等行业和领域进行安全生产专项整治，对所有驻区企业进行拉网式、地毯式大排查和大检查回头看活动，开展集中检查12次，会同安监局联合大检查3次，排除安全隐患30余个；在开发区开展全县“安全生产月”启动仪式，对安全生产走进企业进行宣传。

环境保护　按照年初制定工作目标，与企业签订环境保护责任状。召开环保调度会6次，会同县环保部门到企业专项检查8次，下达整改通知书12份，重点对汇能、冀东水泥、安利冶炼、青川铁合金等企业除尘设备进行监管，保证各企业24小时启动除尘设备，达标排放。完成中央环保督查组“回头看”检查，针对“回头看”提出问题进行整改，对涉及开发区污水处理厂、渣场、集中供热等相关问题，管委会按照要求进行整改落实。

党的建设　推行“党建＋重点工作”，将党的建设融入招商引资、扶贫攻坚、安全生产、环境保护、社会维稳、作风建设等工作中，组织建设工作扎实推进。组织干部集中学习习近平总书记系列讲话8次。严肃党内政治生活，坚持“三会一课”制度，召开领导班子民主生活会，带头进行自我批评，指导机关党支部组织生活会和民主评议党员工作。强化机关党支部建设，推行“7+X”主题党日活动，将业务工作与党建工作相融合，提高党员干部思想素质和业务素质。加强企业党组织建设，指导和协调非公有制企业党建工作职能。开展“不忘初心、牢记使命”主题教育。成立领导小组，召开动员会，制定工作方案。为党员干部统一购置笔记本，制订学习计划，班子成员围绕“理想信念”“宗旨意识”“党性修养”等8个专题进行研讨。每名班子成员按照选定调研课题进行调研，完成调研报告，并结合自身工作进行党课教育。

（王卯君）

金三角开发区

金三角开发区管委会领导名录

主　任：赵　丰

副主任：特木尔（蒙古族）

概况　承担园区招商引资初审工作；协助入驻项目办理各项入驻手续；负责检查落实园区各生产企业安全生产、环境保护、农民工工资保障等事宜；落实上级交付党建、党风廉政建设、信访维稳、脱贫攻坚、疫情防控、扫黑除恶以及环境卫生等工作。内设党政办公室、项目一室、项目二室、财务部

党的建设　根据中共武川县委《关于开展不忘初心、牢记使命主题教育工作方案》，组织全体党员干部学习中共中央意见、自治区党委实施方案，以及呼和浩特市委《关于开展“不忘初心、牢记使命”主题教育工作方案》，领会教育活动意义，“为中国人民谋幸福，为中华民族谋复兴，是每个中国共产党人的初心和使命”。

管委会成立主题教育领导小组，安排每周二、周四上午为专题学习时间。支部书记为园区党员干部讲党课，集中学习袁隆平、孔繁森、焦裕禄、黄文秀等优秀共产党员先进事迹。

开展向园区企业和社会“开门纳谏”征求意见活动，共征求意见68条。

会同县百川热力公司，为永安昌商贸公司32户商贸户和智邦公司解决供暖问题；为4名农民工讨回拖欠工资2.6万元；为商贸区商贸户解决院内排水问题。

脱贫攻坚　由燕谷坊、有机联创和智邦谷物等公司继续与农户签订燕麦种植收购订单，收购价高于市场价35%，为农户提供收购、拉运补贴，

订单农户每户受益 2000 余元，受益农户共 3500 余户，其中贫困户 150 余户；川宝公司向全县 98 户建党立卡贫困户提供种薯 180 吨，每吨优惠 600 元，共计优惠 10.8 万元，户均 1000 余元；薯元康公司流转土地 1500 亩，组织 5 名贫困户人员劳务，月工资 3000 元 / 人；淀粉加工厂组织 54 名贫困户农民工劳务，月工资 4500 元 / 人；金三角园区管委会为大兴昌村委会 6 个自然村制作乡规民约宣传栏 6 块，宣传党的政策和惠民政策；为 1 户贫困户救济生活费 2000 元，缓解生活压力；为村委会 16 户生活困难户赠送米面油等生活用品。

重点项目 内蒙古燕谷坊生态农业发展有限公司“草原之门”工业文化旅游项目，总投资 1.8 亿元，占地面积 114 亩，已完成 7 万平米建设任务，主要经营燕麦片、燕麦油、燕麦粉加工及“草原之门”工业文化旅游，展示县域经济特色产品。

内蒙古燕荞圆粮油食品有限公司雪花粉加工项目，总投资 4000 万元，占地面积 64 亩，利用武川县小麦种植优势，生产雪花纷，年产雪花粉 10 万吨，已完成主体工程。

内蒙古华贯食品公司蘑菇酱加工生产项目，项目总投资 4000 万元，占地面积 25 亩，利用武川县菌业种植优势加工生产蘑菇酱，年产蘑菇酱 8000 吨，已完成主体工程。

总投资 6400 万元内蒙古洁泰诺生物科技有限公司有机废弃物综合利用项目，总投资 4000 万元内蒙古三子药业有限公司蒙药饮片生产项目，总投资 3000 万元内蒙古优利卡食品有限公司奶制品加工项目，总投资 4000 万元内蒙古朴珍清真食品有限公司的乳食品加工项目，总投资 2000 万元内蒙古元腾商贸有限公司年加工 1000 吨熏肉制品项目，已完成签约、立项等。

经济指标完成情况 2019 年，完成招商引资工作 5.5 亿元，固定资产完成 2.8 亿元，生产总值完成 5.2 亿元，税收完成 2600 万元。

（赵国诚）

交通信息产业

交通运输

交通运输局领导名录

局　长：陈志刚

副局长：卢永胜

　　　　张根慧

国省干线建设　2019年，国道209线大青山隧道及引线工程建设武川段征拆工作，完成征占676亩林地、土地协议签订工作，补偿资金发放到村委会，牌楼馆景区和4户农户已签订协议并予补偿。广告牌、路灯杆、各类标识标牌均已征拆结束。完成总工程量的99%，武川县境内已全部贯通，投入试运营。

推进省道311线重点公路建设项目。已获得自治区发改委立项批复，自治区交通厅一、二阶段施工图设计批复，进行土地调规工作。

农村公路建设　农村公路通过整合资金，全年公路建设88.309公里，超额完成184%，实施公路养护任务222.3公里，超额完成170.6%。

推进续建项目。武川县C211酒馆至哈拉合少通村公路（大路耗至前窑子段）改造工程5.093公里、武川县耗赖山乡大沙岱至闫家沟公路工程10.510公里。

实施新建项目。2019年部分农村公路水毁修复工程5处，合计投资70.5万元。完成C204二份子至纳令河通村公路工程（二份子至蔺家圪卜段、小东沟至纳令河段）19.878公里；X018（原S104）西红胜至南湾通村公路工程1.524公里；大青山乡可镇至下南滩通村公路工程3.395公里；畅返不畅建设工程20.547公里；大前地至八股地（大前地至庙沟儿段）通村公路工程4.807公里；大前地至八股地（庙沟儿至八股地段）通村公路工程3.729公里；大前地至六犋牛通村公路工程1.429公里，各项总投资3390万元。

工程质量和民工保障　强化工程质量管理。采取定期与不定期相结合，固定与随机互配合，实体与资料同进度，以召开工程推进调度会为抓手，现场抽查、突击检查、实地督查为切入点，对新建续建项目以及公路部分水毁修复工程全程跟踪监管。对即将完工标段，要求各单位按要求整理内业检查资料、竣工结算资料、竣工图等，保障工程品质。要求各施工单位按月将农民工花名册、考勤表、工资发放表报农村公路办备案。按时上报统计信息。按月将工程进展情况、违规信息、扶贫整改情况等报送市交通局、县统计局、县纪委监委派驻纪检组。加强资金拨付管理。对各项目按照工程进度拨付工程款，采取资金拨付申请表形式，由监理单位、技术员、分管领导、主要领导层层审批。累计拨付工程款2970万元。

公路养护 第一是季度，组织人员机械清除路面积雪，累计撒盐5次，消耗盐18吨。分六批次购置使用沥青冷补料100余吨，修复省道311线坑槽36720平方米；使用沥青灌缝胶累计修补省道104、县道029、县道030，18700米裂缝；重设省道311武海线路面标线4862平方米；砂结石填筑坑槽4860平方米；更换信号灯和标志牌8块；更换省道104全线里程碑及百米桩。日常养护清理边沟343.5平方米，整修路肩611800平方米，清扫路面781800平方米，整修边坡5400平方米。

第二季度，组织人员机械，挑选优质料场，使用沙结石修复省道S311线道路破损严重无法使用沥青冷补料路段，使用台班24个，使用砂石料1600平方米。二次使用沥青冷补料14吨修补S311线坑槽，修复里程约12公里。更换省道101线里程碑22块、百米桩408根。

按照县委、县政府召开关于迎接活动筹备会议精神，投资约80万元，对可镇至后渠子、得胜沟、井尔沟、工业园区92公里公路所有坑槽、跳车、过水、病害，山区公路碎石滑坡阻道进行防治清除，保障公路畅通。

（办公室）

道路管理

运输管理分局领导名录

局　长：布仁仓（蒙古族）

副局长：张利俊

　　　　朱　竞

党建工作 年初呼和浩特市运输管理局武川分局制定学习计划和方案，采用自学为主、集中学习为辅形式，每周二、四安排半天为学习时间，组织全体党员和干部职工学习《中国共产党章程》《中国共产党纪律处分条例》《中国共产党支部工作条例（试行）》《中国共产党廉洁自律准则》《中华人民共和国道路运输条例》《道路运输旅客企业安全管理规定》和市局传达重要文件、精神。利用“学习强国”“智慧党建”等APP平台加强政治理论学习。根据市局党委印发《关于开展“不忘初心、牢记使命”主题教育的工作方案》文件精神，分局组织开展“不忘初心、牢记使命”主题教育活动，制定工作方案和学习计划。组织各类学习52次，要求每位党员、干部职工做好学习笔记。

在建党98周年之际，分局党支部组织全体党员参观大青山抗日革命根据地纪念馆、郝区政府革命遗址等，瞻仰革命烈士、重温入党誓词，缅怀革命先烈。

执法队伍 分局成立内部监督检查小组，由分局领导领队，建立督查制度，对单位内部职工进行随时抽查。提高职工工作作风。严明执法风纪，强化服务意识，提高工作效率。

扶贫济困 按照县政府2019年帮扶单位划分，分局对口帮扶西乌兰不浪镇什八台村。分局支部领导班子与当地村委会进行对接，了解什八台村基本情况、贫困户数、致贫原因等信息，制定帮扶措施。分局组织干部职工到帮扶村进行环境卫生清理，对帮扶村53名贫困党员和群众发放价值4500元慰问品，巩固脱贫攻坚工作，提高帮扶村群众满意度。

春节前，分局党支部走访慰问4户客运、公交、出租行业贫困人员，慰问市交通运输局派驻耗赖山乡大沙岱村、市运输管理局派驻哈乐镇厂汉脑包村驻村工作队队员，送去大米、白面、食用油。

志愿者服务 2019年春运期间，分局党支部组织4名党员干部、职工联合汽车站6名工作人员组成志愿者服务队，在呼和浩特运输集团武川汽车站和平安利达运输公司武川汽车站开展“幸福启程·温暖回家”主题志愿者服务活动。

党风廉政 制定2019年分局党风廉政建设工作方案，按照工作方案开展相关工作，落实责任。与分局每名干部职工签订2019年党风廉政建设目标责任书，加强对职工党风廉政教育。组织全体干部职工观看警示教育片2次，参观廉政教育基地1次。

“爱心送考” 高考期间，分局提前谋划，组织第六届“爱心送考”活动，义务接送高考学生。44台公交车和32台出租车按照区域划分成立9个小组，免费接送考生629人次。

扫黑除恶 开展扫黑除恶专项斗争工作。分局组织市场办工作人员，开展摸排涉黑涉恶线索，向行业内发放调查问卷297份，协调2个客运站和公交公司在客运站和公交车LED显示屏滚动播放扫黑除恶专项斗争宣传标语，组织工作人员发放扫黑除恶专项斗争宣传手册672份，在单位外墙悬挂扫黑除恶专项斗争宣传条幅2幅，辖区企业悬挂扫黑除恶专项斗争宣传条幅6幅。分局工作人员同县扫黑办联系，查漏补缺，完善档案材料。分局组织召开专题会议、签订承诺书、发放宣传手册、重点岗位谈心谈话形式，落实“周研判、月调度、季通报”制度，按要求整改问题，上报整改方案和整改报告。

业务工作 至2019年10月，新办普货运输公司7家，单车经营许可受理72户，受理新增货车160辆，受理网上从业资格报名17人，机动车维修企业备案业户57家。

按照市局客运科要求，完成武川县辖区内乡镇和建制村通客车电子台账录入工作和2018年度城乡道路客运燃油消耗信息申报工作，完成交通运输企业基本名录库基本信息录入工作，完成辖区内乡镇和建制村电召出租车电子、纸质档案录入和公示工作，完成2019年全国道路货物运输量辖区内专项调查。完成2018年度辖区内客运站、出租公司、普货运输公司、质量信誉考核工作。

分局按要求进行盟市际辆班车初审工作，对普货车辆进行2019年度审验，年审普货车辆671台。

至2019年10月，参加道路运输从业人员继续教育培训合格人员666人次。

对44辆公交车、7辆农村客运班车发放燃油补贴，客运出租125辆，发放燃油补贴117辆。

道路运输安全 按照分局制定2019年安全生产监督检查计划，完善对道路运输企业监管“双随机、一公开”工作机制，发现问题隐患通报警示企业，推进行业安全生产诚信体系建设，开展道路运输企业主要负责人和安全生产管理人员安全考核。分局对道路运输企业开展安全生产监督检查19次，检查企业19户，出动执法检查人员76人次，下达整改通知13份。在重大节假日到客运站、危货运输公司进行节前安全生产大检查，排除安全生产隐患。

开展道路运输市场专项整治行动。分局制定工作方案，成立组织机构，明确整治内容和要求，推进各项整治工作。对出租车市场进行专项整治，开展打击“黑”车行动。至2019年10月，查处道路运输各类违法经营行为18例，开具处罚文书18份。

“村村通”农村客运成立运顺城乡公交公司，进行实地线路考察和农村客运市场调研。在县人大、政协、政府和县交通局举行论证和推进工作会议。向县政府、县交通局上报《武川县落实“村村通”推进城乡公交化改造实施方案》。

（办公室）

公路管理

武川公路管理工区领导名录

支部书记：胡鹏飞

副 主 任：张月科

　　　　　孙利军

概况　武川公路管理工区是呼和浩特市公路管理局直属二级单位，位于可镇金三角开发区省道104线K68+600处。工区设4个股室、5个道班、1个作业组。

公路养护任务　2019年，养护公路完成优良路率97.2%，机械完好率87.9%，机械利用率82.1%。

日常养护工作量完成情况：人工扫路19836960平方米，机械扫路55.25万平方米，冷沥青拌合料补坑槽1519平方米，热沥青补坑槽1740平方米，清扫桥面3825120平方米，撒融雪剂2883.2万平方米，清理积雪4030平方米，清理边沟37316平方米，灌缝43365延长米，疏通泄水孔3960个，整修边坡63960平方米，整修路肩9540平方米，路肩铲草15390平方米，波形护栏修复2040米。

绿化完成情况：补植云杉124株，补植丁香2200株，美化花池688平方米，砍伐枯死树430株。

隧道整治：对G209线大青山一号隧道入口处加设桥隧连接新型钢护栏55延长米，在二号和三号隧道入口增设防护翼墙24延长米，拆除更换为加强型护栏136米，对隧道更换示宽标120个，修复轮廓标60个，更换防火板49平方米，洞口装饰修复3平方米，洞口装饰填缝修补126延长米，描字35个，更换隧道消防供水水泵1台。

夏季防汛、冬季除雪工作：修复水毁路基路面90米，桥梁沙袋防护2处计196米，桥梁出水口跌水修复81立方米。冬季公路防滑、除雪应急物资使用石屑防滑料380立方米，融雪剂180.8吨。

公路应急管理情况：储备编织袋1万条，路用锥桶100个，防滑料380立方米，融雪剂180.8吨。隧道火灾应急演练1次，防汛抢险应急演练1次。

财务管理　保障公路养护工作正常运行，武川工区严格执行国家财经和会计法规制度，按预算使用公路养护经费，全年拨入公路养护经费1611.5万元，支出1204.3万元。

党建工作　落实党建工作责任制，强化基层党组织思想建设、制度建设、组织建设、纪律建设、政治建设、作风建设，按照市公路管理局党委党建工作总体要求，制定2019年武川工区党支部工作目标。落实“三会一课”制度。全年组织党员干部集中学习12次；组织党日活动12次；组织开展“不忘初心、牢记使命”主题教育活动；落实发展党员工作计划，1名预备党员转正。

开展扫黑除恶专项斗争。落实市公路管理局、武川县政府脱贫攻坚任务。对退休党员和困难职工进行节日慰问，春节前慰问退休党员职工3名。2019年，武川公路管理工区获市交通运输局表彰优秀共产党员1名，获市公路管理局表彰优秀共产党员4名。

（胡鹏飞）

路政执法

路政执法监察武川支队领导名录

支部书记：张　福

大 队 长：宋利君

概况　呼和浩特市路政执法监察支队四大队是呼和浩特市路政执法监察支队派驻武川县直属大队（管理可可以力更治超检测站）。内设3个中队。归呼和浩特市交通运输局管辖。

党风廉政　年初制定廉政工作制度，完善监督体系，加强治超廉政建设工作，提高执法人员素质，定期组织执法人员进行廉政学习。严禁无法定依据执法或者滥用职权、超越职权执法；严禁利用职务便利索取、收受他人财物或者谋取私利；有效杜绝“吃、拿、卡、要”等现象。大队与每位队员签订廉洁自律责任状。每月召开一次例会，开展廉政风险自查自纠，互查互纠，排查岗位廉政风险漏洞，建立良好廉政防控机制。开展廉政警示教育，树立依法行政理念；依照程序办事，做到公开、透明、公正。加强人民群众监督，畅通沟通渠道，杜绝腐败案件发生。

超限运输车辆治理 2019年，根据支队治超工作会议精神，大队按照治理超限超载工作流程，24小时不间断检测。对检测认定超限货运车辆，采取卸载、分车转运等措施消除违法行为。至12月，共检查货运车347961辆，查处超限车辆68辆，转载货物2375吨，交警扣分133分，罚款6.6万元。针对省道104线k92—k114路段拉运铁粉车辆超限超载严重，致使该路段公路损坏严重，大队到货运源头单位石宝铁矿各选厂进行宣传、发放告知书，要求厂矿负责人作出承诺，不允许超限超载车辆驶出矿区。并派专人采取流动治超，通过为期10天的整治，违法行为得到有效遏制。

公路巡查 大队备勤人员按巡查计划进行公路巡查，遵守巡查制度，坚持勤巡查、抓重点、管难点，以预防为主、防治结合手段，做好公路巡查工作，与养护部门加强联动协作，共同维护路产路权。进入汛期，大队加大对所辖公路巡查力度，汛前根据大队防汛实施方案对易发生险情、水毁路段进行重点排查，发现隐患及时排除并报送养护部门，确保汛期所辖公路安全畅通。

环境治理 以治理“乱建、乱占、乱堆、乱接”为重点整治内容，突出治理占路为市、违章建筑、堆物作业、非公路标志标牌等现象，公路沿线宅路分家、无集市贸易、无摆摊设点，公路建控区内无新违章建筑、无堆物作业。以省道104线、省道311线路段作为工作重点，调集精干力量、重点突破，实现“畅洁绿美安”公路路域环境建设。

重点治理穿村路段、平交道口、路边店、加油站和公路沿线砂场。禁止占用公路摆摊设点，重点治理在公路打场晒粮现象。加强公路沿线非公路标志牌清理工作，清除非公路标志牌17块。

对涉路工程严格行政许可审批管理。加强行政许可事后监督检查。对非公路标志过多过乱路段进行清理、规范，符合公路规划标准要求公益性广告，经公路管理部门许可并办理相关手续。

至12月，大队共收取损坏、占用公路各类赔补偿费21.79万元。

（张　福）

中国联通

领导名录

总经理（党支部书记）：高巧云（女）

副总经理：邵丕斌

孙宏利（纪检委员）

组织机构 2019年，中国联合网络通信有限公司武川县公司内设市场线(影视西街营业厅、集团客户中心、哈乐支局、上秃亥支局、乌兰不浪支局、渠道网格、驻地网一网格、驻地网二网格、驻地网三网格），运维线（设备维护基层责任单元、客户响应基层责任单元、线路维护基层责任单元），综合线（综合支撑、运维支撑、市场支撑）。

信息扶贫 分公司响应县委、县政府号召，推进“村村通工程”“精准扶贫”，推进经济和社会信息化，助力社会主义新农村建设，参与公益事业，让弱势群体平等享受新型信息通信技术便利。参与城市乡镇“雪亮工程”监控系统建设规划，完成西乌兰不浪镇33个城市监控摄像头安装工程，成为“雪亮工程”示范点。为耗赖山乡开通11个监控点，32个监控摄像头。

工作业绩 2019年8月，分公司荣获呼和浩特市分公司2019年智慧家庭工程师技能赛三等奖；11月，分公司获呼和浩特市分公司“庆祝建国70周年职工文艺会演”优秀奖。

业务范围及项目 分公司主要经营GSM、WCDMA和LTE FDD制式移动网络业务、固定通信业务；县内通信设施服务业务；县内各大企业专线业务、数据通信业务、网络接入业务和各类电信增值业务；ICT业务、云计算、大数据、物联网等新业务；中国联通在政务、教育、医卫、生态环境、旅游、工业互联网等行业构筑创新产品，打造云网一体化行业解决方案，带动云、网业务增长，加快“云＋智慧网络＋智慧应用”政企新融合营销模式转型，面向政企用户提供云网一体化、智能化网络服务。

设备设施 分公司在县内设立18个接入网机房，分别分布在可镇影视西街、工业园开发区、金三角开发区、大豆铺村、哈乐镇、耗赖山村、庙沟村、哈拉哈少村、西红山村、哈拉门独村、西乌兰不浪村、东土城村、庙渠子村、厂汗木台村、天力木兔村、哈彦忽洞村、中后河村、上秃亥村、东红胜村、二份子村、纳令沟村、二道洼村、东腮吾素二队村、腮忽洞村。

分公司在县境内投资建设光缆2180公里，覆盖可镇镇内及93个行政村，自然村覆盖率达到51.6%。

装机容量、各类基站数量。县境内共计投资建设固网宽带端口数45800个；建设2G基站90个、3G基站130个、4G基站92个，镇内及93个行政村全部覆盖，自然村覆盖率达到79.6%。

公益事业 分公司党支部组织党员干部及入党积极分子到大路二号义务植树纪念林基地开展“纯净武川县，增绿我先行”义务植树主题党日活动。

分公司党支部与工会联合举办“不忘初心奋斗路，牢记使命再出发”庆祝新中国成立70周年全员教育活动。

提升服务 分公司开展携号转网前期网络质量整改，完成贝尔改华为一级分光用户1088户，提升宽带用户带宽；完成退网提速改造审计局、机要局、中石油8个加油站，完成新开10条政务网专线；增强网络覆盖，自主安装完成数据OLT 1台，自主施工完成40个乡镇短延工程，增加新增通信能力301户；提升联通创新业务，开通2个红色旅游智慧酒店125户；加强重保期间电源稳定性，完成电源隐患整改2处。基站电池设备自主安装2套，提升基站续航。核心接入网机房更换3套电池。

（办公室）

金　融

人民银行

领导名录

行　长、党组书记：罗利敏

副行长、党组成员：李文君

纪检组组长、党组成员：托　雅（女，蒙古族）

概况　人民银行武川县支行内设综合业务部、综合办公室、金融管理部、纪检监察室。

执行中国人民银行货币信贷政策、防范化解金融风险，维护地区金融稳定、承担辖内资金结算、经理国库、人民币流通管理、账户管理、反洗钱管理、调查统计、征信业务管理、金融消费权益保护等职责。隶属人民银行呼和浩特中心支行。

党建、党风廉政建设　人民银行武川县支行党组落实上级行党委、纪委要求，围绕全行工作中心，推进全面从严治党、从严治行向纵深发展。

支行党组继续开展“党支部建设质量提升活动”，持续“两学一做”学习教育常态化制度化，坚持“党政军民学、东西南北中，党是领导一切的”总要求，深刻学习领会习近平新时代中国特色社会主义思想深刻内涵，丰富学习载体，提升学习效果，提高政治站位。积极做好党员发展工作，深化党团关系，通过开展“青春心向党 奋斗在央行”“缅怀革命先烈 重温入党誓词”等主题党日活动，突出组织优势，激发支部活力。执行“三会一课”、组织生活会、民主评议党员等基本制度。开展“不忘初心、牢记使命”主题教育。支行党组落实党中央、总分行和中心支行党委部署要求，围绕“守初心、担使命，找差距、抓落实”总要求，加强组织领导，周密安排部署。主题教育活动期间召开全体党员大会13次、党支部委员会6次、党组中心组集中学习5次，累计学习时间5天，支部集中学习14次，累计学习时间7天，党组成员、支部委员专题党课5次，党组书记集中轮训1次，应知应会知识测试2次，编写工作简报19期。

年初，逐级签订党风廉政责任书，支行明确落实“两个责任”保障措施，逐级签订党风廉政责任书。按季度召开党组会专题研究党风廉政建设工作。加强党风廉政学习和警示教育双向宣传，组织参观内蒙纪委监委警示教育基地、观看《叩问初心》警示教育片等，按季度参加总行派驻纪检组召开监督执纪问责情况通报会，开展扶贫领域腐败和作风问题专项治理，制定《武川县支行关于形式主义官僚主义突出问题专项整治实施方案》，组织6名帮扶干部学习相关政策和纪律要求，进行扶贫作风建设提醒谈话，执行干部职工“八小时以外”监督提醒谈话制度。

2019年，支行向呼和浩特中心支行、地方党政报送各类信息调研63篇，《央行后勤》采取1篇，《内蒙古金融研究》采用1篇，中心支行各业务处室采用12篇。

金融管理 至2019年12月末，全县金融机构各项存款余额60.69亿元，同比减少0.61亿元，降幅为0.99%。至12月末，全县金融机构各项贷款余额51.74亿元，同比增加0.42亿元，增幅为0.81%。

指导辖内信用联社、立农村镇银行2家法人机构做好信贷投放工作，全年按照贷款增量同比多增原则，把控好信贷投放节奏。至12月末，两家法人机构分别完成1.26亿元和0.71亿元，支持地方实体经济发展。

加强流动性管理监测，预防流动性风险发生。5月末包商银行被接管后，强化对地方法人机构流动性监测工作，做好突发情况应急预案。

2019年8月17日，中国人民银行发布公告决定改革完善贷款市场报价利率（LPR）形成机制，武川县支行按照中心支行决策部署开展工作，强化政策传导，要求法人金融机构按照时间进度完成LPR推广使用工作。12月末，武川联社各项贷款加权平均利率8.9%，较年初下降0.59个百分点；武川立农村镇银行各项贷款加权平均利率11.21%，较年初下降0.67个百分点，辖区法人机构整体利率水平保持稳定。

加强存款准备金管理工作，加大执法力度。2019年三次调整武川两家法人机构存款准备金率，支持引导法人机构将释放存款准备金优先支持民营及小微企业贷款。

针对“大企业贷款无需求，零散户贷款需求迫切”特点，武川县支行召开活体牲畜抵押贷款推进会2次，引导法人机构创新活体牲畜抵押贷款发放新模式。至12月末，累计发放活体牲畜抵押贷款140万元。

强化金融风险监测与管理水平。完善地区金融稳定协调机制，加大金融风险事件和风险隐患排查力度。加强对《存款保险条例》宣传，强化存款保险系统数据录入及时性、准确性，确保保费交存准确性，配合上级部门做好机构评级工作，按时完成两家地方法人机构2次保费缴纳工作。

精准扶贫 开展金融扶贫和支持乡村振兴工作。强化政策宣传，加大指导力度。9月，联合县金融办、信用联社举办2019年扶贫小额信贷知识专题培训会。至12月末，全县总计5家金融机构开办扶贫小额信贷项目，贷款余额2565.98万元，较年初增加1181.43万元；扶贫小额信贷投放户数579户。

支行派出6名干部继续对贫困户进行帮扶，2019年支行节约经费1.2万元，用于帮扶对象购买生产、生活资料及水利配套设施。

金融服务 完善金融统计和研究工作。掌握法人机构业务情况，确保统计数据全面、真实、准确。

健全消保工作机制，推动普惠金融发展。组织开展“3·15”金融消费者权益日、守住“钱袋子”、“6·14”信用记录关爱日、“9月金融知识普及月”等宣传活动，联合乌兰牧骑开展金融知识进集市、进社区活动，宣传地方金融知识。2019年，支行组织开展宣传活动5次，累计时间9.5小时，280余人参与，发放宣传资料8000余份，受众人数1.6万余人。制作法律消保微视频3篇并参加全区评选活动。通过卡通动画形式，向群众讲授识假币、反洗钱、非法金融广告等金融知识，3篇微视频在全区作品评选中获三等奖。以“金惠工程”为契机，全面构建金融知识志愿宣传长效机制，向县域金融机构招募志愿者40人，集中培训6次，主要面向村支书、村主任、驻村工作队队长等乡村干部，扩大宣传受众人群，以点带面、以面成片，多方位提高各类人群金融素养。

履行经理国库职责。守住国库资金和业务系统运行安全“两条底线”，及时准确办理预算资金收支，实现核算无差错，确保国库资金绝对安全。至12月末，预算收入76268笔，金额235155.57万元；预算支出7509笔，金额243200.39万元；退库业务316笔，金额2960.82万元，更正调库业务124笔，金额5166.31万元。国库直接拨付涉农、补贴等政府性补助资金业务纳入横联。至12月末，全县签约纳税人2613户，比上年同期增长18.24%，全县通过TIPS办理联网缴税业务62533笔，金额62858.65万元。

审核各类开户资料完整性、合规性，规范银行账户开立和使用。2019年，开立账户534户，其中基本账户441户、专用账户27户、一般账户62户、临时账户4户。

做好假币收缴工作，与各金融机构沟通，规范假币收缴操作流程、假币实物保管上缴等工作，全年收缴假币236张，金额合计21085元。

加强征信系统管理。严把企业、个人信用报告查询关，确保金融信用信息基础数据库安全，至12月末，共查询个人信用报告10170次、企业信用报告59次 。

干部队伍建设　开展“基础工作提升年”活动。将“基础工作提升年”活动与推进“两学一做”学习教育常态化制度化，巩固支行“基层党建夯实年”“制度执行规范年”“基础业务提升年”主题活动成果和上一年度“基础工作规范年”活动成果相结合，提高基础工作管理各个环节，提升基础工作制度化、规范化。

重视文明单位创建。以“扎实推进、筑牢基础”为创建主题，开展以树立正确的世界观、人生观和价值观，践行央行精神和岗位工作理念为核心的社会主义核心价值观教育活动，引导党员干部在本职岗位上建功立业。在元旦、春节、三八妇女节、五四青年节等重要节日活动中，通过读书会、实地参观、座谈讨论等多种形式开展“青春心向党 奋斗在央行”“感恩有你 父爱如山”“追忆峥嵘岁月 争当时代先锋”等活动，丰富干部职工文化生活，提升干部职工综合素质和工作热情。

落实保密工作领导责任制和涉密人员岗位责任制，加大对保密法规及保密形势宣教力度。规范干部职工因私出国（境）管理工作，执行请示报告制度，履行登记备案、审核审批程序，做好证件管理和执纪问责。

（马丽丽）

内蒙古银行

领导名录

支行长：冯俊林

副行长：郭瑞波（任至2019年9月）

范浩青（2019年9月任职 ）

概况　2019年，内蒙古银行武川支行落实总、分行各项工作部署，零售转型，加大市场营销力度，加强基础管理，调整经营策略，推进经营机制改革。由传统填单到无纸化办公；由分段式营销到内外联动；由产品导向转为客户导向。

党政工作　2019年，加强“正风肃纪”教育，明确“向我看齐”意识，增强党的观念和党员意识，加强思想、组织、作风和制度建设，发挥党建工作在业务经营与发展中指导促进作用。

根据总、分行两级党委总体目标和要求，提升基层党员干部党性修养，发挥基层党支部战斗堡垒作用。组织党员干部参观井尔沟大青山革命烈士陵园，强化党员干部“不忘初心、牢记使命”信念。

坚持“两会一课”制度。党支部定期召开民主生活会，组织开展集中学习研讨《关于认真学习贯彻习近平总书记在中央政治局第十五次集体学习时重要讲话精神的通知》文件精神。

基层服务 响应网点转型总体要求，通过网点布局改革，支行实现“线上服务，线下综合营销，机动服务，双线协同发展”。在厅堂东侧设立娱乐区，提供象棋活动场地，为客户营造贴心环境；在客户等候区设立“读书吧”，缓解客户因等候产生急躁情绪；在饮水区摆放糖果、充饥点心及咖啡，通过饮食舒缓客户生活压力。设立员工风采展示墙，意在提升团队融合力、团结力。

2019年，申报银行业协会优质文明单位。组织参选呼和浩特市金融机构、金融工匠展示活动。

普惠金融 2019年8月，受邀参加内蒙古燕谷坊生态农业发展（集团）有限公司第七届武川（国际）燕麦文化节开幕。促进内蒙古银行呼市分行与企业战略合作达成战略合作框架协议。9月，支行参加武川县第二届“中国农民丰收节”暨2019燕谷坊第五届丰收节。通过参与县域内各项活动，拓展内蒙古银行影响力，推进县域经济“三农三牧”、小微企业金融政策支持。

金融扶贫 支行与上秃亥乡蒙独脑包村结成帮扶试点村，定期进村入户捐赠米、面、油、日用品等物资，帮助贫困农户销售土豆等农产品。

与县扶贫办达成合作协定，双方为改善县域现有贫困户情况，共同开展“金融扶贫工程”。以1：10比例为建档立卡贫困户发放金融扶贫贷款。

风险防控 支行培育引导员工理解和掌握风险意识，熟悉自身岗位工作职责要求，让内控成为每位员工自觉行动，定期进行全员思想行为排查工作。及时发现问题和风险，保障各项业务顺利发展。

（张慧婷）

商贸物流

供销合作

供销合作社联合社领导名录

主　任：董　成

副主任：张新民

　　　　孟苏平

经济指标　2019年，完成计划商品购销额61404万元；完成农副产品购销总额6100万元；完成化肥供应量3.6万吨；完成农地膜供应量300吨；完成农药供应量2吨。

项目建设　完成一季度"一社一卡"管理系统信息填报工作。创办农民专业合作社联合社1个，创办领办农民合作社5家。组织培训农村合作经济组织负责人及新型职业农民260人。报送工作信息8篇，其中中华全国供销合作总社刊登2篇、自治区供销合作社联合社刊登1篇。

综合改革　2019年，按照县政府印发《武川县供销合作社联合社综合改革实施方案》要求，在推进农业供给侧结构性改革新形势下，稳妥推进综合改革，推进供销社电子商务发展、基层供销社新建改造提升、为农服务平台建设，因地制宜，助力全县农村产业结构调整、农民增收致富。

脱贫攻坚　制定《畅通农畜产品销售渠道、深入推进消费扶贫工作实施方案》。畅通农畜产品销售渠道，助力脱贫攻坚。完善《关于助力全县乡村振兴战略的实施方案》《关于畅通农畜产品销售渠道、深入推进消费扶贫工作实施方案》，服务乡村振兴工作。开展"2019年世园会北京市扶贫协作地区—武川县"成果展及特色产品展销工作。供销社组织县域8家农企单位参加"世博会北京扶贫馆"展销活动。推介武川特色农产品、创意农业、乡村旅游、红色旅游等，打造"内蒙古武川"品牌影响力。在"活动日""活动周"期间，供销社及6家企业与北京市消费扶贫双创中心签订合作协议。

10月，供销社组织14家有扶贫带动作用并与贫困户建立利益联结机制龙头企业，参加"不忘初心、牢记使命"北京市门头沟区2019年国家扶贫日活动，参展农产品种类40余种。完善"企业+农民"合作机制，解决农民"买难卖难"问题，推动武川乡村振兴，助力消费扶贫。

开展七一主题党日活动。2019年7月，开展"不忘初心、牢记使命"暨"党建+扶贫"专题活动，机关全体党员与村支部进行座谈，为

2个帮扶村发放电饭煲60个。

基层服务 2019年，全县9个乡镇基层供销合作社全覆盖。促进农产品、日用消费品、农资销售，拉动农村消费，带动农民增收致富，服务乡村振兴工作。乌兰不浪镇、可镇基层社畅通农产品销售渠道，收储瓜子23500余吨、土豆28000余吨；乌兰不浪、可镇、耗赖山基层社开展“农资淡储”工作，与内蒙古农资公司等企业联合合作，意向达成农资5万余吨。

“爱心超市”供销社在上秃亥乡白泥壕村投资4000元组建“爱心超市”，购置部分商品、提供相关设施设备，帮助村支“两委”发展集体经济，带动贫困户增收致富。

示范带动供销社围绕原领办创办4家农民专业合作社为基础，增加2家农民专业合作社，以“电商中心＋农合联＋农合社＋基地＋农户”发展模式，与北京中合金诺认证中心开展合作，进行燕麦、土豆、小麦、蔬菜、山茶、沙棘、肉羊等农畜产品绿色、有机认证工作，实施农业标准化生产、品牌化经营。结合精准扶贫工作，按照“供销社＋农合社＋贫困户”模式，倡导使用有机肥，无偿提供产前、产中、产后服务，促进农业现代化建设，在农业供给侧结构性改革中探索绿色有机、生态环保、品牌兴县、产业扶贫、抱团闯市场发展新路。

培训工作 2019年3月，组织78名返乡大学生、大学生村官、退伍军人、农民经纪人、农合社法人、精准扶贫对象、涉农企业负责人等开展有关电子商务政策、理论、运营、实际操作等方面培训。农资企业及基层社工作人员深入田间地头开展测土施肥、农技推广、信息宣传培训农民200余人次。

“不忘初心、牢记使命”主题教育 落实上级主题教育工作方案精神，党支部组织机关党员干部召开主题教育动员会，印发《中共武川县供销合作社联合社支部委员会“不忘初心、牢记使命”主题教育工作安排》，成立工作领导小组。组织党员干部学习《习近平关于“不忘初心、牢记使命”重要论述选编》《习近平新时代中国特色社会主义思想学习纲要》《中华共产党党章》《关于新形势下党内政治生活的若干准则》《中国共产党纪律处分条例》等书目，习近平总书记在中央和国家机关党的建设工作会议上重要讲话、在中央政治局第十五次集体学习时重要讲话、考察调研内蒙古等重要讲话。先后组织2次集中研讨交流，班子成员按要求撰写研讨材料。撰写实地调研报告3份。党支部通过召开座谈会、下发征求意见函、设置征求意见箱、赴基层调研座谈、“开门纳谏”等方式，广泛征集干部群众及服务对象对改进作风、改进工作意见建议。收到征求意见表15份、“开门纳谏”2条，整理归纳出存在问题8个，列出问题清单，对照检查问题逐项落实整改。

（闫国军）

农牧林水

农牧业

农牧业局领导名录

局　　长：李东华

副 局 长：秦国墙

贾拴虎

张　雄

张树成

总畜牧师：王永平

总农艺师：聂向荣

重点项目马铃薯产业。建立马铃薯原种基地5个1.5万亩，建立商品薯生产基地100个30万亩，微型薯生产基地1万亩，脱毒苗生产基地1处，全县马铃薯总播面积56.6万亩，总产量11.1万吨（折粮）。

肉羊、肉牛产业。2019年，新建肉羊生态家庭牧场20个，标准化养殖场50个；发展肉牛标准化养殖场（户）10个。

有羊人工授精站12处，完成羊改良配种63.8万只，建设牛冷配站2处，完成肉牛人工授精1800头。

燕麦、荞麦产业。依托西贝、燕谷坊公司、新农泰华公司发展订单农业，燕谷坊发展绿色燕麦种植示范基地2万亩，签订订单燕麦6.7万亩，西贝公司签订订单燕麦8万亩，新农泰华签订订单燕麦1.8万亩，辐射带动全县农户种植燕麦26万亩。依托内蒙古北上贸易公司，以得胜沟乡、哈拉合少乡、二份子乡山区村为重点，种植荞麦示范区6.5万亩。

中药材产业。以通用公司和阴山药材专业合作社为龙头，以得胜沟和哈拉合少乡、西乌兰不浪镇为种植中心，扩大中药材种植规模。种植中药材3万亩。主要品种有黄芩、黄芪、甘草、板蓝根等10余个品种。中蒙药材种植示范园区在得胜沟乡种植中药材3400亩。

特色优势产业。“武川食用菌”“武川莜面”2个产业多个产品组织申报名特优新产品确认；百灵面粉、万禾利生种植合作社、圣丰农产品专业合作社3家合作社申报绿色食品；“武川莜麦”“武川荞麦”“武川土豆”“武川黄芪”申报农产品地理标志。全县已认证8家企业9个“三品一标”农畜产品录入国家农产品质量安全追溯管理信息平台。

推荐武川县禾川绿色食品有限责任公司、武

川县蒙歌来食品有限责任公司、内蒙古燕谷坊生态农业发展（集团）有限公司3家企业，被认定为自治区农牧业产业化龙头企业。新申报市级龙头企业2家（内蒙古蒙瑞兴粮油贸易有限责任公司、内蒙古昊锦勃农牧有限责任公司）。新增家庭农牧场40家，累计121家。申报农民专业合作社示范社7家，示范家庭农牧场13家。培育新型职业农民380人。

建成乡村振兴战略试点示范村建设5个。

农村牧区人居环境整治“十县百乡千村”示范。在二份子乡完成2处旱厕改造。畜禽粪污资源化利用整县推进项目在70个村委会（含示范村、示范镇）建设防雨防渗粪污池70个，在29个规模化养殖场建设防雨防渗粪污堆肥集中处理粪污池29个。畜禽粪污资源化规模场粪污处理设施配套率90%，资源化利用率80%，农作物秸秆综合利用率85%以上。

在上秃亥乡黑脑包村开展残膜回收示范项目1个，开展200亩玉米全膜双垄沟播技术，全部使用国标0.01毫米地膜。由种植户负责耕地中残留地膜收集，企业回收地膜后，按照回收数量给予再利用补贴。

在耗赖山乡建设高标准农田1万亩，农业高效农田节水1.5万亩，耕地质量提升与化肥减量，取土化验216个，耕地质量提升与化肥减量田间肥料试验10个，耕地质量提升与化肥减量肥料利用率试验马铃薯2个，耕地质量提升与化肥减量施肥指标试验马铃薯2个。

建设国家级地膜原位检测点15个（市本级3个），每个检测点以1平方米回字坑为样，在覆膜前、揭膜后开展取样工作，共取150个地膜样本。

化肥使用量负增长，同比上年减少2%。农药使用量负增长，同比上年减少2.2%。

农牧业生产标准化。建成优然牧业标准化奶牛养殖场1个，存栏奶牛3636头，日均产奶量66吨；万禾利生合作社在西乌兰不浪后古营村建成肉牛标准化养殖场1处，肉牛饲养量0.035万头；上秃亥乡蒙羊源合作社建成存栏2000只肉羊规模场1处；内蒙古草原乌骨羊生物科技有限公司建成存栏3000只乌骨羊养殖场1处；丰美养殖专业合作社在可镇建成3500只肉羊规模养殖场1处；康泰养殖场在可镇建成生猪标准化规模养殖场1处，生猪饲养量0.058万头；在上秃亥乡建成优然牧业数字牧场1处。完成马铃薯、燕麦、小麦作物标准化生产任务43万亩，标准化率68%，其中建设马铃薯绿色标准化生产核心示范基地1.5万亩，辐射带动10万亩。

市种子管理站提供新品种3个，县种子管理站与塞丰公司联合引进国内外马铃薯品种9个，与当地品种对照进行比较试验，选出更适合武川自然条件马铃薯新品种。完成全膜覆盖双垄沟播技术2万亩。建成规模化农业生产科技示范园区1个；农牧业科技支撑行动计划建设长期稳定农业科技示范基地4个；特聘农技员5人；参加5天以上脱产培训的基层农技人员84人。

农业农村改革　指导全县93个行政村开展农村集体资产清理工作，完成全县清产核资工作，完成集体经济组织成员身份认定881个自然村。构建农村土地流转服务体系，建成县土地流转中心1个。农企利益联结机制比例84%，其中紧密型利益联结比例为54%，完善土地确权颁证后续工作，发证率96.8%。

土地流转　围绕“生态立县、绿色强县”建设和扶贫移民搬迁工作，开展土地流转工作。至2019年，全县累计流转土地113.8万亩，其中政府主导集中流转土地种植多年生牧草项目流转土地35.1万亩。

非洲猪瘟防控　2018年8月7日召开全国非洲猪瘟防控工作会议后，武川县召开不同层面会议16次，设立7个非洲猪瘟联防联控检查站，实行日报告制度和24小时领导带班和专人值班制度。累计消毒面积1003万平方米，使用消毒药物11.4吨（公路检查站使用4.9吨，养殖场等场所使用6.5吨)，累计排查各类重点场所、养殖场(户)43.8万场次，排查生猪47.1万头(平均每4天一轮)，累计排查64轮，未发现疑似非洲猪瘟病例。

产业扶贫 2019年，农牧业局127名干部职工包扶西乌兰不浪镇6个村委会345户贫困户695人，包扶人员每周入户3.5天，进行技术服务和帮扶。在纪念建党98周年之际，党组组织全局职工到帮扶结对村开展“不忘初心跟党走，牢记革命助三农”主题党日活动，为每户贫困户发放青年鸡5只，一般户发放酱油、醋各5升。

制定2019年产业扶贫实施方案，抽组技术骨干51名，市级科技特派员18名、基层防疫人员24名组建贫困人口产业技术指导员服务队，对全县93个村委会进行产业技术指导，对所指导村委会进行贫困人口入户摸底调查并帮助制定精准产业发展规划和进行全方位技术服务。

2019年，产业扶贫项目库入库种植业项目16项，资金投入2203万元，带动贫困人口844人；养殖项目17项，资金投入389万元，带动贫困人口2138人。

职能职责工作 2019年，固定资产累计完成0.6亿元。

动物疫病防治。按照防疫日程安排，春防期间共防畜241.39万头、只，其中牛口蹄疫三价苗预防1.85万头，密度100%；羊口蹄疫双价苗预防107万只，密度100%；猪口蹄疫预防1.18万口、猪瘟苗预防1.18万口、猪蓝耳病预防1.18万口，密度均达100%；羊三联预防45万只，羊痘预防38万只，小反刍兽疫46万头。防禽43万羽，其中禽流感预防21.5万羽，鸡新城疫预防21.5万羽，密度100%。大小畜驱虫密度90%以上，消毒面积1066万平方米，发放消毒药物11.3吨。

开展畜禽及产品检疫工作。完成定点屠宰、到点检疫牛羊27848头只，受检率100%；依法对畜禽饲养屠宰加工、贮存运输、市场营销等环节监督检查，检查各类场(点)265处次，出动人员720人次，出具产地检疫证明1085份，检疫畜禽90043只，开展面100%，动物及动物产品流通领域持证率、病害动物及其产品无害化处理率100%。屠宰环节共抽检“瘦肉精”3265头、只，未发现“瘦肉精”。

农机综合机械化。全县农机保有量346515千瓦。其中柴油发动机动力313097千瓦，电动机动力33418千瓦，拥有各类拖拉机17234台、套294705千瓦，排灌动力机械保有量1980台、套15049千瓦，其中水泵保有量为1633台、套。拥有联合收获机190台、套12962千瓦，农产品初加工动力机械保有量为1411/10719，农产品初加工作业机械保有量为2027台、套。全县机耕面积173万亩，机播面积181万亩，机收面积163万亩，全县农机化综合水平91%。有农机专业合作社6个。

科技试验示范项目 马铃薯全程机械化生产示范推广项目。2019年，在上秃亥乡西伙房村、可镇天力木兔村建设核心示范区2个，面积1000亩，由2个专业合作社承担，通过抽样调查采用全程机械化平均亩产3960公斤，较传统增产860公斤，增产明显。项目建设推广区3个，面积1万亩，示范推广主要由14个专业合作社和种植大户承担，通过调查采用全程机械化平均亩产3395公斤，较传统增产580公斤，示范区增产580万公斤，增收696万元。

内蒙古农业大学“北方农牧交错区耕地保育与地力提升关键技术研究示范”项目。项目在可镇前营子村、霍家沟村、上秃亥西伙房村建设核心示范区3个，实施面积莜麦1000亩，在可镇、上秃亥乡落实示范辐射区6个，辐射带动1万亩，莜麦田平均亩增产65公斤，总增产65万公斤，增加收入195万元。项目实施减少农田风蚀35%～65%，肥料利用率提高15%左右，土壤全量养分提高10%以上，微生物多样性指数提高0.2左右，作物平均增产8%～12%，节约成本15%以上。农田减少扬沙70%以上，减少水土流失量60%～80%。

内蒙古农业大学开展“农牧交错带生物多样性和多功能性综合实验平台”建设。农牧交错带生物多样性和多功能性综合实验平台（ABMF），由内蒙古农业大学草原与资源环境学院和武川县农牧机管理站、推广站共同创建，试验区设在可镇良种场和科技园区。该实验平台主要进行农牧交错带土地利用模式改变对草地和农田生态系统多功能性影响研究，共设置22种处理（9个重复），完成多种复合种植模式试验小区建设，配合内蒙古农业大学开展多项试验监测工作。

基层农技推广补助项目建设。2019年基层农技推广补助项目，在全县范围内确定50个科技示范种养殖专业合作社，其中种植示范专业合作社42个，养殖示范专业合作社8个，选配50名技术指导员，在可镇、上秃亥乡、耗赖山乡建成马铃薯、向日葵、燕麦等农业科技示范基地5000余亩，主推水肥一体化技术、新型肥料应用技术、病虫害综合绿色防治技术等。示范种植马铃薯平均亩产量3000公斤，莜麦平均亩产量130公斤，向日葵平均亩产200公斤，肉羊平均每只增重1.5公斤。

冷凉蔬菜示范基地建设。在耗赖山村建设冷凉蔬菜特色产业基地800亩，引入适种蔬菜品种10余种。在哈拉合少乡发展香椿，上秃亥乡发展西瓜、草莓特色种植，打造区域特色绿色食品有机蔬菜生产基地。

特色草莓示范基地建设。在可镇大兴昌村、三圣太村及上秃亥乡上秃亥村建立温室大棚四季草莓特色产业种植示范基地，示范温室30余栋，示范品种有蒙特瑞、波特拉、盛安德瑞斯、阿尔比、圣诞红、甘露、丹莓1号等。基地引入无土栽培、穴盘育苗、专用槽试种技术，开展立体观光采摘体验。

品种对比和肥料试验。在上秃亥乡黑脑包村进行玉米品种引进对比试验示范200亩；在耗赖山乡耗赖山村、上秃亥乡黑脑包村开展马铃薯肥料试验，由市土肥站提供技术指导，推广中心负责实施。主要包括马铃薯氮磷钾肥料利用率试验、马铃薯氮肥梯度试验、马铃薯新型肥料试验。

支农惠农项目 内蒙古自治区农牧业厅、财政厅下达武川县中央财政专项补贴资金500万元。按照“开放购机、先购后补、持据申请、简化办理”做法，2019年补贴各类农业机械320台套，受益农户304户，指标确认书320份，使用中央补贴资金499.56万元。

2019年政策性农业保险完成各类农作物承保面积110.3万亩，农户自交保费413万元。

农作物病、虫、草害防治 2019年，全县发生农作物病虫草鼠害223.31万亩次，其中虫害160.88万亩次，病害21.43万亩次，农田草害40万亩，鼠害1万亩。共防治171.22万亩次，其中防治虫害80.03万亩次、病害76.69万亩次，草害14万亩，次农田鼠害防治0.5万亩次。挽回粮食损失13993吨，挽回油料损失10500吨，挽回蔬菜损失1630吨。在大面积防治过程中，投入农药53吨，其中杀虫剂23吨，杀菌剂16.3吨，除草剂13吨，植物生长调节剂0.5吨，杀鼠剂0.2吨，投入药械8016台。

农牧业综合执法 组织各执法单位开展“3·15”打假维权宣传活动。抽组相关部门人员对全县经营种子、化肥、农药、兽药、饲料门市部和摊点进行联合检查，对无证经营和经营假劣产品、禁止使用产品违法行为给予相应处理。全年共立案8起，共中肥料5起，农药2起，种子案1起，共查处违规肥料40.2吨，未取得农药经营许可证农药195瓶、袋，涉案种子货值44340元，按照法律有关程序依法结案，结案率100%，涉嫌刑事案件1起，移送公安机关。

全年出动执法车辆110辆次，执法人员230人次，检查种子经营户45户，其中马铃薯种薯公司5家，玉米种子经营户4户，向日葵种子经营户36户。发放宣传资料6000余份。处理种子案件3起结案3起，处理种子纠纷案20余起。

开展农药经营许可证审查换发工作。加强农药市场监督管理，核发经营许可证30家。全年通过全国植物检疫计算机管理信息平台受理马铃薯产地检疫5014亩。

对全县17家兽药经营店进行定期检查，检查系统录入，购进凭证，严格执行GPS后监管，出动20车次70人次。所有兽药经营企业均已使用兽药二维码追溯系统。

扫黑除恶工作　按照全县关于扫黑除恶专项工作指示精神，召开全体干部职工扫黑除恶动员会，学习贯彻中央、自治区、市、县扫黑除恶专项斗争会议精神，成立领导小组，制定印发《武川县农牧业局加强扫黑除恶专项斗争宣传和摸排工作实施方案》《武川县农牧业局2019年扫黑除恶专项斗争攻坚方案》，局党组与所属20个二级单位负责人签订扫黑除恶打伞破网承诺书、开展扫黑除恶专项斗争责任书、武川县农牧业局扫黑除恶专项斗争承诺书，在全行业领域开展专项整治工作。通过发放宣传资料，张贴、悬挂宣传标语等方式进行宣传，悬挂宣传条幅8条，放置举报箱4个、举报电话4条，公开举报邮箱，发放《致居民群众的公开信》2000份以上，在办公大楼里设扫黑除恶宣传长廊。

每月月底将线索统计表、扫黑除恶进展情况、简报等上报县扫黑办。填写武川县农牧和科技局行业领域涉黑涉恶涉乱线索摸排登记表并上报。

（岳晓宏）

林　业

林业和草原局领导名录

局　　长：郭忠东

副 局 长：雷文华

　　　　　郝秀根

总工程师：王凤英（女）

概况　2019年3月，机构改革，原属农牧业局草原工作站和草原监理所划归林业局，林业局更名为林业和草原局。内设机构有综合办公室、造林绿化股、森林和草原资源管理股

国家林业工程　2019年，完成京津风沙源治理工程人工灌木造林2万亩；天保工程人工乔木造林3万亩；森林植被恢复项目1万亩；森林抚育3.5万亩；2010—2012年退耕还林项目，沙棘造林抚育3万亩。各项国家林业工程共12.5万亩。

完成京津风沙源治理二期工程围栏封育15万亩。

完成生物灾害防治（草原鼠害防治）8万亩。

生态建设　2019年9月3日，在呼和浩特市辖区内大青山北坡，启动“绿化青山 守护北疆”生态建设行动启动仪式。建设区域东起与集宁市卓资县交界处，西至与包头市固阳县交界处，跨度长110公里，平均宽19公里，涉及县境内哈乐镇、大青山乡、得胜沟乡、哈拉合少乡4个乡镇，内含3个内蒙古大青山国家级自然保护区管理站，区域总面积2090平方公里。为加快推进大青山北坡生态综合治理，打造山川秀美、绿色宜居首府，呼和浩特将从2019年至2025年，用7年时间，集中实施宜林荒山荒坡造林、沟壑河道综合治理、破坏山体恢复治理、生态资源保护修复、美丽乡村建设、森林质量精准提升、生态移民、强化“两防一禁”、绿色富民产业等重点内容，完成综合治理任务300万亩，推进大青山生态环境保护和修复，改善大青山自然生态环境，筑牢祖国北疆重要生态安全屏障。

在得胜沟红旅生态项目区完成造林6万亩。

城镇园林绿化　在可镇主要街道、公园、广场、单位庭院和重要节点种植各种草花26.8万株。对可可以力更公园2处损坏墙体进行修缮，新建膜结构2处。新建水景假山、县委广场、河心岛膜结构各1处，提升园林景观效果。

园区、园林建设　2019年，对燕谷坊园区、

西贝园区、体育训练基地、冰雪园实施绿化建设，栽植高3.5～4米云杉1157株，丁香5000株，马莲800平方米，景天3900平方米，爬山虎800株。

森林村镇完成1个自治区森林乡镇、10个森林村庄建设任务，实施绿化面积440亩。

义务植树 2019年4月，与呼和浩特市绿化委员会办公室对接，由驻呼和浩特大型企业、区、市机关、企事业单位实施呼和浩特市义务植树纪念林基地，在可镇三圣太村委会大路二号村举行启动仪式，市、县领导以及机关干部和参建单位600余人参加活动。栽植1.5米高云杉5000株，完成123亩义务植树基地建设。全县完成32万株全民义务植树任务。

扫黑除恶专项斗争 落实扫黑除恶专项斗争工作，成立专门领导小组，3个国营林场、森林公安局、城镇绿化办5个二级单位分别成立领导小组并设立5个办公室，负责各单位扫黑除恶工作。先后召开扫黑除恶专项斗争会议17次，制定《武川县林业局扫黑除恶专项斗争工作方案》《武川县林业局扫黑除恶线索排查及逐案筛查“保护伞”工作制度》《武川县林业局扫黑除恶专项斗争线索排查移交核查制度》《全县林业和草原行业乱象专项整治行动方案》《武川县林业和草原局关于中央扫黑除恶督导反馈问题清单整改方案》等相关方案与制度。与各二级单位签订武川县林业局扫黑除恶专项斗争责任状9份，在环节干部层面签订扫黑除恶“破网、打伞”承诺书34份。

在办公楼门前设立扫黑除恶举报信箱，在主要道路和林区自然村显眼位置悬挂条幅182条，设立固定标语8条，张贴通告75张，发放各类宣传单6500余张，召开林区偏远村落会议9次，并利用2块电子屏不间断播出扫黑除恶专项斗争宣传标语内容，邀请县纪委监委、宣传部负责人对全局干部职工开展警示教育大会1次。

对全县涉林区域发放登记扫黑除恶“涉伞涉网”问题线索摸排表129份、线索摸排登记表295份、重点领域线索摸排表40余份、呼和浩特市国家林业重点工程造林绿化和中央财政实施项目涉黑恶乱排查内容清单22份。配合市林草局深入矿山进行宣传和走访2次4个矿点。收到宣传部网信办舆情提示2份、公安局网络安全保卫大队互联网舆情动态2份均给予回复。森林公安、森防站联合行动对镇内4个木材加工与经销点进行执法检查。配合市林草局执法大队、森防站、种苗站对2个木材加工点和3个育苗地进行排查走访进行宣传。森林公安局在林区主要路口进行设卡9天检查过往车辆，同时发放宣传保护野生动物植及森林防火宣传等资料3000余份。林工站对3个基层乡镇林工站进行走访宣传。由县政府牵头配合相关部门对违建别墅进行调查摸排。

林业生态扶贫 2019年，从建档立卡贫困人口中聘用护林员48人，工资19200元/人·年，防火员140人，工资3000元/人·年，通过为贫困人口提供护林岗位，增加贫困户收入。

安排公益林办、退耕办落实公益林生态效益补偿和退耕还林补贴资金发放，增加贫困户收入。

在哈乐镇卜圪素村委会实施造林补贴项目3500亩，每亩投资200元。

组织帮扶干部进村入户了解帮扶对象脱贫后生活状况，协助村委会完善贫困户档案信息，落实干部职工结对帮扶工作，巩固帮扶成效。安排各帮扶单位组织帮扶干部开展“纪念建党98周年和庆祝中华人民共和国成立70周年下乡走访慰问活动”，为帮扶村委会送去党旗、国旗摆台，为每户帮扶对象发放鸡苗5只。

苗木培育 全县留床苗木约550亩，其中新育150亩；出圃各类苗木450万株，出圃各类花卉26.8万多株。

禁牧工作 按照县委、县政府要求确立以乡镇政府为主体，主要领导和分管领导为第一责任人和直接责任人，森林公安局及国有林场配合执行，形成县、乡、村禁牧网络机制。按照公益林管护标准和设计要求，聘用公益林护林员258名（其中：聘用建档立卡贫困人员48名）、防火员196名（其中：聘用建档立卡贫困人员140名），严格对护林员进行管理考核，强化护林员职能职责，加强林木管护工作。

森林防火 召开2019春季及清明节森林草原防火工作会，各乡镇、林场相继召开防火会议，安排部署森林草原防火各项工作。县人民政府与各乡镇、林场、防火各成员单位签订防火责任状24份，各乡镇与村委会签订防火责任状100份，林场与自然保护区村庄签订防火责任书86份。县人民政府把防火经费列入县本级财政预算，经人大代表会议审议通过，拨入防火经费60万元，购置BR600型风力灭火机14台、二号工具200把、铁锹300张、森林消防灭火弹400枚，配发到基层一线，重点时节、时段防扑火专业队集中食宿待命。利用广播、手机信息、天气预报平台开展森林防火宣传，武川电视台滚动播放《关于森林草原防火实行戒严管制的通告》《森林防火人人有责》，发送防火信息600余条，印制防火戒严通告450份，发放到乡镇、村委会、林场、林区。进入防火期，林业局防火办、专业扑火队在新世纪商场门前开展防火宣传2次，出动宣传车6台次、人员30人，发放宣传单、宣传书籍、宣传扑克、纸杯、防火手提袋等2.65万份册，发放宣传案例警示材料6000份。在重点火险区，林区，景点，重点公路沿线悬挂防火横幅300条，防火彩旗1500条，林业草原局防火办开展森林防火宣传进校园活动，发放防火宣传图册400张、防火知识手册5000本、印制防火安全承诺书1万份。林业局防火办先后出动人员12人，出动车辆6台，组成防火督查组对全县重点火险区等部位进行防火隐患排查。清明长假期间全县出动各种防火车辆4095台次，出动防火人员8258人次。重点地段设防火检查站卡18处，检查中发放防火安全保证书5000份，检查过往车辆5487台次。重点火险区县领导、林业局班子成员实行包片负责。执行领导带班、干部24小时值班制度。12119报警服务台通讯畅通，全年发生火情、火警、火灾19起，当日扑灭率100%，地方公安处理7起，拘留7人。森林公安处理一般性森林火灾11起（治安拘留2人），林业行政处罚款12300元，较大以上火灾1起，移送起诉1人，案件查处率100%。受害森林面积259.148亩。森林防火视频监控建设市本级投入资金500万元，在大青山自然保护区（武川段）沿线安装视频监控20个。

林业有害生物检疫、监测、防治 2019年，发生林业有害生物13.2189万亩，防治面积13.2189万亩，无公害防治率100%。产地检疫各类苗木0.246万亩，产地检疫率100%，测报准确率93%，成灾面积0.0121万亩，成灾率0.12‰。开展美国白蛾防控工作，在重点绿化地方悬挂美国白蛾诱捕器25套，设专人监测，未发生美国白蛾疫情。开展松材线虫病疫木检疫执法专项行动，成立工作领导小组，制定《武川县松材线虫病疫木检疫执法专项行动实施方案》，从森防站、种苗站、林政资源科、林工站抽组专人，组成执法行动小组开展工作。

林政资源管理 2019年，共查处林业行政案件56起。其中：涉林林业行政案件17起，擅自在森林防火区内野外用火林业行政案件22起；禁牧林业行政案17起。查处刑事案件3起，其中：盗伐林木案1起，失火案2起。

（史可君）

森林公安

森林公安局领导名录

局　长：张志中

政　委：李三宝

副局长：李　斌

李 新
常 青

概况 森林公安局内设政工室、办公室、信息室、刑侦队、督查室、法制室、装备室、治安室 8 个科室及 6 个基层派出所。民警学历全部是大专或大专以上。

案件办理 至 2019 年 12 月底，森林公安局共查处各类案件 78 起，罚款 30.4 万余元。出动警力 4862 人次， 车辆 1785 车次。查处涉林林业行政案件 18 起，处罚 16 人次，处罚单位 2 个。其中：擅自改变林地用途案 15 起；擅自开垦林地案 4 起；滥伐林木案件 2 起，4.657 立方米；毁坏林木案件 1 起；进入封山育林区内采药案件 3 起，擅自在森林防火区内野外用火案件 23 起，禁牧林业行政案 26 起；拒不执行人民政府在紧急状态下依法发布的决定、命令案 2 起（治安），拘留 2 人；刑事案件 3 起，其中：非法占用农用地 1 起，已判决；盗伐林木案 1 起，已判决；失火案 2 起，已判决。

基础建设 森林公安局设标准化执法办案中心（包括监控室、询问室、讯问室、辨认室、信息采集室、储物间、卫生间，设置专用座椅、办案区安装无死角监控）；办公区设信访接待室，设置明显标识标牌、相关规章制度、法律法规制版上墙、安装同步录音录像。

扫黑除恶 推进扫黑除恶专项斗争，营造全民参与社会氛围，森林公安局与执法办案、森林防火督查、脱贫攻坚工作有机结合，提高全局民警林区干部职工、企业法人扫黑除恶专项斗争意识，鼓励林区群众勇于举报、检举各类黑恶势力及黑恶势力“保护伞”，构建“平安林区”。悬挂扫黑除恶专项斗争宣传标语。

候鸟过境保护 为有效保护候鸟安全，防止乱捕滥猎和破坏候鸟等野生动物栖息地等现象发生，森林公安分局开展打击破坏鸟类等野生动物资源违法犯罪专项行动。全体民警白天进村入户宣传，散发传单悬挂条幅，夜晚组成巡逻队，进驻候鸟栖息地，昼夜巡查管控，发现捕鸟行为立即制止。候鸟过境期出动警力 118 人次，出动警车 39 车次。

（张治中）

城镇绿化工作

城镇绿化工作办公室领导名录

主　任：李宝龙
副主任：邢　诚
　　　　苑　峰
　　　　袁　炳

城区绿化 完成可镇健康东街绿化工程。新增大规格樟子松 185 株、圆冠榆 210 株、云杉 360 株、新疆杨 460 株、花灌木 450 平方米，形成“樟子松”一条街；学府街栽植阔叶类乔木行道树 320 株，贯通学府街绿化带；完成镇内各街道树木补植工程。完善呈祥路、迎宾路、商业路、昌兴西街、公园路、腾飞大道等道路绿化带，补植各类乔木 2000 余株。

公园功能 新建可可以力更公园张拉膜 2 处，修缮出入园口损坏墙体 2 处。新建假山景观地段张拉膜 1 处，新建县委广场张拉膜 1 处，新建东河湖心岛张拉膜 1 处，为入园群众提供遮阳挡雨之地。

常规养护 至 2019 年，镇内绿地总面积 500 万平方米，有效改善可镇人居环境，营造清新秀美、宜居人和的生态可镇。全年完成主要街口绿化带修剪、外环线整体养护、绿地杂草（垃圾）清理、浇水作业。先后为税务局、新华书店、气象局、烟草局、燕谷坊等单位提供苗木支援。创建“园林单位”“园林小区”“园林校区”等活动，调动全社会参与园林绿化。

纪念林基地 与呼和浩特市绿化委员会办公室前期调研、论证、协商，2019 年开始在可镇三圣太村委会大路二号村义务植树基地列为纪念林建设范围。当年完成施工造林面积 100 亩。

义务植树 落实全国绿化委员会《全民义务植树尽责管理办法》规定，采取认种、认养、认捐、认购等形式，营造“企业林”“委员林”“代表林”等纪念林活动，为社会公众提供义务植树尽责形式，全年完成全县义务植树 32 万株。

绿化美化 完成冰雪场地绿化，栽植云杉 538 株。完成矿山治理裸露山体绿化，种植云杉 2220 株。完成“红旅”基地绿化美化，种植云杉 98 株，造型花卉 1049 平方米，树箱 48 个。完成井尔沟烈士陵园花卉种植。

完成“绿化青山守护北疆”启动仪式前期准备。种植云杉 2300 株，修理网围栏 2000 米，全体职工业务劳动修（垫）砂石公路 4 公里。

（高秀琴）

内蒙古大青山国家自然保护区井尔沟管理站（井尔沟林场）

领导名录

站　长（场　长）：刘吉平

副站长（副场长）：李俊杰

胡建平

保护管理 自然保护区矿山企业清理拆除和恢复治理。拆除实验区内蒙古彤力矿业有限责任公司摩天岭金矿炸药库及生活设施，对已拆除清理矿山进行监督检查。对核心区内蒙古德胜旅游发展有限公司全部设施、确界立标后位于实验区牌楼馆旅游建筑设施进行停业整改。

2019 年，在重点防火区域打防火隔离带 20 公里，维护防火道路 15 公里，维修新建防火标牌 20 座；维修防护网围栏 8.3 公里，新建防护网围栏 4.25 公里。在 4 个管护点利用红外自动相机对保护区内野生动物活动进行监察。

配合市大管局及设计院对保护区内核心区、缓冲区、实验区进行确界立标。

基础设施 加强自然保护区保护工作生活环境，2018 年申请国有贫困林场建设资金 97 万元，用于毛林坝、东坡管护点基础设施建设，建设职工生活办公住房 12 间，开挖饮用水井 2 眼，建设工程于 2019 年 10 月完工。对井尔沟管护点危旧房进行拆除重建；对大梁林区 6 间管护用房外墙保温、院落硬化以及围墙进行全面维修。在东坡管护点苗圃建防洪坝 210 米，在毛林坝管护点建防洪坝 150 米。

林业生产 2019 年，完成植被恢复造林任务 495 亩，植被恢复补植造林 800 亩，对项目区进行全面围封。对 3000 亩落叶松进行病虫害防治，控制病虫害发生蔓延。

党的建设 2019 年，按照上级党委安排部署，开展“不忘初心、牢记使命”主题教育活动，学习贯彻习近平新时代中国特色社会主义思想，引导党员、干部增强“四个意识”，坚定“四个自信”，做到“两个维护”。落实“三会一课”学习制度，以“三项制度”确立党员干部工作目标和任务。

扫黑除恶专项斗争 开展扫黑除恶专项行动，成立井尔沟林场扫黑除恶专项斗争领导小组，负责林场扫黑除恶专项斗争日常工作，在 4 个林区范围内 35 个自然村悬挂宣传横幅，开展摸排调查工作。

（刘根龙）

内蒙古大青山国家自然保护区五道沟管理站（五道沟林场）

领导名录

站　长（场　长）：王茂栋

副站长（副场长）：李剑英
郝　东

生态建设　2019年，在五道沟管理站自然保护区内防火重点区域开设防火隔离带除草356.77亩，维修防火通道1920米。

完成1万亩森林抚育项目工程。完成三道沟苗圃果树栽植和园区绿化工程建设255.9亩。

配合县相关部门开展对在保护区内违规建设、放牧等破坏保护区生态资源的各种建设、生产、经营活动进行清理整治工作。

森林公园　加强哈达门森林公园生态环境恢复治理工作，优化公园旅游环境，完善各项保护制度和措施，探索哈达门国家森林公园经营体制改革，完善招商引资政策。

2019年旅游季，公园接待游客近万人次，收入约50万元，带动周边居民通过旅游接待等服务增收200万元，增加就业岗位80余个。

林地治理　2019年，协助上级部门和县相关部门对保护区采矿企业进行清理整治，至11月，国金矿业和森林公园蒙古包、抽水蓄能电站、炸药储库等违规建筑已完成清理拆除工作。

党建工作　党支部坚持“三会一课”制度，完善党支部工作台账，做到各种记录簿健全，记录齐全；加强入党积极分子的培养、教育工作。2019年有1名入党积极分子发展为重点发展对象。按期完成党费收缴工作，及时公布党费收缴情况。

组织党员观看教育影片，开展主题党日活动，提高党员思想认识。利用北疆先锋、青城先锋、林业微博和单位党支部微信群等党建网络平台，增强政治理论学习的积极性、主动性，开展创建优秀党组织争做先锋模范党员活动。

林木管护　按照县政府部署和要求，将林木管护和防火任务实行网格化管理，划分责任区，分片落实到每一个护林员，层层签订防火责任状，实行责、权、利有机结合，提高管护人员责任心和工作积极性，促进防火和禁牧政策的落实，维护生态建设成果。

（刘建斌）

内蒙古大青山国家自然保护区五家村管理站（五家村林场）

领导名录

站　长（场　长）：梁永宏
副站长（副场长）：刘铁军
郭维新

森林防火　五家村管理站（林场）坚持“预防为主、积极消灭”方针，强化组织领导，压实工作责任，成立防火领导小组和应急扑火队，实行网格化管理，每座山有人护，每片林有人管。逐村逐户签订护林防火责任状，执行值班制度和火情通报制度，做到防患于未然。

环保整治　2019年，县政府作出拆除乾峰石墨矿生活区决定，五家村管理站派出工作人员与各方协调解决，完成拆除工作。配合森林公安、呼和浩特分局工作人员采取措施，对蒙源达尾矿区安装筛选石料设备进行移除，停止筛选活动。

林场改革　完成中央及自治区林场改革任务，通过验收。

加强国有林场科学经营，提高森林质量，10月，完成五家村林场森林经营方案编制工作，建立以森林经营方案为核心的国有林场森林经营管理制度。配合呼和浩特分局完成五家村保护区功能区落界工作。

扫黑除恶专项斗争　成立扫黑除恶专项斗争领导小组，召开扫黑除恶专项工作会议，制定扫黑除恶工作方案，落实责任。

在各个林区发放扫黑除恶专项斗争宣传单350份，发放一封信奖励办法200份，张贴检举线索通告45份，悬挂条幅28条，刷写墙体标语

2条，张贴扫黑宣传画2张，进行集中宣传活动1次，简报7期。

政治建设 重视思想政治建设，增强“四个意识”，做到“两个维护”，落实“三会一课”制度，组织召开专题民主生活会、组织生活会，专题理论学习培训2次，开展“不忘初心、牢记使命”主题党课1次、学习交流会1次、革命传统教育1次，按时完成党支部党费收缴工作。

（梁永宏）

水　务

水务局领导名录

局　长：傅　强

副局长：高挨河

田文雄

孙长青

概况 2019年3月深化机构改革，部分职能职责进行转隶，其中水资源调查和确权登记管理职责转隶至自然资源局；农田水利建设项目管理职责转隶至县农牧和科技局；水旱灾害防治职责转隶至县应急管理局。二级单位有水利工作队、打井队、抗旱服务队、水利工程管理站、水土保持工作站、水土保持试验站、水政水资源管理办公室、城镇供水管理中心、防汛指挥部办公室、人畜饮水办公室、水土保持监督检查站、水库管理站、水政监察大队、水利工程质量与安全监督管理站。其中水政水资源办、防汛办、水土保持监督站为参照公务员管理事业单位。

农田水利建设 2019年，农田水利建设重点工程为2018年度节水增效建设项目续建工程，工程涉及可镇、哈乐镇、西乌兰不浪镇、二份子乡、上秃亥乡、耗赖山乡、哈拉合少乡、大青山乡8个乡镇24个行政村39个自然村，项目总投资为2100万元。新增和改善节水灌溉面积2.12万亩。

农村安全饮水工程 围绕脱贫攻坚“两不愁、三保障”，实施农村安全饮水巩固提升工程，涉及9个乡镇76个自然村5389人，投入资金934.32万元。同时对3个乡镇11个自然村氟超标制定工程实施方案，投资547.4万元，均全部完工。

水土保持治理工程。2019年，实施2018年度京津风沙源二期工程圪妥小流域综合治理项目，治理面积14平方公里，项目总投资710万元，新增节水面积1380亩。实施2019年度京津风沙源二期工程天太恒沟小流域治理项目，综合治理面积30平方公里，总投资1550万元。

河道治理 2018年自治区批复中后河防洪河道治理工程。治理长度为9公里，工程总投资2361万元，2018年4月开工建设，当年完成工程量的80%，2019年6月完成全部建设任务。

城镇供水及污水处理 提高经营管理能力，规范供水市场，提升服务水平，日均供水量达1万吨。污水厂推进技改工作，保证正常达标排放，全年处理污水292万吨，中水回用145万吨。

水资源管理及水行政执法 按照上级实行最严格水资源管理制度要求，推进水资源管理工作和水行政执法工作，妥善解决水事纠纷案件，维护正常用水秩序，解决水事纠纷4起。强化河道管理，严禁在河道内乱挖、乱采、乱放，打击取缔河道非法采砂行为5户，保证汛期行洪安全。核实全县各企业生产用水情况，做出用水计划，加强重点监测用水单位监督管理工作，对17家企业进行水资源论证，发放取水许可证14户。审查批复开发建设项目水土保持方案9项，验收开发建设项目水土保持方案4项。全年征收水土保持补偿费630万元。完成环保督察水资源管理部分消号工作。

精准扶贫 按照县委、县政府有关要求，开展精准扶贫干部包扶工作。57名干部包扶哈拉合少乡大庙、后营子2个行政村184户建档立卡贫困户和180户一般农户。在后营子、大庙、腮忽洞3个行政村11个自然村实施京津风沙源治理工程、高效节水示范项目和防洪石坝工程，新增和改造节水灌溉面积4700亩，改善当地生态环境，增加农民收入。

党建工作 按照县委部署开展“不忘初心、牢记使命”主题教育。执行“中心组学习制度”“民主生活会制度”“发展党员工作制度”“三会一课制度”“党组议事规则”“党组‘三重一大’决策议事制度”等。

党风廉政建设 党总支落实党风廉政主体责任，配合县纪检组开展各项纪检监督工作。落实廉政风险防控工作，准确查找廉政风险点，合理制定防范措施和实施方案。在水行政执法过程中，完善各项规章制度，文明执法，依法行政，多人收费，实行收支两条线，增加执法透明度，避免“吃、拿、卡、要”现象。在重点工程项目建设上实行招投标制度，执行国家基建程序，加快工程建设进度，保证工程质量，节约工程建设资金。实行党务、政务公开制度，凡涉及全局“人、财、物”等重大问题，通过局务会集体研究决定。

社会治安综合治理 利用各种会议和学习时间加强对机关干部职工思想教育和法治教育，提高干部职工法治观念和组织纪律观念。开展扫黑除恶专项斗争工作，成立机构、制定方案、大力宣传、仔细排查、认真整改，落实扫黑除恶专项斗争工作。健全各项规章制度，加强对财务室、库房、车库等重点部位防护，对车辆、施工安全采取严格管理措施。机关门卫值班24小时不失控，定期排查安全隐患。

（办公室）

城建环保

自然资源局

自然资源局领导名录

局　长（党组书记）：王　森（2019 年 6 月任职）

副局长：赵国钰 (2019 年 6 月任职)

　　　　周建影 (2019 年 6 月任职)

不动产登记中心

主　任：武　伟（2019 年 6 月任职）

概况　2019 年 3 月，按照国家机构改革总体方案要求及市委、市政府批准《武川县机构改革方案》，撤销武川县国土资源局，成立武川县自然资源局。将原国土资源局职责及县发展和改革委员会组织编制主体功能区规划职责、县住房和城乡建设局城乡规划管理职责、县水务局水资源调查和确权登记管理职责、原农牧业局草原资源调查和确权登记管理职责、原林业局森林、湿地等资源调查和确权登记管理职责划入自然资源局。各相关机构测绘管理职责；将国土资源局地质灾害防治职责划入县应急管理局，国土资源农田整治项目划入县农牧和科技局。将所属事业单位承担行政整治划入县自然资源局。职能转变：自然资源局在落实党中央关于统一行使全民所有者职责，统一行使所有国土空间用途管制和生态修复职责要求，加强制度设计，发挥国土空间规划和管控作用，加强自然资源保护和合理开发利用，建立健全源头保护和全过程修复治理相结合工作机制，实现整体保护、系统修复、综合治理。创新激励约束并举制度措施，推进自然资源节约集约。

党建、党风廉政建设　2019 年，自然资源局党组履行党组抓党建工作职责，党组书记与各党支部书记签订党建责任状，落实“一岗双责”，指导 3 个党支部党建工作，将党建融入业务，发挥党组织工作在完成年度各项目标任务中作用，开展土地规划保护利用、矿产管理，解决房地产遗留问题,大棚房、别墅、搅拌站整治等业务工作。

落实意识形态工作，建立健全组织机构，落实党组书记第一责任人和党组抓意识形态工作责任制。制定《落实意识形态工作实施要点》，党员干部建立学习群，利用手机微信平台开展党员干部思想教育。党组书记定期对单位意识形态工作进行研判

落实党风廉政建设党组主体责任，完成党组

主体责任自查整改落实工作，配合督察组检查大青山保护区17家和保护区外占用草原2家矿山企业，按督察组要求落实整改。

加强党内监督。完善权力运行和制约监督制度。执行土地出让、政府采购、工程领域招投标等制度规定，加强重点领域和关键环节防腐治腐工作。推进依法行政工作，开展“双随机、一公开”、双公示以及政务公开工作。按照“双随机、一公开”文件要求，制定工作制度，对机构改革中转隶执法人员进行及时补录，对监管企业按照抽查比例进行检查。

开展“不忘初心、牢记使命”主题教育活动。成立指导小组，召开动员部署会，制定《“不忘初心、牢记使命”主题教育活动实施方案》《主题教育学习安排》，局领导每周五下午轮流主持全体党员干部集体学习，全年累计学习教育40次，局领导、党支部书记讲党课6次，开展“党组中心组（扩大）学习会”21次，集中专题研讨4次，集中学习研讨3次，党员集体研讨交流3次。开展主题教育理论知识测试2次。组织党员使用“党支部党员学习群”“学习强国”学习平台，创新“互联网+学习”形式，提升学习质量。各党支部召开组织生活会和民主评议党员工作，评选2019年度优秀党员14名，合格党员33名。

2019年，确定2名入党积极分子，完善党员花名册、收缴党费工作和档案管理，完成党员信息录入工作。发布党务、政务信息357条。

精准扶贫　年初，对115户重点贫困户进行春节慰问；送温暖慰问上秃亥黑沙兔、小西滩、圪奔3个村委会贫困户90户、一般户108户，为每户送去大米、色拉油。

扫黑除恶治乱　至11月末，收集扫黑除恶专项行动线索25条。其中主动摸排上报相关线索14条，市自然资源局转办信访案件2条，市自然资源局交办线索1条，和林公安局转办线索2条。

砂石矿整治　自行摸排和群众举报，矿产资源专项领域案件清单33条，立案查处33条，现场下达责令停止违法行为通知书，扣押盗采机械设备装载机15台，行政罚款18.37万元，移送公安机关行政拘留9人，要求盗采者对已破坏地质环境进行恢复治理。

2019年10月，对可镇南北工业园区砂石矿销售点进行清理整顿。依法扣押洗砂设备6台，督促自行拆除洗砂设备10台。

卫片执法监察　2019年土地卫片共下发图斑155个，其中合法图斑34个，其他类图斑121个。

信访案件　2019年，接待信访案件10宗，其中上级转办6宗、群众举报4宗。

专项工作　开展大青山自然保护区矿山企业清理整顿工作。

县境内大青山自然保护区内共企业53家，其中工业企业2家，探采矿企业51家（采矿权28家，探矿权23家）。确定为自然恢复和无需治理11家；完成治理并通过验收38家；完成阶段治理2家。

保护区以外矿山地质环境治理工作。保护区外已申报延续手续和在期矿山企业共57家，其中44家已完成矿山地质环境分期治理，10家正在治理，有3家未治理（呼和浩特市圣坤矿业有限责任公司金矿法院查封；大青山乡下营盘村建筑石料矿当地村民阻挠治理；二份子乡五份子村钾长石矿林业部门不同意治理，免遭二次破坏）。

精准扶贫　实施生态移民工作，初步统计搬迁村庄227个（未完成全部搬迁村庄70个），有条件开展城乡建设用地增减挂钩工作。对二份子乡、西乌兰不浪镇调研查看生态移民拆迁村落位置、面积、及周边自然条件。工作方案上报市局、县人民政府。自治区自然资源厅和市国土资源局下发城乡建设用地增减挂钩指标，自然资源局推进该项工作，组织实施规划编制招投标工作（5000亩），实地调查收集资料。

光伏扶贫工作情况。根据武川县建档立卡无

劳动能力贫困户数，呼和浩特市将2017年度1万千瓦扶贫电站项目分配给华能呼和浩特风力发电有限公司，作为武川县光伏扶贫项目。自然资源局为其办理土地预审、地质灾害评估、压覆矿产相关手续，为项目用地按规定程序组件报批，获自治区国土资源厅审批。

第三次全国土地调查 第三次全国土地调查工作是细化和完善全国土地利用基础数据，完善土地调查、监测和统计制度，实现成果信息化管理与共享，满足生态文明建设、空间规划编制、供给侧结构性改革、宏观调控、自然资源管理体制改革和统一确权登记、国土空间用途管制等各项工作需要。该项工作于2018年8月21日开标，中标价516万元，争取内蒙古自然资源厅专项资金113万元，完成各乡镇外业调查工作。

房地一体“确权登记证” 该项工作以2014年度农村宅基地使用权集体建设用地使用权登记发证工作数据成果为基础，结合权籍修补测工作，实现农村房地一体发证全覆盖。按照自治区相关文件精神，经政府常务会通过，与原农村宅基地作业单位补签合同，80元/宗，开展乡镇修补测及权籍调查工作，完成哈乐镇、耗赖山乡、上秃亥乡权籍修补测工作（6500宗）。

日常业务 2019年度上报市局农转征报件呼和浩特市国龙新能源有限公司武川县上秃亥100兆瓦风电清洁供暖项目；呼和浩特市国龙新能源有限公司武川县上秃亥50兆瓦（二期）风电清洁供暖项目。

供地审批 2019年办理供地审批手续18宗，其中：协议出让7宗，面积0.0699公顷，出让价款40.3360万元；挂牌出让11宗，面积19.6641公顷，出让价款1710.7734万元，出让国有建设用地收取土地出让金1751.1094万元。设施农用地备案办理35宗，其中：种植设施用地25宗；养殖设施用地10宗。按照设施农用地监管职责申请人依法办理设施用地验证，规范设施农用地用地环境。

不动产登记 2019年，办理不动产证（证明）1924本，其中：证书1317本、证明607本。

矿业权管理 采矿权延续变更登记预审管理。自然资源局审查10家采矿权延续并出具意见，申报上级主管部门办理延续登记。

按照上级主管部门要求，结合武川县矿产资源日常监管工作，2019年向县内各采矿权人印发《关于开展2018年年度矿权人信息公示的通知》，督促采矿权人进行信息公示，35个开采项目按期进行公示。

（祁文军）

住房保障与城乡建设管理

住房保障与城乡建设管理局领导名录

局　长、党组书记：闫　永

副局长、党组成员：胡春元

王世荣

王洪亮

人防办

主　任：王洪亮

征收办公室

主　任：李志光（兼）

市政基础设施 东河带状公园续建工程。工程中标价2594.23万元（含后三年养护费327万元），公园建设规模11万平方米，分9个功能区块，累计支付工程款1616万元。

城镇燃气工程。2019年，中燃公司铺设燃气主管网0.9公里，新增8个住宅小区2861户居民用户，管道燃气累计覆盖居民用户3351户、工商业用户7户。呼和浩特市燃气热力公司投资784万元建设液化石油气（LPG）储配站，于2019年2月验收并投入使用。覆盖民用和商业用户1320户。

金三角开发区局部单项场地平整工程。总面积为33372平方米，回填土方83846立方米，挖土方95立方米。工程审定价196万元。

城区西出口排水管道和北河道路工程。为解决城区西出口排水问题，投资100万元对绿化队排水渠进行延伸改造。改造长度450米，管径1500毫米Ⅱ级混凝土管，排除文化街、外贸片区雨季路面积水等隐患。投资60万元对北河防洪道破损严重地段进行改造（长500米、宽5米、高20厘米砼路面），改善居民出行条件。

路灯安装工程。投资66.4万元在健康东街安装路灯36套。

公共服务设施 便民市场建设工程。市场建筑面积4283平方米（钢结构），2019年6月采用私建公租模式正式运营，年租赁费119.54万元，县财政安排100万元，按照5：3：2比例补贴市场3年运营费。市场运营有效取缔“马路市场”，改善早、夜市经营环境，便于居民买到卫生健康食品。

保障性安居工程 加大保障性安居工程配套建设（公租房80套）。舒居雅苑配建72套公租房已完工，通过政府采购投资153.47万元购买公租房8套。可镇各社区初审通过公租房保障对象362户，符合公租房保障条件264户（含危房34户）进入下一轮比对。

加强既有房屋（平房）使用安全管理。将安全隐患突出平房拆除8户，其中4户进行异地安置，4户进行现场拍照、征拆计价，先行予以拆除解危。

市政设施维修养护 投资16万元对健康街、青山路、影视西街等道路施划交通标识、标线，完善道路交通标志设施。投资33万元对健康街、昌兴街等8条市政道路破损路面（870平方米）进行检查修复。

筹资8万元对武中后街小巷道进行硬化（长77米、宽5米、20厘米砼路面）。

清掏水箅及检查井2次，维修破损井盖、水箅180余套。投资11万元维修故障路灯30余次。

住宅小区居住环境 2019年，投资84万元对和谐城小区进行砌筑小区围墙170米，修复破损路面1400平方米，停车场铺设面包砖3100平方米，更换自来水管道960米，更换破损井盖等。

投资462万元对可可花园A区小区内12栋住宅楼排水管网及检查井更新，新增化粪池1座，更换供热管道阀门，屋面整体修缮6栋，屋面局部修缮2栋，新建物业用房50平方米。

资助2万元为可可花园C区新建30平方米物业用房。

规范建筑市场秩序 严格建设项目审批。发放民用建筑人防许可证4项，收缴易地建设费132万元；审批发放建筑工程施工许可证16项；发放商品房预售许可证3项；发放建设工程竣工验收备案表9项。

严格建筑工程质量监督。下发整改通知单22份，停工通知单11份；施工企业记入不良诚信2项；行政处罚1项，罚款9000元。

工程建设领域保障农民工工资支付，当年收取农民工工资保证金450万元，7家企业专用帐户支付民工工资1886万元，督促镇内5家施工企业安装实名制考勤机。

安全生产 开展建筑施工领域安全隐患排查工作，实行台账管理，动态清零。强化城镇燃气安全管理。组织燃气经营企业现场为群众解答燃气使用安全问题，发放燃气安全宣传册1000余册。向燃气经营企业下发整改通知书14份。制定《施工现场燃气管道及设施的安全保护方案》，明确建设单位、施工企业、中燃公司三方安全管理责任。2019年城镇燃气、房屋建筑和市政工程安全生产零事故。

扫黑除恶专项斗争 按照《武川县建筑施工领域开展扫黑除恶专项斗争实施方案》，召开扫黑除恶专项斗争专题会议20次，制作条幅、标牌6块，设置举报信箱5个、举报电话1部；收集扫黑除恶专项斗争调查问卷36份，知晓率调查统计表192份；领导带队到施工工地和服务对象中围绕建筑施工领域监管重点先后开展5轮滚动摸排，发放线索登记表300余份，收回187份；

年内办理线索 26 件。

整治房地产领域　针对房屋建筑施工领域存在问题，印发《房屋建筑及市政工程领域市场秩序专项整治工作方案》《房屋建筑及市政工程质量安全整治提升行动方案》《关于严禁房地产开发企业向业主收取住宅专项维修资金的通知》等文件。集中开展行业乱象整治，梳理查找行业乱象及突出问题，履行基本建设程序，重点整治“三包一挂”（违法发包、转包、违法分包及挂靠）等施工过程中违法违规行为，利用行政处罚、失信惩戒、资质核查等打击房屋建筑工程市场乱象。

房地产遗留问题　筹资 116.5 万元，排除丽景家园小区 2 户 6 套回迁安置房信访矛盾。

对开园国际住宅小区 3 号、15 号楼存在入住难情况，进行清查核实。变卖 1 套商铺，清退 8 户业主购房款；筹资 21.5 万元清退 1 户业主购房款；拆借 100 万元完善 3 号、15 号楼扫尾工程，安装水表（120 块）、电表（123 块），涉及住宅 64 套；投资 50 万元对 1 户回迁户商业用房完善后续扫尾工程。

房地产产权证办理　按照呼和浩特市《关于 2019 年解决城镇国有土地上房屋权属登记等历史遗留问题的通知》文件精神，对县内 2015 年 12 月 31 日前开工建设的 27 个遗留项目，集中解决“办证难”问题。为苑中园商住小区 2 栋楼业主 194 户，办理房屋产权证。景泰家园、和泰西区等 7 个小区房产证办理工作有序推进。

政府债务化解和规费清欠　2019 年，化解政府债务 4181 万元，机关拖欠民营企业帐款降至 7200 万元。清理开发企业拖欠规费，清缴规费 205.19 万元（城市基础设施配套费 110.17 万元，易地建设费 20 万元，社会保障费 55.38 万元，清收罚款 19.64 万元）。

农村危房改造　对未脱贫 49 户（91 人）农户住房开展房屋安全二次鉴定，实现建档立卡贫困户危房清零。

对 2018 年实施国家危房改造 537 户进行再核查，确保危改对象认定精准、程序规范、质量达标、档案健全。

制定《武川县 2019 年全县农村危房改造巩固提升工作实施办法》《武川县农村危房改造脱贫攻坚三年行动方案》。

对外出返乡、因自然灾害受损房屋，根据各乡镇上报情况逐乡逐村逐户开展房屋安全等级鉴定工作，防范边缘户致贫和脱贫户返贫。“四类重点对象”新建 161 户，维修 74 户；一般户新建 116 户，维修 71 户。

结对帮扶　开展机关干部结对帮扶访贫问苦活动。筹资 1.45 万元购置电饭锅、暖壶等物品，对包扶村常住户进行慰问。

（闫正平）

城市管理综合执法

城市管理综合执法局领导名录

局　长：霍建平（2019 年 3 月任职）

城市管理综合执法监察

大 队 长：孟成玉（2019 年 3 月任职）

副大队长：高　丰（2019 年 3 月任职）

概况　按照县委办公室、县人民政府办公室关于印发《武川县机构改革实施意见》通知文件精神，武川县城市管理综合执法局于 2019 年 3 月 7 日成立。有在编人员 101 人。内设综合办公室、党建办、法制科、环卫中队、市容中队、规划中队、金三角中队、物业中队、市场中队、垃圾填埋厂 10 个部门。

市容市貌管理　开展店外店、占道经营、乱停乱放等专项整治。先后依法规范取缔占道经营、流动摊点 421 起，占道堆放物品 335 处，规范乱停放车辆 80 余辆次。处理暂扣物品 11 件，取缔噪音扰民 186 处。

对城区沿街广告进行统一规划，整顿清理不合格门头牌匾 186 个，其中带风水迷信问题牌匾

8个。在审批环节上把关，杜绝尺寸不一，色调杂乱现象。查获违法张贴、乱发小广告行为13起，处罚12起、移送治安1起。组织人员清理“小广告”150余处，涂料覆盖墙体违法广告1.2万平方米。

在可镇范围内设立严管街道（青山路、健康街、南大街），对城区内平房区和楼房住宅区内违法私搭乱建、改建扩建等行为进行查处，查处违法建设行为535处，存在违建小区10处，自行拆除3处。

规范市场管理。对市场乱象进行整治，通过一次宣传、二次警告、三次执法方式进行整治；定期联合市场监督管理局对商品质量、食品安全进行抽查整治。

建立环卫监察全过程跟踪，错时巡查等各项工作机制，采取形式多样宣传方式，提高居民环境意识。对城区垃圾实行日产日清，垃圾清运率97%。查处清运建筑垃圾车辆未覆盖6起，查处乱倒建筑垃圾5起。组织中队人员和环卫工人清理道路两侧绿化带卫生500余人次。

改善金三角环境卫生面貌。清理金三角区域占道经营35起，占道堆放物品12起，整顿不合格门头牌匾30余处，组织人员清理园区周边环境卫生死角7次。

城乡环卫　环卫设施新增情况。维修翻新吊装垃圾箱138个，新增垃圾桶100个，主次干道清洗垃圾箱120余个。

城区有环卫工人280名，保洁面积110万平方米，日产日清生活垃圾50余吨。2—4月，出动大小车辆200余台次，集中清理冬季积存垃圾5000余吨。2019年，集中清理城区内主次干道和居民区生活及建筑垃圾2万余吨；城乡接合部、109国道、镇内无人管理绿化带组织专人进行常态化清理；集中清理填埋场附近耕地内垃圾2次，出动人员60余人次；清理城乡结合部建筑垃圾2000余吨；清理井尔沟“红色旅游”沿线垃圾2次，雨季汛期清理河道积存垃圾2次，清理移民村南排水明沟垃圾2次。

党组织建设　坚持以党建引领城市管理执法工作，发挥党员干部模范带头作用。坚持周五下午集中培训学习制度。2019年，组织主题党日活动9次、专题学习5次、专题研讨4次、讲党课5次，提升全体执法人员党的理论素养。要求党员在执法过程中以党员标准要求自己，发挥一线执法队伍中党员示范引领作用。用党员标准和规范约束执法行为。

加强廉政警示教育。组织党员领导干部到县纪委监委、哈彦忽洞廉政教育基地参观学习，把党规党纪和廉政教育纳入局党组和各支部学习培训计划，作为必学必训内容，统一执法队员思想认识。不定期进行抽查测试党风廉政建设知识。通过违纪违法典型案例、举办廉政教育讲座、组织观看警示教育片等形式，深化廉政警示教育。

扫黑除恶专项斗争　落实中央、自治区、呼和浩特市和县委政府部署要求，建立长效治理机制，推动扫黑除恶专项斗争深入进行。制定《武川县城市管理综合执法局扫黑除恶专项斗争工作实施方案》，成立《扫黑除恶专项斗争行动领导小组》，对城市管理行业、在职职工和居民群众分别进行调查，以现场收集线索方式，发放线索摸排表57份，发放重点领域摸排表30份，发放倡议书48份，发放调查问卷50余份。设立举报电话、举报邮箱，设置固定举报箱1个，在各中队管理行业领域进行宣传扫黑除恶专项斗争相关政策，鼓励群众广泛参与。

执法队伍建设　完善执法局领导队伍，对中队进行轮岗调整，细化责任，实行定人定岗定责。完善执法局各类规章制度20余项，强化内部管理，规范运行机制。

建立执法人员考核制度，采取日常督查和集中督查相结合方式，坚持考勤制度，实行上下班签到制和不定时抽查制，提升城市管理执法人员整体形象和整体执法水平。

（刘　勇）

环境保护

生态环境局领导名录

党组书记：杜明君

局　　长：李　慧（女）

副 局 长：王俊生

　　　　　李和英

环境影响评价和排污许可证发放工作　新建设项目环评审批。

按照《中华人民共和国环境保护法》《中华人民共和国环境影响评价法》《建设项目环境保护管理条例》《建设项目分类管理名录》要求，对编制环境影响评价报告书（表）类新上项目履行环评审批手续，办理环评审批手续后方可开工，未办环评审批手续不准开工建设。2019年，受理项目环评审批申请21个，完成审批21个，其中报告书1个、报告表20个，环评审批率100%。

登记表类建设项目实行备案管理。完成登记表备案项目14个。

排污许可证核发。按照生态环境部、自治区生态环境厅、市生态环境局2019年排污许可证核发工作安排，对照《固定污染源排污许可分类管理名录（2017年版）》规定要求，县内19个排污单位"持证排污"，涉及淀粉及淀粉制品制造、水泥制造、屠宰及肉类加工、水处理、锅炉等行业。

建设项目竣工环保验收。根据《国务院关于修改〈建设项目环境保护管理条例〉的决定》及原环境保护部关于发布《建设项目竣工环境保护验收暂行办法》的公告，按照建设项目事中事后管理相关要求，配合监察大队做好监督管理工作，完成1个建设项目固体废物污染防治设施竣工环境保护验收。

信息公开。按照《建设项目环境影响评价政府信息公开指南》要求，推行建设项目受理、拟审批、审批、环境影响评价报告（全本）信息公开。在武川县政府门户网站公示21个项目，在信用呼和浩特报送21个项目。

环评审批信息联网报送工作。对完成审批项目通过环保业务专网实时报送有关情况，通过环保业务专网实时报送21个项目。

污染防治工作　根据《国务院关于印发大气和水污染防治行动计划的通知》及《武川县人民政府办公室关于印发武川县环境保护工作整治年实施方案的通知》的精神，通过结构减排共淘汰建成区10蒸吨以下燃煤小锅炉16台，淘汰锅炉蒸吨数为16.35吨，改用空气能电热锅炉和燃气锅炉代替，减少煤炭消耗量2563吨。减排二氧化硫31.98吨、氮氧化物7.53吨、烟尘70.8吨。百川热力有限公司三热源厂、四热源厂减排二氧化硫698.8吨，减排氮氧化物减117.6吨，共减排二氧化硫730.78吨、氮氧化物125.13吨，超额完成上级下达的全年减排任务，大气污染防治工作取得成效。

加大对全县汽车维修喷漆行业监督管理，要求辖区内所有汽车维修喷漆行业安装挥发性有机物气体处理设施，并通过验收投入运行，减少汽车维修喷漆行业挥发性气体对大气的污染。同食药局联合执法，加强对可镇范围内所有餐饮、烧烤服务业进行综合整治;按照大气污染防治要求，所有餐饮、烧烤服务业安装油烟净化器。

水污染防治综合治理中，可镇城区通过建设雨污分流管网，使生活污水达到应收尽收，提高可镇污水处理厂污水收集率，污水厂污水进水浓度提高40%，运行负荷率达到80%，确保污水厂生物活性菌生存，正常运行，在线监控数据上传通过有效性审核。饮用水源地保护依据中央环保水源地督查反馈问题情况及内蒙古自治区人民政府对哈拉沁水库水源地下达整改要求，已按照要求完成整改。市生态环境局出资对哈拉沁水库一级饮用水水源地进行标准围网工作，已全部完工。

全国第二次污染源普查工作和环境统计工作涉及武川县工业源有105家、农业源14家、集中式2家、移动源15家，已全部完成数据录入和有效性审核工作。

自然生态工作 推进大青山自然保护区监督管理工作，每月对大青山保护区内探、采矿企业拆除整改情况进行全面摸底排查，将各家企业设备拆除和恢复治理情况按月报送呼和浩特市环保局。

环境监察执法 按照《2018年全市环境监察执法工作要点》、呼和浩特市环境监察支队印发《2019年环境监察执法工作计划》，至2019年11月25日，武川县环境监察大队出动近200批次、300人次，对90余家企业进行监督检查；开展废旧塑料加工、采砂、淀粉行业、风险隐患排查、以及汽车维修行业专项执法检查、工业源排查、散乱污企业摸底排查、工业园区污染防治专项检查、执法大练兵工作安排等多项环境专项执法检查工作；对5家违反环保法律法规企业进行立案处罚，罚款金额241218元，1件查封扣押案件，处理信访件19件，完成结案率100%。移动执法系统上传有效执法记录70余人次，双随机抽查检查企业30余家次。

环境监管网格化管理工作。武川县人民政府制定网格化工作方案，要求各乡镇及开发区按要求制度各级网格。其中：县政府为一级网格共1个，负责全县环境保护网格化监管工作。各乡镇、开发区为二级网格共12个，设置3～5名环保工作人员。三级网格共100个，以行政村村委会、社区、居委会分组为单位划分，负责网格内环境监管任务。方案明确区域监督责任人、监督任务和监督责任。各部门及各乡镇按照工作方案进行监管，减少环境监督盲区和执法死角，减少环境违法行为产生。

环境监测情况 完成2019年度农村环境质量监测采样工作。

完成黑八盘城镇集中式地下水饮用水源地监测采样工作。完成2019年上级部门交办污染源监督性监测工作。

（办公室）

气象工作

气象局领导名录

局　长：白俊明

副局长：曹广义

　　　　南　丁（蒙古族）

观测业务 2019年到旗县先进台站进行调研，根据实际情况对预报会商制度进行调整，改革汛期值班制度，取消副班增加短时临近预报值班。全年单点温度、降水短期预报平均准确率97.6%，全年预报质量排名列全市中上游。

规章制度 制定和完善值班工作制度、会商制度以及冰雹等灾害性天气预警制度，根据制度相应制定不同时期值班流程、气象灾害及其次生灾害预警流程和人影作业指挥流程等多个流程。汛期及特殊服务期，气象台均按规定实行24小时值班。

业务平台 2019年，业务平台引进多个业务应用软件，实现天气资料快速调图、缺失资料自动补传、数值预报格点植快速调取、重要和灾害性天气自动报警、乡镇精细化预报自动遍发报。

气象服务建立灾害性天气联合会商制度。每周二召开一次会商，与市气象台、其他旗县气象台对上周天气进行总结，对未来天气进行预测，对可能出现灾害性天气进行预测，对已经出现灾害性天气进行评估。联合会商助于预报、观测人员对已发生和即将发生天气全面掌握。

“短期、短时双班” 随着雷达、区域自动站和闪电定位仪等短时临近监测预警设备不断完善，短时临近预报成为防灾、减灾重要预报环节，也是最后一道预报环节。开展气象业务发展和精细化预报业务，短期值班员分析大量天气资料，制作精细化预报，安排短时、短期两名值班员，各司其责，制定相应业务流程，在汛期临近预警无漏报现象。

气象台设立“带班制度”，局领导轮流带班，负责组织、协调气象服务工作，承担相应责任。

气象防灾减灾 年初发布年度人影工作计划及实施方案，发布人影作业公告。开展火箭增雨4次，发射火箭弹53枚，进行防雹作业6次，消耗炮弹720发。

入汛后，与人影中心及厂家业务人员开展为期6天高炮鉴定及维修，整理故障清单，及时整改。

对全县防雷重点单位进行安全检查，对存在防雷安全隐患要求及时予以整改消除。对全县易燃易爆场所、人口密集场所和相关企业进行防雷检测工作，全年签订检测合同46份，出具检测报告108份。

党组织建设 2019年，组织学习中共十九大精神，落实国家气象局、自治区气象局、市局及武川县委部署，召开党员大会10次，支委会11次，讲党课5次，组织全体党员参加主题党日活动1次。

开展“不忘初心、牢记使命”主题教育。推进“自我革命、自我净化、自我提升”。组织集中学习5次、开展专题调研2次、理论测试2次、交心谈心6人次。按照“四个对照”“四个找一找”要求，深入查摆问题，抓好整改落实。

组织全体职工观看《榜样4》，感受榜样的力量；庆祝新中国成立70周年，升国旗、录制小视频“祖国我想对您说”；组织全体职工观看中国70周年大型成就展。

气象科普宣传 利用“3·23”世界气象日、“5·12”防灾减灾日、宪法活动周，开展气象科普知识宣传活动，走进校园、商场等场所，向公众宣传气象防灾减灾知识，提高防灾减灾意识。与全县各安委会单位参与全国安全生产月宣传活动，提高社会工作安全生产防范意识。组织职工参加“全市气象科普培训班”，提高气象科普宣传。

安全生产加强职工消防培训。全年邀请内蒙古消防协会教官举办5次消防知识讲座培训。强化职工消防安全教育，增强消防安全意识，提高应对消防突发事件能力。

制订2019年安全生产计划，开展安全生产自查，排除安全隐患，上报自查报告及整改报告。召开会议传达安全生产工作精神12次，参加各类安全生产会议12次。

计划财务 执行财务规章制度。在市气象局计财科监督下完成财务工作人员交接工作。提高资金使用透明度，贯彻落实局务公开“三重一大”相关工作制度，杜绝违规违纪问题发生。

每月完成报账工作，年底完成固定资产清查、折旧及报废工作。按规定使用气象部门财务核算出纳系统及工资系统等。

老干部工作 春节、中秋节等节日，为老干部送去节日慰问；为老干部订阅党报党刊等学习材料送到老干部家中，组织老干部参加单位活动。关注退休老干部身体健康，为其办理体检卡。

人事工作 配合市气象局对2名职工开展考核工作，完成新进人员转正考核。

开展《中华人民共和国保密法》宣传教育活动，参加内蒙古自治区“五法”普法知识竞赛。

组织职工参加各项面授以及视频培训，全体职工均按要求完成远程教育培训。

联合应急管理局开展执法检查巡察，对辖区内20家易燃易爆场所防雷安全和施放气球活动进行执法巡查40次。通过巡查督促企业主要负责人履行安全生产第一责任人责任，对检查中发现问题提出整改要求，按相关规定落实整改。

完成武川县公共服务事项梳理上报。制定气象局“双随机、一公开”工作方案和工作制度。涉及企业8家，抽查完成率100%。

开展气象行政审批事项，在政务中心受理并作出许可鉴定防雷装置审计审核3件、防雷装置竣工验收3件。

精神文明建设　2019年，完成文明单位进档升级工作。

组织职工开展“博爱一日捐”、向阳湾子小学捐款、精准脱贫捐款等活动，捐款3000余元。

清明节、劳动节、端午节组织职工开展各类主题活动，参加全县义务植树活动及清明祭扫活动。

参加市气象局举办元旦联欢会、诗歌朗诵比赛、短视频大赛、天气预报员比赛，青春大讲堂等活动，获得优异成绩。

组织职工参加志愿者活动，到耗赖山乡敬老院为老人理发。

（刘胤池）

城镇供热

龙川公司（武川县百川热力有限公司）领导名录

企业负责人：任玉和

融资贷款　2019年，完成内蒙古富川水务有限公司500万元倒贷；中国建设银行欧佩克基金贷款还本共600万元；农发行基金贷款还本350万元；完成华夏银行续贷延期2000万元；完成内蒙古银行2500万元倒贷。由县财政支付华夏银行还贷还本3000万元。

车辆运行　公司2016年6月成立车辆租赁服务中心，根据政府安排，对县委、人大、政协、政府28辆公务用车进行接收、过户，全方位开展租赁业务服务。

年度供热　春夏季针对各管网存在问题进行整改、维修，锅炉、换热站设备进行维修、检修。针对个别小区反映温度不达标情况，从外围进行换热站改造，增加循环泵、变频器，阳光小镇三热、四热管道转换铺设安装，9月中旬提前注水进行冷运行。供暖城区及金三角供热面积250余万平方米，均正常供热。

公司投资重新更换取暖交费软件系统，实现在线数据云存储，微信公众号、微信交费、刷卡业务等多项新功能，方便用户费用缴纳，拓展其他业务渠道。

新建热源厂建设投入运行后，完成第三热源厂、第四热源厂2个热源厂脱硫除尘系统维修和部分除尘设施更换工程以及新建热源厂出渣系统改造。

（李美青）

城镇供电

供电局领导名录

局　长：云文涛（蒙古族，任至2019年10月）

　　　　庄　严（2019年10月任职）

政研会会长、工会主席、纪检书记：于　泳

营销副局长：杨威林

计划工程副局长：任利军

概况　武川供电分局承担县境内3个镇6个乡，946个自然村，7.8万余户用户生产、生活用电服务保障工作，供电服务面积4885平方公里和四子王旗9个村11个变台。武川电网现有220千伏变电站1座，主变2台，容量30万千伏安；110千伏变电站5座，主变10台，容量50.65万千伏安；35千伏变电站9座，主变17台，总容量12.865万千伏安。35千伏线路18条，其中公用线路13条，专用线路5条，全长299公里。配电线路83条，其中公用线路60条，用户专线23条，线路总长3069.73公里。共辖配电变压器3999台，总容量42.5678万千伏安，0.4千伏线路1217公里。

分局机构设有6个职能部室（综合管理室、党群管理室、生产技术室、安全监督室、市场营销室、计划工程室）、17个生产班组，代管2个多经企业（武川县劳动服务有限责任公司、明

珠电力宾馆）

主要指标完成情况 2019年，完成年度春秋查、防汛抗旱、线路切改、应急抢修和各项政治性保电等工作，杜绝安全责任事故发生。至12月末，武川地区电网累计安全运行3384天。

全年供电量完成73742.81万千瓦时，较2018年实现增长29.33%。售电量完成71824.90万千瓦时，较去年实现增长30.71%，完成全年计划101.16%。

2019年，农网工程（批复总投资9186.1213万元）电杆138基，10千伏线路16.103公里，0.4千伏线路49.797公里，配电变压器17台，开关25台。续建2018年老旧计量工程（批复总投资7413.6581万元）剩余单相智能费控表27933块、三相智能费控表1411块、终端640台。

党建群团工作 2019年，分局党总支围绕《呼和浩特供电局2019年组织干部工作要点》，以中共十九大和习近平总书记系列重要讲话精神为指导，贯彻落实“不忘初心、牢记使命”主题教育，发挥党总支方向引领作用，实现党建工作与生产经营融合发展。

在党总支领导下，分局工会、团青工作有序开展。工会组织落实“安康杯”竞赛活动，获得知识竞赛团体第二名。团支部组织分局青年职工，开展“播种绿色，共享蓝天”志愿植树服务活动、“寻知”活动、“青春心向党、建功新时代”等主题系列活动。

党总支组织党员每月进行党风廉政建设专题辅导，在廉政基地参观学习。领导班子落实“一岗双责”，按月开展廉政谈话，增强党员遵纪守法、廉洁自律意识。纪检书记严抓日常监督和专项监督工作，从根源上遏制问题产生。

扶贫工作脱贫攻坚工作领导小组以党政负责人为责任人，派出2名驻村干部和11名结对帮扶干部为成员，围绕呼和浩特供电局脱贫攻坚领导小组工作总部署，按照武川县扶贫工作3.5天工作制，深入贫困村实地了解情况，完善贫困户档案资料，制定相应脱贫措施，及时更新贫困户动态信息。制定驻村干部和结对帮扶干部职责及考核办法，分工明确、责任清晰、任务到人、考核到位，强化组织保证。

开展志愿服务活动、大型义诊活动、主题党日活动、慰问等活动，为帮扶贫困村捐赠衣物、生活必需品、米、面、油、节日慰问金等。运用电力扶贫资金，帮扶贫困村安装水利变台、高低压线路、机电井工程累计投资约391.251万元，共251眼，受益农田14649亩。

（冀树林）

教育·文化·旅游·体育

教 育

教育局领导名录

党工委书记、局长：高 飞

副 局 长：杜维荣

周奇贤

梁建军

纪检组组长：王忠怀

概况 县教育局内设19个机构：行政办、党建办、人事股、计财股、项目办、招生办、安全办、体卫艺股、德育股（创城办、）勤工办、师训股、督导室、教育热线办公室、基教股、民教股、党总支；二级单位有教研室、学生资助中心、青少年活动中心。

工作职责 贯彻党的教育方针，落实国家教育法律法规，组织实施和监督检查。综合管理全县幼儿教育、特殊教育、义务教育（基础教育）、职业教育、成人教育、民族教育等教育教学工作；主管全县教师队伍管理和建设。包括师资培训、继续教育、人员调配录用和义务教育学校（局下设二级单位）领导配备、考核、任免。合同编制、人事部门做好各校人员编制档案和教师职称评审工作等。

指导全县各级各类学校党建、精神文明建设和思想政治工作；管理全县教育系统招生考试、学籍管理工作，承担县委、县政府和上级教育行政部门交办的其他工作。

教育扶贫 2019年，发放春季学期县级教育扶贫资金87.1425万元，共资助建档立卡家庭学生368人；发放秋季县级教育扶贫资金57.23万元，资助建档立卡家庭学生291人。

教师队伍建设 推进教师队伍建设，提高政治业务水平。组织开展各级各类培训。累计培训4630人次，其中参与“国培项目”217人（中小学145人、幼儿园72人）。中小学培训项目5个，教师培训团队研修25人，骨干教师助力培训30人，新教师入职培训40人，骨干校长提升培训10人。幼儿园培训项目6个，新入职教师32人，非学前教师专业补偿培训21人，乡村幼儿园园长法制与安全培训6人，乡村幼儿园园长办园能力提升培训9人，民办幼儿园规范化办园培训1人。

教学质量 通过实施教学质量提升工程五年计划。开展教学研究创新活动和课改，实施打造优质高中战略计划，2019 年一本上线率 5.9%，二本上线率 28.6%。

教育教学改革 按照各级教育主管部门精神要求，各级各类学校坚持“立德树人”根本目标，坚持特色化办学模式，武川二中实行封闭式军事化管理机制，武川一小成立“武川一小少年军校”。

学校安全 各级各类学校建立健全校园安全长效管理机制，全部实行“3 个 100%”（100% 按要求配置专职安保人员，100% 实现校园警务室标准化配置，100% 实现校园全封闭管理）要求，校园安全实行标准化建设，“一键式报警”系统投入使用。配合校长安全职能部门开展法制进校园和校园及周边环境长效专项整治行动，实行人防、技防、物防相结合网络化防范体系。

体卫艺工作 以活动为载体，多角度、全方位促进学校体育工作。2019 年 6 月，成功举办全县中小学“县长杯”足球比赛。7 月，举办全县首届中小学田径运动会。12 月，举办全县中小学冬季运动会。

校园文化 校园文化是加强爱国主义教育、民族传统文化教育和学校内涵提升重要载体，以社会主义核心价值观和立德树人为主要内容校园文化建设。2019 年，第二小学、民族小学申报自治区级“文明校园”，成功评估验收。2009 年，全县举办中小学汉字听写大赛，武川一中举办古诗词大赛，各学校举办中华古诗词诵读比赛和庆祝中国共产党成立 100 周年、中华人民共和国成立 70 周年等大型演讲比赛。

重点项目建设 2019 年，投资 295 万元新建武川三中、西乌兰不浪学校旱厕改造工程，武川二中投资 115 万元新建 737 平米学生宿舍，职教中心投资 938.7169 万元修建 4006.12 平米农学专业教学楼。

（郑德昌）

武川一中

领导名录

党总支书记：罗永茂

校　　长：李 强

副 校 长：高景旺

杨占全

张 羽

概况 武川一中（原名武川中学）始建于 1956 年。原内蒙古自治区人大常委会副主任、呼市市委书记白音为武川一中题写校名。2019 年，武川一中有 30 个教学班、近 1500 名学生、176 名教职工。学校占地 40020 平方米，建筑面积 17630 平方米。

办学条件 学校有微机 240 台、2 个多媒体教室、4 个网络教室、1 个教师电子备课室、1 个容纳 700 人多媒体报告厅、5 个理化生实验室、1 座体育艺术楼、1 个美术教室、2 个音乐教室，1 个形体排练室、1 个乒乓球室及 1 个标准 400 米跑道运动场地，篮球场、足球场、排球场一应俱全。图书馆藏书 5 万余册。

教育建设 主要有“自主、合作、有效课堂”建设，“扬理想风帆、品幸福人生”主题学校文化建设，“绿色校园、平安校园”建设。

德育工作 学校以立德树人为根本，建立健全学校德育工作机制，加强德育工作制度建设和队伍建设。发挥学校广播室作用。弘扬和践行社会主义核心价值观，实施学科渗透。开展德育月主题教育活动，提高师生活动参与积极性，增强德育工作针对性和实效性，培养从我做起、从现在做起、从小事做起、从身边事做起好习惯。推进学校文化建设，营造“生命、阳光、健康、快乐”校园文化，让学生获得道德认知，产生道德情感，形成道德意志。

树立党员榜样意识，保持党员先进性为重点，构建以思想道德教育、心理健康教育、法治教育、文明礼仪教育、读书教育党员素质拓展平台。以升旗仪式、广播站等党的活动为载体，开展团队活动，提高青年党员思想道德素质。发挥党员模范带头作用。

教研工作 树立“有教无类”“人人皆可成才”观念，突出学生主体，开展“自主、合作、有效”课堂探索研究，构建符合实际、师生自主、生生合作、教有效益课堂新格局。创造良性教学秩序，创新教学模式与方法，实现各班级各学科有效均衡发展。

推进学校课程、课堂改革。成立文科组、理科组、综合组 3 个教研组，开展“同课异构”教学研究活动，研究探索课堂教学新模式，构建学生喜欢教师新课堂。强化教学计划制定与落实，促进教学有序进行。定期与不定期开展教学常规督查。督查教师备课，教师批改作业质和量。定期对各年级进行教育质量进行检测与分析。设立教学开放日，让家长、社会、同行听评课；开展微课录制展评教学比武活动，促进“一课一名师，一师一优课”活动。

强化教师业务学习，要求每位教师写教学反思，形成反思习惯。进行教育教学能手选拔赛系列活动（教学比武—我的课堂教学经验交流—现场问答），鼓励教师相互听课、评课，提倡跨年级、跨学科听课，相互学习，共同提高。坚持校长、主任兼课、巡课，推门听课制度，了解教师教学状况，帮助教师改进提高。加强网上资源与学科整合研究，提高信息技术在教学中应用。建立教师教学教研网络交流微信群平台。加强对青年教师校本培养和指导，采取青蓝结对、内培外训、跟踪听课等方式，提高青年教师教学水平。

加强对学生学法指导，帮助学生改进学习方法和良好学习习惯，促进学生会学、乐学。组织各阶段考试工作，做好考试评估与分析。制定毕业班工作计划，明确 2019 届毕业班教学质量目标，研究复习策略和毕业班管理策略，落实“三个工程”，即面向全体学生，落实“底子工程”创合格率；以年级前 40 名指标促进“苗子工程”创优秀率；以相互挑战、相互纠错、错一练三等措施，推动“尖子工程”创升重率。采取分层教学辅导方式，各班、各学科对不同学生提出不同目标。

综治维稳 提高安全防范意识，增强责任意识，落实“一岗双责”制度，做好校门、寝室、食堂等特殊部位安全护卫、保障工作。

排查建（构）筑物安全隐患工作，一日一巡查，一周一排查，将排查结果以书面形式进行汇报。班级安全和部门安全工作分解到人，专干管理，深入到点开展工作。

开展法治、安全教育和安全演练，“一月一主题”。开展学生防疫、防震防灾、食品卫生、道路交通、防火、防电、防溺水、防踩踏等安全知识教育。组织开展意外紧急避险，自救自护演练活动；开展收缴管制刀具收缴行动。完善突发公共事件应急预案和处理机制，提高各类突发事件预警、防范和处置能力，提高师生自护自救能力。

警民共建综合治理学校周边治安秩序。加强 24 小时值带班管理，落实值班安排，履行值班责任。

后勤服务 推进节能减排，建设资源节约型、环境友好型生态校园；加强食堂、饮食文化宣传教育；强化全校师生节能意识，形成“崇尚节约，摒弃浪费”校园文化风尚，防止资源浪费，降低办学运行成本，提高节能管理。

实行精细化流程管理，严禁闲散人员进入学校食堂操作间。完善校产、校舍管理制度，规范学校财务管理，核查学校固定资产，强化学校、班级赔偿制度。执行申购、审批、验收、入库、报销、领用制度。对各种设施管理分块包干，落实到人。

执行年度预算。加强财务收支核算，严控接待、租车等非生产性支出。强化商店、食堂财务管理，实施收支两条线，严禁坐收坐支，严禁签单消费、购物。实行专项经费专款专用。

强化学校后勤管理工作和学生营养餐实施工作。后勤管理实行总务主任负责制，一月召开一次后勤工作调度会，一月一次后勤工作督查。加强劳资和社会保障工作，落实教职工及临聘人员工资福利待遇。

内部管理　强化教师绩效考核、党务、计生等工作。推进教师工作作风建设。组织开展学校各项评比活动，提升教职员工归属意识、服务意识，开拓创新意识。

校工会召开教代会，组织教工参政议政，为学校发展出谋划策。开展文化娱乐活动和教工健身活动，关心教师健康，丰富业余生活。帮助教职工解决生活困难。

体、卫、艺及心理健康教育　加强体育工作，开展阳光体育运动，利用校内外资源，培养学生体艺兴趣爱好，推动课外体艺活动开展。创新学校运动会等活动组织形式，促进学生全员参与。

开展生命健康教育年活动，开展师生心理健康教育状况调查；加强学校心理咨询室建设，加强对心理健康教育教师培训，提高教师开展心理健康教育能力和水平。重视缓解学生尤其是留守儿童等特殊群体学生心理压力，做好学生沉迷网络等不良心理预防和矫治教育工作，培养学生健全人格，提升学生心理健康水平。

（张文凯）

文化·旅游·体育

文化旅游体育局领导名录

党组书记、总支书记：贾宇翔
党组成员、局　　长：张世杰
副　　　局　　　长：陈永亮
　　　　　　　　　　郑文德
　　　　　　　　　　李建飞（兼文物局长）

概况　调整优化党政机构和职能，整合县文化体育广电局文化、体育职能职责和县旅游局职能职责，新组建“武川县文化旅游体育局”，加挂“武川县文物局”牌子。

冰雪文化旅游节　武川县第二届冰雪旅游文化节自 2018 年年底开幕，到 2019 年 2 月闭园，历时 70 天，接待入园游客近 8 万人次。冰雪节在满足游客游园观赏冰雪作品同时，举办各种形式文艺表演和体育活动。举办开幕式大型演唱会，其中武川文艺团体演出 10 余场次。

春节、元宵节群众文体活动　组织 2019 年春节、元宵节文体系列活动。以乡镇为单位，成立 9 支秧歌队，开展元宵文化集中展演活动。春节、元宵节期间，组织职工、群众、老干部棋类、球类比赛，读书知识竞赛和读书猜谜活动、民间剪纸展览、健身操舞免费培训、电影展演、戏曲表演、九曲游园等系列活动，丰富城乡居民精神文化生活，营造节日文化氛围。

莜面文化节　挖掘武川红色历史文化，展示革命老区地域民俗，扩大武川旅游资源影响力，提高武川特色优势产品知名度。2019 年 8 月 8 日，举办“红色武川、绿色家园”第七届内蒙古·武川莜面文化节。活动有开幕式晚会，传统物资交流会，特色产品展销暨莜面美食技能大赛，燕谷坊情专场文艺晚会，“奋进 70 年”歌颂祖国书画作品展，干部职工唱红歌活动，“辉煌 70 年”群众文艺会演，地方戏曲大赛，爱国主义题材影片惠民展映，惠民晋剧演出，二人台艺术大赛和健身操舞、太极拳展示。

公共文化服务　按照巩固公共文化示范区要求，加强基层公共文化服务体系建设，打通公共文化服务“最后一公里”。增加设备、完善功能，落实图书馆、文化馆总分馆建设，新购 9 万元图书充实“农家书屋”。推进数字公共文化服务进程，完善“两馆”网站，充实数字资源，推进数字图书馆、文化馆建设。图书馆、文化馆利用流动服务车，分别到乡村和社区，完成 31 次、27 次流动服务。落实“戏曲进乡村”传统文化工程，县乌兰牧骑完成送戏下乡惠民演出123场，文化馆馆办剧团送戏下乡78场。强化公共文化服务队伍建设,新组建乡土剧团7个、群众健身队伍7支。农村乡土小剧团26个，提升全民参与公共文化服务能力和水平。

题材文艺创作 举办“武川县第二届春节文艺晚会”，参与呼和浩特春晚编排和演出。打造以实施“乡村振兴”为主题大型二人台现代戏《青山之恋》，在全区100余部戏剧中，被自治区党委宣传部选为“第16届内蒙古草原文化节”唯一一部汉语展演剧目。纪念新中国成立70周年，编排制作快闪作品《我和我的祖国》,推送各大传播平台传播。原创二人台小戏《走西欧》被国家艺术基金选为巡演作品，先后在沈阳、石家庄、济南和上海展示，为传播武川二人台艺术作出贡献。

文物保护和非物质文化遗产 贯彻习近平总书记关于保护弘扬文化遗产重要讲话和批示精神，开展历代长城和抗日根据地遗址等重点文物保护工作。联合内蒙古考古研究所，对县内大青山乡坝顶圆丘遗址进行考古发掘，年内投入70余万元，完成工作50%。配合311省道工程项目，完成哈拉合少境内历史遗址保护性考古发掘。

开展国家级非物质文化遗产“爬山调”进课堂工作,举办“爬山调”培训4次,开展演唱15次。开展“武川莜面制作技艺”表演3次。

文化市场监管 围绕元旦、春节、元宵节等重大节庆，结合扫黑除恶专项斗争和文化市场治乱工作，开展30次专项行动，120余次日常检查，推进文化市场综合执法工作。举办2次传统交流会，文化市场综合执法大队进驻表演场地，实行全程监管。

红色旅游 完成大青山抗日游击根据地红色旅游三期建设，总投资700万元，完成景区内沥青道路7公里建设。投入资金110万元，完成二期工程景区6公里游步道建设。投资近200万元，完成得胜沟红旅景区两个游客中心装修工作，并投入使用。经过专家评审，得胜沟红旅景区获得自治区AAA景区认定。红旅景区年内接待游客35万人次。

基础设施建设 配合红旅景区建设，投入资金30万元，完成得胜沟6户农家乐改造升级工作。有8家农家乐晋升“四星级”旅游接待户，5家农家乐达到“三星级”旅游接待户标准，13户农家乐获得上级补助资金105万元。争取上级资金360万元，推进旅游厕所革命，在交通要道、景区景点、星级农家乐和旅游扶贫示范村新建旅游水冲厕所6座。

争取上级支持40万元，推进《武川县全域旅游总体规划》编制进程。推进哈达门高山牧场资源整合、资产重组，实施深度开发。发展休闲观光农业，完善以哈乐镇根根渠为主大地休闲观光景区。

行业监管强化旅游安全宣传。组织开展安全生产月活动。结合扫黑除恶专项斗争，加强景区检查。全年对全县星级饭店、A级景区、旅行社、星级农家乐开展旅游市场秩序专项整治4次，保护旅游企业和游客合法权益。

全民健身 按照统一规划、分步实施原则，争取上级体育部门投入200万元，在东河带状公园建设简易健身馆1处。争取自治区“体育公园”项目，总投资300万元，安装各种健身器材，形成8个标准健身区块，丰富东河公园健身项目，打造“15分钟健身圈”。

组织参加呼和浩特第三届运动会各项比赛，获得总分第三名。

组织开展各类群众性体育活动30余场次，包括冰雪运动、健身操舞、登山游泳和各种球类比赛。建立健全三级全民健身网络，培养社会体育指导员446名。承办“呼和浩特市第六届民族民间健身项目展示大赛”，九旗县区和市属单项协会、俱乐部11支代表队参加比赛，促进全民健身事业。

（办公室）

广播电视

广播电视台领导名录

台　长：闫　宏

副台长：马慧敏

概况　2019年12月机构改革，新闻中心与电视台合并成立融媒体中心。内设办公室、总工会、政工科、记者部、总编室、财务室、户户通维护站、村村响维护站、差转台9个台站室。

工作职责　播发广播、电视新闻和其他信息。促进社会经济文化发展。新闻广播、文艺广播、广告、电视节目制作和播放，广播电视技术维护与管理。

新闻宣传　围绕精准扶贫、乡村振兴、打黑除恶、生态建设、社会民生、党建等全市中心工作做好新闻策划和宣传，正面引导舆论。2019年共制作《武川新闻》248期，播发稿件960篇，在呼和浩特市电视台播发140余条。

安全播出　制定节目审查签发制度、节目重播重审制度，分工明确，责任到人，确保广播电视节目内容安全、健康、向上。履行职责，加强安全生产管理,建立健全机房安全播出值班制度，完善广播电视安全播出应急预案，坚持机房值班制度，重要时期和敏感时段坚持领导带班制度和巡查制度，节假日值班工作坚持报告制度。参加新技术知识推广应用，落实各种“人防、技防、物防”措施，做好“防邪”“防火”“防盗”工作，确保广播电视传输可靠安全，圆满完成春节、元旦、五一、国庆节安全播出工作，全年无安全播出事故。

内部管理　加强新闻从业人员职业道德教育，对编辑、记者进行培训，提高人员素质，规范管理，提高积极性和责任感。

（米　俊）

医疗卫生

公共卫生健康

卫生健康委员会领导名录

党组书记：田虎才

主　　任：汪　昊（女，蒙古族）

副 主 任：赵新华

刘永平

韩玲鸽（女）

张建军

概况　县卫生健康委员会下设县医院、蒙医中医医院、疾病预防控制中心、卫生计生综合监督执法局、妇幼保健计划生育服务中心5个下属单位及社区、乡（镇）基层卫生院19所和村卫生室105个。

药品供应　强化药品供应县乡村一体化配送，公立医疗机构通过上级招标8家药品配送企业统一配送，阳光采购，优先配备和使用基本药物，全部实行药品零差价销售。2019年1—10月，县医院及县蒙医中医医院网上采购药品15189919.67元；基层医疗卫生机构在网上采购药品578929.01元，共15768848.68元；其中全县医疗机构采购基本药物6751286.78元，基本药物占42.81%。

公共卫生服务　2019年，上级拨入基本公共卫生服务经费229万元，全部下拨到基层卫生院。全县服务人口数160266人，居民电子健康档案建档156396人，建档率为97.58%；加强健康教育宣传工作，设置健康教育专栏131块，版面内容更新184次，开展公众健康咨询活动73次，举办讲座153次，免费为农民发放健康宣传资料2万余份。对高血压、糖尿病、重性精神病患者按季度进行3次随访管理，其中高血压管理13929人，规范管理12995人，规范管理率93.29%。糖尿病管理1587人，规范管理1511人，规范管理率95.21%，辖区内登记在册重性精神病患者762人，规范管理727人，规范管理率95.41%。辖区同期内经上级定点医疗机构确诊并通知基层医疗卫生机构管理肺结核患者23人，管理肺结核患者23人，肺结核患者管理率100%。

公立医院改革　县医院和中蒙医院纳入改革试点后，按照上级部署和要求，破除"以药补医"，推进各项改革任务。按照《关于县医院开展事业单位法人治理结构试点工作的通知》，试点医院建立适用于举办主体、管理层、利益相关者及监督者之间关系，以理事会为核心现代事业单位法人治理结构；医保支付方式由医院先行垫付，即时结报，按月与社保结算；建成以服务质量和数量为核心、以岗位责任与绩效为基础、以专业技术能力和医德医风等为主要评价标准绩效考核体系；开展临床路径管理，医院共完成应入临床路径 3231 例，完成率 96.07%。入径人数占比 73.27%；按照呼和浩特市卫生健康委员会《关于印发呼和浩特市公立医院党委书记和院长“讲医改、见行动、出成效”活动方案的通知》要求和实施步骤，县医院和蒙中医院分别召开公立医院书记和院长“讲医改、见行动、出成效”活动启动会议，开展宣讲。发挥公立医院党总支领导核心作用，加强公立医院基层党建工作，按照“三重一大”等重大事项，健全医院决策机制。

医政工作 2019 年，医政医管股对全县 2 所县直医疗卫生机构、36 家个体诊所、2 所私立医院、19 所乡镇卫生院、7 所社区卫生服务站进行执业许可证换证、验证工作。完成考核人员共 270 人。量化考核记录医务人员医德医风状况，纠正损害群众利益行业不正之风。县医院与内蒙古医科大学附属医院建成医联体，县医院、蒙中医医院与 19 所乡镇卫生院及所属卫生室结为医共体。

疾病预防控制 2019 年，传染病监测与管理报告法定传染病 610 例，与 2018 年同期下降 32.9%。其中，甲类传染病无发病报告；乙类传染病报告发病 8 种 82 例，丙类传染病报告发病 3 种 40 例，其他疾病 488 例。传染病诊疗机构 22 家，网络正常运行传染病诊疗机构 22 家。

加强艾滋病预防工作，至 2019 年年末，累计管理 HIV 感染者和病人 14 例，无死亡病例。对监管场所看守所及拘留所共 127 人做 HIV 筛查，采血样 127 份，HIV 初筛无阳性病例。

根据《内蒙古自治区鼠疫监测方案》要求，疾控中心重点对鼠疫、碘缺乏病和布病等进行防治与监测，鼠疫疫源地监测单公顷样方 49 个，捕鼠 171 只，鼠密度平均 3.49 只 / 公顷，监测剖验宿主动物 3 种 178 只（长爪沙鼠 171 只、五趾跳鼠 1 只、黑线仓鼠 6 只），监测鼠体蚤 55 匹 /40 组，检验结果均为阴性。对确诊布病病人及时进行正规治疗，均已好转或痊愈。对暴发布病村进行消毒和宣传干预工作，应对全县高危职业人群布病筛查 1500 人，干预 2000 人，筛查工作已完成。完成全县 8 ～ 10 岁儿童尿、食用盐各 200 份和孕妇食用盐、尿各 100 份采集工作。按照脱贫攻坚农村饮用水监测方案，完成 552 份水样采集和检验工作。

至 2019 年，国家免疫规划疫苗接种率均达 97% 以上。其中：卡介苗接种率 98.67%；脊髓灰质炎疫苗接种率 99.36%；百白破疫苗接种率 99.66%；麻疹类疫苗接种率 97.35%；乙肝疫苗接种率 97.33%；甲肝疫苗接种率 98.25%；乙脑疫苗接种率 98.58%；A+C 流脑疫苗接种率 99.67%；白破疫苗接种率 98.52%。

结核病防治围绕以病人发现和治疗为中心，制订工作计划，加强对病人报告、转诊、追踪及督导，接诊治疗结核病患者 40 例，其中涂阳 12 例，系统管理率 95% 以上。

妇幼保健服务 全县推广使用国家统一母子健康手册，使用率 100%。2019 年，免费孕前优生健康检查项目任务数 270 对，全年建档 278 对，评估 281 对，完成率 101%。妇女宫颈癌筛查 4668 人，癌前病变 26 人（CIN1 7 人，CIN2 和 CIN3 19 人）；乳腺癌筛查 4331 人，确诊乳腺癌 5 人，乳腺癌前病变 1 人。加强对出生医学证明申领、发放、监督管理工作。开展免费基本计划生育技术服务。

儿童营养改善项目从 2019 年 3 月启动并下发营养包，收到上级匹配营养包 7650 盒，3—10 月（特殊原因 11—12 月停发），为 6—18 个月儿童发放营养包 1295 盒，适龄儿童发放率 37.68%。

2019年新增新生儿疾病筛查项目，全年县医院产妇数110人，活产110人，产前筛查87人，筛查率79.09%；新生儿听力筛查107人，筛查率97.27%；新生儿疾病筛查107人，筛查率97.27%。

综合执法监督 开展医疗卫生服务监督，打击非法行医行为、公共场所卫生监督、生活饮用水卫生监督、卫生监督协管等工作。加强对医疗服务市场监管。2019年，对161家医疗卫生机构进行2次以上监督检查，监督覆盖率100%。国家抽查全县4所医疗卫生机构、4所传染病防治机构，全部合格。

加强公共场所卫生监管工作，2019年新发公共场所卫生许可证22户，监督检查从业单位239户次，其中小旅馆、小浴室、小美容美发从业单位66户次，现场查验36户次，出动监督车辆211车次，出动监督员632人次，对检查中发现个别从业人员健康证明过期、卫生用品索证索票不全等现象下达卫生监督意见书，制作卫生监督文书261份，对21家不符合卫生要求经营单位下达卫生监督意见书责令限期整改。

4月，对城镇供水管理中心六号水厂进行日常性监督检查，水厂水源防护符合卫生要求，水质消毒和自检未开展，监督员下达监督意见书，要求其整改。

对辖区内学校及幼儿园开展监督检查，检查学校9所，幼儿园15所，其中小学7所，中学2所，双方签订学校卫生安全管理责任状。

计划生育工作 完善全面二孩配套政策措施，新增2处（文化社区卫生服务站、新东街社区卫生服务站）母婴室，已投入使用。全县期末总人口170599人(其中流出人口62985人)；出生282人(其中流出人口出生153人)，一孩出生165人，二多孩出生117人。独生子女累计领证1777人（其中流出人口领证931人）。居住已婚育龄妇女14424人。

各乡镇成立流动人口计生管理服务办公室，县医院及19个乡镇卫生院为流动人口公共卫生服务点，妇幼保健计划生育服务中心为流动人口计划生育技术服务点，服务流动人口，全县流动人口目标人群基本公共卫生计生服务覆盖率89%。在流动人口密集地有计生宣传栏。

落实各项计划生育奖励优惠政策，逐一核实人员资格，及时予以公开接受群众监督。至2019年6月，新增市扶1178人，退出31人，转国扶165人，转特扶2人，实际受益6663人；新增国扶205人，退出17人，实际受益1121人；新增特扶7人，退出1人，实际受益60人。落实生育关怀公益金制度，开展生育关怀行动。慰问计生困难家庭15户、贫困女童10人和计生特殊家庭5户，为每人（户）发放慰问金500元，共发放1.5万元。在中秋、国庆“两节”期间，开展两节“送温暖，促和谐”活动，走访慰问计生特殊家庭2户，贫困计生家庭7户，留守儿童、贫困学生19人。为每人（户）发放慰问金500元，共发放1.4万元。

健康扶贫 按照国家卫健委等五部门联合印发《健康扶贫三年行动计划》、自治区卫计委等四部门联合下发《关于印发内蒙古自治区卫生计生精准扶贫工作实施方案》《关于进一步完善优化内蒙古自治区健康扶贫医疗保障政策》《武川县健康扶贫工程实施方案》和《关于印发武川县落实中央第八巡视组脱贫攻坚专项巡视反馈意见整改方案的通知》要求，坚持脱贫不脱责任、脱贫不脱政策、脱贫不脱帮扶、脱贫不脱监管。按照《武川县健康扶贫工程“三个一批”行动计划实施方案》要求，开展因人因病分批分类救治。2019年，大病患者总人数188人，累计救治188人，大病患者报销总金额134万元。对患有慢性病贫困人口实行家庭医生签约服务，全县有3704名慢病贫困人口，已签约3704人，签约率100%。送医配药人数为26954人次，报销金额127.62万元；按照《武川县建档立卡贫困患者住院“先诊疗、后付费”诊疗服务工作实施意见》，贫困人口住院总人数1143人次，报销金额838.9万元，其中基金救助20.7万元。

爱国卫生 组织召开全县爱国卫生工作暨第31个爱卫月活动，安排爱卫月活动及春季统一灭鼠、灭蟑工作。组织开展爱卫周活动，发放并张贴爱国周倡议书3000余份，组织群众、干部、职工开展室内外卫生大清理，发扬爱国卫生运动优良传统，实现共建共享。

（办公室）

武川县医院

领导名录

院　长：王文军

副院长：李　波

概况 武川县医院始建于1956年，是全县唯一一所集急救、医疗、护理、教学、科研、康复于一体的综合医院。医院位于可镇新区呈祥路西腾飞大道南，总占地面积32亩，总建筑面积18529.6平方米，开放病床200张。院内设有急诊科、内科、外科、骨科、妇产科、儿科等临床科室14个，影像科（CT、核磁共振）、检验科、超声科、心脑电科等医技科室10个，院办公室、财务科、农合科、社保科等职能科室10个，护理单元8个，年门诊量7万余人次，年住院7000人次，年手术平均700例，年住院分娩平均600余例。1984年被自治区卫生厅评为文明医院，1994年晋升为二级乙等医院，1996年建成爱婴医院，1997年被命名为“市级文明单位”，2008年建成120急救分站。是社保医疗、城镇居民医疗保险、新型农村合作医疗和中国人寿保险、平安保险、泰康人寿保险公司定点医院。

县医院于2001年起创办无双休、无假日医院，开设急重症病人救治绿色通道和妇产科急救绿色通道，双休日、节假日就诊、手术等免收急诊费。为配合国家精准扶贫战略计划，遵照国家和内蒙古自治区相关政策要求，医院于2017年开始实行健康扶贫“一站式”服务，对全县建档立卡贫困人口就诊住院，实行住院零押金。

党的建设 全面学习贯彻落实“不忘初心、牢记使命”主题教育学习精神。医院党总支和各党支部组织全体党员学习贯彻中共十九大和习总书记系列重要讲话精神。2019年6月，县医院党支部被武川县委组织部批准成立医院党总支。

医疗救治 至2019年10月，完成门急诊量60738人次，住院量4379人次，各种手术344例，住院分娩85例，出生新生儿85名，抢救危重病人856人次，病床使用率80.5%，120急救出车1009台次，留院治疗409人次，转送病人442人次。共有3551人次城乡居民患者享受直接报销，有603人次参加城镇职工社保医疗人员享受直接报销，完成干部职工健康体检926人次，网报各类传染病58例。

医疗管理 完善制度，依法行医。规范书写病历，规范医疗行为。

加大医疗质量安全管理制度的落实，定期召开各临床科室医疗质量安全会议。各科室严格按操作技术常规进行工作，病人住院治愈好转率98%；门诊病案书写率100%；出入院诊断符合率98%；术前平均住院日2天，手术前后诊断符合率100%；病理诊断符合率100%；危重病人抢救成功率98%；无孕产妇死亡、医疗事故、重大医疗纠纷发生。

护理管理 护理工作严格按护理质控方案，技术规范和护理质量评价标准开展。采取目标管理和指标考核形式，有计划地组织检查、评估、总结、反馈、整改。加强护理质量安全管理，建立健全护理质量安全管理预案及应急处理程序，完善差错事故管理制度和防范措施。2019年，全院无护理差错和纠纷，一级护理合格率96%，基础护理合格率97%，护理文书书写合格率98%。

药剂管理 药品采购严格按照上级部门文件

执行，实行阳光平台分类采购。落实《处方管理办法》，制定医院基本用药目录及药品处方集。实行处方点评制度。精神药品、麻醉药品管理完善，精神药品实行交接班清点管理并登记制度。麻醉药品按照国家有关规定管理，发药回收空瓶并登记。

预防保健及传染病管理 按照上级卫健部门要求，管理传染病工作。先后组织全体医护人员进行《重点传染病防治培训》《突发重大传染病和突发社会安全事件演练培训》等。加强结核病、艾滋病防治、消毒隔离与个人防护，肠道传染病及医疗废物管理等防治工作，改建传染病门诊，配备 2 名工作人员。

健康扶贫"一站式"服务 落实国家健康扶贫工作要求和自治区、呼和浩特市脱贫攻坚总体部署，推进健康扶贫工作。优化服务程序，简化服务流程，对贫困患者住院看病实行零押金，在推行先看病、后结算的同时，自行研发"健康扶贫住院报帐系统"软件，为贫困人口建立"一站式"结算独立报帐绿色通道，方便贫困人口住院就医和出院结算；实现基本医保、商业保险、医疗救助、政府兜底资金（健康扶贫基金）等各项政策组合保障。全年健康扶贫"一站式"服务共结算报销 942 人。

医联体对口支援帮扶 推进医联体建设，助力构建分级诊疗制度。按照京蒙对口帮扶和三级医院对口帮扶协议，2019 年，首都医科大学附属北京妇产医院、北京市门头沟区医院、内蒙古医科大学附属医院 3 家医院对县医院进行帮扶。北京妇产医院派新生儿科医护专家长期派驻帮扶，帮助创建新生儿科。北京门头沟区医院检验科完成 1 年帮扶任务。2019 年，内蒙古医科大学附属医院共派出 2 批 15 名各专业专家帮扶，各专业、各科室专家到县医院出门诊、教学查房、学术讲座等，以多种方式进行对口帮扶。

（纪登奎）

乡 镇

可 镇

领导名录

书 记：樊建勇

镇 长：袁 帅（任至2019年4月）

人大主席：尹俊义

副 书 记：赵文彪

纪委书记：陈集平

副 镇 长：何永泽

白旭东

冀志刚

组织建设 2019年，可镇党委与村、社区党支部签订党建目标责任状，强化“组织力提升年”“基层党建强化年”各项工作，每月集中开展两次村、社区“两委”学习。天力木兔、大水圪洞村党支部党建促产业发展、促“三务”公开、促便民服务有阵地、有内容、有群众参与，宣传党的政策，推动村、社区三务公开。建强农村基层党组织，制定村级后备干部培养计划，明确选拔条件和培养方向，培养村“两委”后备干部32名。开展“党建+镇容镇貌及居民文明素质提升”活动，“走上街头、走进小区”言语文明、行为文明、经营文明、环境文明、生活文明“五个文明”行动。

主题教育 镇党委成立“不忘初心、牢记使命”主题教育工作领导小组。党委书记担负第一责任人，落实中央、自治区、市委、县委相关部署要求。班子成员履行“一岗双责”，对分管领域和包联村、社区加强督促指导。利用微信群为外出务工党员推送学习资料和学习内容；对于年老体弱无法开展集中学习党员，党支部到村到户送学上门，保证党员学习全覆盖。组织机关党支部和各村、社区党支部党员干部赴大青山革命教育基地开展升国旗、学习大青山抗战史、重温入党誓词等活动。党委书记结合“不忘初心、牢记使命”主题教育和中共十九届四中全会讲授党课3次，镇长、人大主席、副书记及纪委书记分别讲授党课1次，各村、社区支部书记讲党课各1次，听课党员520余人次。围绕“党的政治建设、全面从严治党、理想信念、宗旨意识、担当作为、政治纪律和政治规矩、党性修养、廉洁自律”8个方面为主题，开展集中学习研讨。

脱贫攻坚 2019年，实施产业及基础设施项目：福如东新建暖棚种薯繁育基地；乌兰忽洞村委会新建标准化养殖场，完成勘查定界；乌兰忽洞4个原拟移民村村间道路建设，完成路基基础工程；投入280万元完成大水圪洞村、三圣太村马铃薯储窖和定相营村恒温储窖建设；投入130万元建成天力木兔、定相营村小型养殖场；筹措资金60万元，完成三圣太、巨字号、大水圪洞村20处1000余米水毁道路修复工程。

扫黑除恶 2019年4—10月，制定实施《可镇落实自治区扫黑除恶专项斗争第一督导组督导情况反馈意见的整改方案》《可镇落实县扫黑除恶专项斗争督导组督导情况反馈意见的整改方案》《可镇关于中央扫黑除恶第15督导组督导反馈意见的整改方案》《可镇关于〈呼和浩特市扫黑除恶专项斗争督导报告〉的整改方案》《中央扫黑除恶专项斗争督导组反馈问题清单整改方案》5个整改方案，建立台账，责任到人，限期整改。至11月末，收集线索16件，办结14件，2件正在办理。

完善信息资料报送机制，落实“周研判、月调度、季通报”制度。成立2个扫黑除恶工作督导组，日常对各社区（村）进行工作督导。镇、村（社区）主要领导签订责任书，镇、村（社区）干部签订承诺书。至2019年年末，发放调查问卷3615份，发放宣传单5万余份，悬挂条幅270余条，书写固定标语100余条，LED滚动播放扫黑除恶相关内容30处，在8个村委会日常广播宣传扫黑除恶相关内容。

乡村振兴 2019年，维修水毁路面13处（涉及6个村委会）；新建三圣太、大水圪洞储窖2处；新建天力木兔、定相营村小型养殖场2处；解决兴盛社区居民吃水难问题；解决迎宾社区可可花园小区冬季取暖问题和下水易冻问题；解决新西街社区天然气管道入户问题。

2019年，各村维修硬化路10.7公里，其中水毁路3.9公里，新修通村硬化路0.5公里，新安装路灯49盏；协调配合县供电局改造农电线路14公里，增加供电容量500千伏安；配合县水务局修缮自来水供水管道54处，解决517户农户自来水供水问题。农村人居环境整治试点改造户厕2户，新建畜禽粪污集中处理场6处，实现各村电信信号全覆盖。各村建立保洁制度，利用公益性岗位项目资金雇用保洁员打扫村庄环境卫生。

党风廉政建设 镇党委重视党风廉政建设责任制工作，按照“党委统一领导，党政齐抓共管，纪委组织协调，依靠群众参与”工作机制，形成层层抓落实工作机制。

2019年，领导班子成员到村、社区开展党风廉政建设调研工作，定时召开党风廉政建设和反腐败工作会议，落实党政领导班子“一岗双责”，镇党委书记与村委会、社区负责人签订党风廉政建设目标责任书，廉政责任细化到人，分化到岗。执行《领导干部报告个人有关事项规定》，落实“民主集中制”，执行“三重一大”事项决策制度。镇党委先后制定《党风廉政建设和反腐败工作安排》《党风廉政建设责任分解方案》《廉政风险防控实施细则》《细化可镇“三务公开”工作责任分解的实施方案》《可镇民生领域专项整治监督》等方案并建立整治台账，明确全年党风廉政工作任务，强化政治纪律和组织纪律。

基础设施建设 2019年，在大水圪洞、乌兰忽洞、定相营村委会建设高位蓄水池，保障村民生活所需。

2019年，村集体经济收入170余万元。

社会保障 2019年，办理城镇下岗“40、50”人员灵活就业社会保险补贴87人。办理城镇原国有集体大龄（“45、55”人员）下岗失业社会保险补贴74人。完成城镇居民失业人员日常审核工作。定时开展农村劳动力资源从业状况调查及转移劳动力摸底工作和就业困难大学生摸底调查工作。

2019年，可镇录入家庭成员总数10242人，农村劳动力6051人。新农保参保人数4525人，参保资金695600元；新农保享受待遇人数 2192 人，农村养老保险扩面 325 人。登记被征地农民参加失地养老保险 49 人，上报县人社局参加被征地农民养老保险补贴 49 人，共补贴 2156710.758 元。

依法治县　根据上级党委、政府要求，可镇党委成立依法治县工作领导小组，领导小组下设司法所，由司法所所长兼任办公室主任。落实党内规范性文件制定、依法决策和“三务”公开工作，推进党的建设制度化、规范化和程序化。开展人民调解工作，营造和谐稳定社会环境。按时报送人民调解案例信息，接受上级部门监督和管理。完善纠纷登记、纠纷排查、纠纷信息反馈等工作制度。重要节假日、重大活动，镇、村两级执行 24 小时值班带班制度。落实“谁执法、谁普法”责任制，制订年度普法宣传计划，确定部门宣传专题工作，深化全镇干部依法行政观念。

（办公室）

哈乐镇

领导名录

书　　记：郝　广
镇　　长：刘建业
副 书 记：栗耀忠
人大主席：谢学功
纪委书记：高　岗
副 镇 长：王存柱
　　　　　刘彦波
　　　　　范文靖
宣传委员：贺振海
党委委员：薛永盛
　　　　　侯登云

概况　哈乐镇位于县境东北部，镇政府所在地距县城可镇 25 公里，其汉文译名为“关卡”。全镇辖区面积 540 平方公里，总耕地面积 25.39 万亩，其中水浇地 3.64 万亩，草地面积 42 万亩，林地面积 13.73 万亩。辖 11 个行政村，125 个自然村。户籍户数 7935 户 17517 人，常住户 2051 户 4225 人。

党务党建　2019 年，哈乐镇党委围绕新时代党的建设总要求，突出政治方面、问题导向和效果指向，推动党建工作与脱贫攻坚、扫黑除恶、乡村振兴、村集体经济发展、宣传统战宗教、意识形态等工作深度融合，加强党的思想建设、组织建设、作风建设和制度建设。全年开展党委理论中心组学习 23 次，组织镇村两级党员干部集中学习培训 32 次，组织镇机关干部、村“两委”成员、第一书记集中轮训 15 次。

落实“三会一课”组织生活制度。各党支部按时召开各项会议，贯彻民主集中制，倡导批评与自我批评，健全谈心谈话全覆盖。召开民主生活会和专题组织生活会。落实“三重一大”集体决策制度。2019 年，镇党委召开党委会 24 次，在涉及重大决策、重要人事任免、重大项目安排和大额度资金使用事项上，执行人事纪律、财经纪律，落实会前充分酝酿沟通，领导班子集体研究，“一把手”末位表态等各项制度。

加强干部队伍建设。为年轻干部搭建成长平台，选拔优秀干部到合适岗位。做好发展党员工作，新发展党员 9 名，转正 4 名，发展入党积极分子 12 名。

落实党内监督各项制度。执行领导干部报告个人有关事项和述职述廉述德等制度。落实“三务”公开和村务民主管理，政策落实透明，各项目接受群众监督。

推进“不忘初心、牢记使命”主题教育。镇村两级党组织按照镇党委制定《工作方案》和《工作安排》开展学习，采取党委理论中心组学习、镇村干部集体学习等方式，围绕党的理想信念、宗旨性质、担当作为等专题进行 8 次研讨，开展读书班学习 11 次，研讨交流学习 59 次，镇党政领导班子成员、各党支部书记讲党课 34 次。集中观看爱国教育影片《我和我的祖国》，参观县纪委警示教育学习，参观大青山抗日根据地展馆开展革命传统教育学习，组织学习“全国优秀共产党员黄文秀”先进事迹。领导班子成员围绕全镇重点工作，紧扣县委“生态立县、绿色强县”发展定位，推进全镇经济发展，立足分工确定调研主题，开展集中调研 1 次，班子成员个人调研 11 次，形成调研报告 12 份。

脱贫攻坚 在自治区扶贫办第三方验收后，根根渠、圪料坝、厂汉脑包、车铺、卜圪素、义兴元 6 个自治区级贫困行政村和白沙泉一个市级贫困行政村，正式退出贫困村行列；通过各类有效扶持，11 个行政村分别有 1 ~ 2 项增收产业，贫困家庭学生完成义务教育后，无因贫辍学学生。年人均可支配收入稳定超过国家扶贫标准，贫困人口 946 人全部脱贫。

推动就业扶贫设立公益岗位。聘用有劳动能力且符合条件贫困户在公益岗位上就职。2019 年，全镇聘用“三节防火员”贫困户 29 人，工资每人 3000 元 / 年，护林员贫困户 5 人，工资每人 18000 元 / 年，保洁员贫困户 111 人，工资每人 3600 元 / 年。激发贫困户内生动力，带动贫困户脱离贫困。

实施京蒙对接帮扶，做好京蒙项目食用菌大棚架子租赁项目和“田园小镇”项目后续保障工作，保证项目与贫困户利益联结机制顺利实施。争取市县帮扶单位对接帮扶，为哈乐镇各村注入帮扶资金约 37 万元用于各村完善基础设施。2019 年秋收帮扶干部为贫困户外销土豆、莜面等农作物产品近 1.5 万公斤，为贫困户解决实际困难。2019 年，县民宗局投入 50 万元修建车铺东营子村到西营子村通村水泥路 0.9 公里，方便农户出行，促进当地农产品运输销售。

民生事业 做好民政救济工作，保障困难群众生产生活。至 2019 年年末，全镇共有低保、五保、残疾 2135 户 3880 人，新增低保 177 户 302 人，做到应纳尽纳，保障资金平均每月 11 万元，按月足额发放，发放救助金 42 户 72 人共 228355 元。

全镇有参加城乡居民基本医疗保险 10412 人，其中贫困户参保 1046 人。低保户、五保户、残疾户、贫困户全部参保。全镇养老保险参保 6574 人，享受待遇 3892 人。

完善信访工作。全年发生民事纠纷 31 起，其中镇政府调处 27 起。

产业发展 贫困村发展以种植业为特色、绿色、生态现代农业。倡导企业开展绿色食品、有机产品认证。2019 年全镇种植特色农产品 11784 公顷，其中小麦种植 1027 公顷，莜麦 2222 公顷，马铃薯 2009 公顷，油菜籽、胡麻籽共 1469 公顷。

发展舍饲肉羊、肉牛和散养鸡养殖。按照《哈乐镇“正大爱心鸡”助推脱贫攻坚三年行动实施方案》安排，在全镇实施散养鸡养殖，增加农户收入。扶持公司化规模养殖场、标准化养殖场。2019 年，全镇从正大公司购入鸡苗 1.5 万只。为贫困户发放散养鸡鸡苗 11490 只，为不具备养殖条件贫困户由合作社代养 3510 只。为一般户购入鸡苗，费用由村委会补贴和农户自筹。

发展山茶、雪菊和中蒙药材产业。扶持武川县晟源山茶专业合作社，建设观光茶园 500 亩，发展山茶种植、加工、销售、茶园旅游一体化，实现山茶种植、加工销售一条龙产业建设。引导农民上山采集、引种驯化人工培育山茶种植，由合作社统一回收加工保健茶品——黄芩茶（山茶）在市场上进行销售。合作社每年为村集体返还红利 3 万元，用于贫困户发展种植生产。引导农户种植山茶，同时在合作社打工增加收入。

2019 年全镇发展规范化中蒙药材种植 2800 亩，品种以黄芪、黄芩、小秦艽等稀缺濒危中蒙药材为主，引导贫困户到基地劳务增加收入。

支持土地适度集中流转，集体化经营。成立设施农业，引进先进技术，提升绿色农产品质量。2019 年，全镇 10 个行政村土地流转给合作社和种植大户共 25 家经营，流转土地 25355 亩，惠及贫困户 124 户。

推广宣传卯独沁水库水上游乐园旅游区、淖尔梁高山湿地草原旅游区、德胜营农家乐旅游区等景区日常旅游，发展生态旅游和乡村旅游。完善“田园小镇”建设项目，投入京蒙帮扶资金20万元进行玫瑰补植补造。

固定资产出租，增加村集体经济。八股地村委会出租养殖厂，发展养驴产业，年租金3万元，用于村集体经济发展，同时可雇佣当地农户到养殖厂务工增加收入；德胜营村委会出租呼和浩特市鼎城农业公司大棚70座，租金每年7万元，用于发展村集体经济；厂汉脑包、卜圪素村委会建设储窖增加村集体经济。卜圪素村为全村农户免费储存马铃薯。

污染防治、环境整治　推进污染防治攻坚战，各村支部书记为主要责任人，对全镇范围内砂场、采石场、地址灾害隐患点定期检查，观察情况及时上报。开展农村人居环境整治行动。在各行政村建立长期管理机制，每个村成立村容村貌整治领导小组，每个村配备公益性环保岗位，杜绝村道脏、乱、差。在全镇9个定点村建设标准为350平方米堆粪池9处。落实“河长制”，对卯独庆沟、唐坊沟遭采砂、采金破坏地质环境进行有效治理。按照《呼和浩特市农村环境综合整治方案（2018—2020年）》，推进辖区内各村改水改厕工作。2019年在德胜营村建设水冲公共厕所1座，户内水冲厕所改造80户，八股地户内水冲厕所改造18户。

化解政府隐性债务、清偿民营企业账款年度目标任务已基本完成，至2019年年末，化解10个全覆盖工程债务370万元。

扫黑除恶　2019年，镇党委、镇政府按照区、市、县委、政府扫黑除恶专项斗争工作安排部署，强化责任落实。各行政村党支部书记为扫黑除恶工作第一责任人，各村干部、各级党代表、人大代表、政协委员、驻村工作队长、广大党员、村民代表等骨干，实行网格常态化管理，把扫黑除恶工作纳入重要议事日程。镇扫黑除恶领导小组每月召开1～2次扫黑除恶专题工作会议，组织镇村干部、广大党员学习习近平总书记关于扫黑除恶重要指示精神，学习区、市、县扫黑除恶相关文件。累计召开动员会、推进会、调度会、工作例会等10余次，及时传达上级会议精神。利用宣传单、公告、宣传标语、横幅、村村通、微信平台，召开各类会议、上门送资料、镇村干部讲解扫黑除恶应知应会知识等形式，宣传扫黑除恶专项斗争。开展上门宣传活动、知识问答、满意度测试10余次，全镇书写固定标语100余条，悬挂横幅20余条，张贴公告100余条，发放宣传资料万余份，制作大型宣传牌5块，设置扫黑除恶举报箱12个，公开举报电话。

（肖　雯）

西乌兰不浪镇

领导名录

书　　记：索　勇

镇　　长：杜晓宏

人大主席：秦俊义

副 书 记：刘殿春

纪委副书记：郭建兵

副 镇 长：李天荣

　　　　　沈　煜

党委委员：赵惠君

脱贫攻坚　推进抓党建促脱贫工作，依托龙头企业和重点项目，围绕马铃薯、莜麦、肉牛肉羊养殖、中药材种植等产业，为贫困户获得生产性收益。与蒙禾源菌业公司、燕谷坊生态农业发展有限公司、万禾利生专业合作社实施产业项目，签订合作协议，覆盖全镇9个村委会。协助华能推进1万千瓦光伏扶贫项目并网发电，给贫困户分配收益。对357户C、D级常住户房屋进行改造。贫困人口医疗保险和养老保险参保100%，全镇符合条件建档立卡贫困人口全部纳入低保五保救助范围。

教育扶贫，兑现义务教育助学政策，执行贫困家庭大学生学费和生活费资助政策；生态扶贫，将21名建档立卡贫困人口转为护林员和季节性防火员，每人每年获得3000～19000元不同工资收入；社会扶贫，协调“百村联百企帮扶”8个单位和企业对7个村委会开展帮扶工作，争取到京蒙对口帮扶资金90万元。出台《西乌兰不浪镇产业巩固提升实施方案》，为产业发展提供政策支持。通过县级、市级评估验收和自治区绩效考核，接受自治区评估验收。6个贫困村全部出列，剩余贫困人口9户18人，贫困发生率由2014年的8.6%下降到现在的0.1%。7月12—16日，再次顺利通过国务院的抽检。

化解政府债务方面，严格按照县委、县政府部署，认真开展账目清理、工程量审计、债务化解等工作，做到底数清、账目明，共化解债务3383.19万元，即将解决2016年以来移民尾欠补偿款。

污染防治 配合上级部门开展环境治理工作，清理铁矿尾矿库和矿山设备，对瑞星铁矿排污及占地问题进行查处，通过植树造林开展植被恢复工作。实现“河长制”和定期巡河制，对辖区内2条河沟设立公示牌。完成对所有村饮用水水质检测。

农业产业结构 引导农民和合作社推进马铃薯脱毒种薯应用、机械化耕作、喷灌、滴灌、水肥一体化技术，提高病虫草害综合防治技术。马铃薯平均单产1500公斤／亩。与燕谷坊合作，提高收购价格，补贴收割费和运输费用，鼓励农民种植无化肥、无农药有机燕麦，保护耕地，提高作物品质；在稳定粮食播种面积基础上，发展藜麦、甜菜、中药材、小杂粮等特色种植业。全镇种植莜麦2.6万亩、藜麦1万亩，中药材种植面积达到5000亩。发展特色产业促进农业增效，农民增收。

推进农村电子商务建设，在西乌兰不浪、什拉兔、东后河建立电子商务终端服务站，培训5名电子商务引导员。

推进清洁能源华能1万千瓦光伏扶贫项目收益分配，东方新能源5万千瓦风力发电项目和国龙新能源15万千瓦风力发电项目开工建设，什拉兔和乌兰不浪村级光伏电站完工。

民生事业 推进民生事业，新增劳动力转移就业145人；开展新型农村合作医疗工作；落实低保、五保惠民政策，开展社会保障核查工作，实现动态管理、应保尽保。

在乌兰不浪村新建标准化自来水厂1家，保证镇区居民饮水安全。

扫黑除恶 2019年，镇党委多次召开专题会议，研究部署扫黑除恶工作，专题解决扫黑除恶工作中存在困难和问题，镇村两级干部会议传达学习上级扫黑除恶会议精神，安排部署全镇扫黑除恶工作。采取多种宣传方式引导广大群众参与扫黑除恶专项斗争，发放各类宣传资料9800余份、宣传手册480余册，张贴通告410张、宣传画260余张，悬挂横幅70余条，书写固定宣传标语270余条，发放明白卡2900份、举报信封4400余个，鼓励人民群众检举揭发黑恶犯罪线索，依靠人民群众，扩大涉黑、涉恶线索来源。

镇村两级干部与派出所干警配合，开展走村入户摸排，摸排中发现矛盾纠纷2件，信访举报转办案件6件，未发现涉黑涉恶问题线索。

把打击黑恶势力犯罪和反腐败、基层“拍蝇”结合起来，扩展延伸摸排领域，建立完善村“两委”候选人“两联审”机制，对全镇59个候选人进行联审，在村“两委”换届“回头看”工作中，清理村“两委”干部1人。

（办公室）

大青山乡

领导名录

书　　记：吕　彪
乡　　长：张　杰
人大主席：王　俊
副 书 记：高　峰
纪委书记：高　洁
副 乡 长：邢　禄
副 乡 长：万　鑫
康　烨（女）

精准扶贫　2019年，全乡有扶贫产业12项累计拨付扶贫资金1985.6万元，全乡村集体经济收益93.6万元，带动全乡374户712人增收，稳定脱贫。

全乡享受低保有756户1201人，五保92户92人，救助贫困家庭学生15人次，对贫困人口签约服务，定期送药、免费体检，贫困户医疗保障全覆盖。

2019年，全乡危旧房屋改造26户，其中新建9户，维修17户，完善全乡所有村安全饮水监测及设施，完成大兴有、干只汗移民村等自来水修缮工作。

对15户贫困户进行金融扶贫55万元，设立公益岗位74个，其中市级公岗28个、京蒙公岗25个、伊利公岗10个，聘用护林员4名，临时防火员7名。

产业规模　突出产业优势，扶持乌兰不浪编织袋厂后续发展，带动全村贫困户剩余劳动力。

发展井尔沟党群服务中心教育基地，增加旅游服务亮点。

发展干只汗果蔬采摘大棚建设，推进特色果蔬种植。

联系县文化旅游体育局，规范五道沟餐饮场所，推进五道沟民俗品牌餐饮业多元发展。

结合绿色有机农业发展，在坝顶村建立农产品加工电商平台，拓展特色产品销售渠道。

民生工程　2019年，全乡有耕种面积9.6万亩（二轮土地承包面积），举办农业科技培训班2期共涉及72人，下发化肥4吨、农药900公斤，9.6万亩耕地参保，下发各类惠农补贴共1082万余元，惠农资金全部由一卡通发放。推广运用农牧业新技术，提升气象监测预警、农业保险、农资供应、粮食流通、供销服务能力。结合土地节约化发展，全乡流转土地11700亩，发展有机农业1600亩以上。调整农牧业结构，形成以马铃薯、肉羊、生猪、山林虫草鸡、新型农业种植为主导特色农牧业发展。全乡有28家各类专业合作组织。

生态环境　按照森林防火责任状，大青山乡党委、乡政府每年与各行政村及护林员签订防火责任状，实行干部全员上岗包村到户制，对防火进行宣传。按照“绿水青山”发展理念，对生态核心区内尾矿进行生态恢复，乡环保站结合有关专项治理，在全乡范围内进行集中检查，对大兴有、坝顶村违规企业及个人进行处理。

社会事业　2019年，全乡农村基本养老保险参保人数3075人，适龄参保率95%。新型农村合作医疗参合人数4056人，农民参合率75.7%。2019年新增低保五保68户115人。

完善公共卫生服务体系，保障妇女儿童权益。结合“送温暖、送政策”活动，全乡对1004户常住农户分批、分类进行集中慰问。

按照办公自动化要求，成立信息领导小组并下设办公室，全乡各部门电脑全部联网，全年报送各类信息24条。

推进“三务”公开工作，2019年公开各类涉农事项563条，对2013—2017年“三务”公开进行补录430条。

职能建设　加强干部队伍作风建设，提升工作效率和服务意识。贯彻落实各项政策法规，强化依法行政、依法决策意识。落实廉政建设责任制，推进政府职能转变，深化社会管理和公共服务水平。落实中央八项规定，加强政府廉政建设，厉行勤俭节约。

（办公室）

上秃亥乡

领导名录

书　　记：柴占国

乡　　长：王永清

人大主席：马　兴

副 书 记：任　龙

纪委书记：史月林

副 乡 长：刘海君

王福义

祁素青（女）

宣传委员：闫国文

党建工作　强化政治建设，增强党员干部政治意识。组织学习中共十九大，十九届二中、三中、四中全会精神和习近平总书记系列重要讲话精神，教育引导广大党员干部树立“四个意识”。落实党内政治生活制度，按照程序要求完成乡党委民主生活会、各支部组织生活会和民主评议党员工作。加强对基层支部开展党内政治生活督查指导，定期对各村党支部党建工作开展检查，提升基层干部抓党建工作意识。落实意识形态责任制要求，通过学习、宣传等方式将党的主张、各级会议精神传递到基层。组织党员干部观看《厉害了，我的国》《青年马克思》等影片，提高党员干部对“四个意识”“四个自信”“两个维护”的认识理解。

强化履责意识，落实领导干部抓党建责任。每月至少召开一次党委会研究党建工作，围绕精准脱贫等重点工作，制定具体推进措施，加强党建工作在推进重点项目中的引领作用。落实党委班子成员包片联村抓党建工作制度、联系党建示范点制度和包抓后进村制度，形成一级一级抓落实格局。

加强党委班子自身建设，修订完善党委议事决策、“三重一大”等工作制度并严格落实。加强基层党支部建设，配齐配强村支部班子。盘活村集体资产，争取扶持项目，推进村集体经济清零递增。加强阵地建设，改造提升村级组织功能，提升服务党员群众能力。加强党员队伍建设，规范发展党员程序，落实党员关怀制度，引导党员主动按时足额缴纳党费，增强党员党性意识。配备兼职党建指导员，加强对非公经济组织和社会组织指导管理。

组织开展党委中心组学习，将中共十九大精神、习近平新时代中国特色社会主义思想作为重点学习内容。坚持集中学习与网络平台自学相结合，加强乡村两级学习讲堂建设，发挥党员远程教育、“北疆先锋”“青城先锋”“武川组工在线”等多媒体平台作用，拓宽学习渠道。落实“三项制度”，推进“两学一做”学习教育常态化制度化工作。

开展纪念建党98周年举办七一表彰大会，对全乡优秀基层党组织及党员进行集中表彰。

作风建设　受理群众各类咨询、建议，解决群众反映强烈问题和工作落实不力问题。乡纪委不定期对机关干部、村“两委”干部落实工作情况开展督查，改进工作作风推进工作成效。

廉政建设　强化政治纪律和组织纪律，执行党委各项工作制度，从制度上对党员干部强化约束。及时传达上级党委、纪委关于加强党风廉政建设相关要求，通过开展廉政典型和身边腐败典型宣传学习，强化基层组织班子成员廉洁自律意识。细化分解班子成员责任，履行“一岗双责”职责。推进阳光“三务”信息平台建设，及时公开各类党政、政务、村务信息。

脱贫攻坚　2019年，全乡抓好贫困户“两不愁三保障”、“十项清零达标”、扶贫产业培育等工作，推进责任、政策、工作“三落实”。认领各类巡视、考核、督查、暗访反馈意见共4类9个方面42个问题，制定63项整改措施，全部完成整改。

完善党建引领脱贫攻坚工作机制，制定《提

升基层组织力暨党建促脱贫攻坚成效巩固工作方案》。组织党员干部参加各类学习培训，提升思想认识、责任意识和工作能力。对照“两不愁三保障”标准对全乡常住户逐户逐项进行排查。全年新建住房105户、维修23户，改造7个村安全饮水工程。落实健康扶贫、教育扶贫、社保兜底等政策，以生产奖补、示范户评选激发内生动力。在提升原有产业基础上，承接县产业扶贫项目建设任务，建设300千瓦分布式光伏扶贫项目，推广有机燕麦订单种植2.2万亩，引导种植中药材、西瓜、甜菜1.6万亩，覆盖全部有劳动能力贫困户。

产业建设　推进农牧业产业建设，推进农业基础设施建设，鼓励发展规模化、集约化种植，通过推广良种良法提升农产品品质，引导发展食用菌、黑枸杞、西瓜、香瓜、大蒜、中药材、甜菜等特色种植，提升群众经济收入。争取农牧业配套设施建设，配合供电部门完成厂汉木台、五家村等农电线网改造。补贴新建储窖30座，新增储藏能力约2000吨。协调处理六合营风力发电项目占地补偿，完成风机安装建设。扶持旅游业发展，完善东房子村青格尔牧家乐、滩子村东鹏珍禽养殖旅游接待中心基础设施，提升接待能力、服务水平。

民生保障　落实动态管理、差额施保制度，为低收入家庭生活提供有效保障。提升五保人员供养能力，实现应保尽保。落实新农合和大病救助、慢病办理政策，为农民提供全方位、全覆盖医疗保障。推进城乡居民养老保险工作，提升社会保障水平。落实环境保护、水资源保护和国土资源管理等工作，执行河长制工作要求，定期进行巡查。拆除砖窑2处，治理非法采砂、采矿。

社会事业　提高农业生产科技含量，加强劳动者职业技能培训，组织面向农村适用技术培训和劳动力转移培训。发挥乡、村文化站功能，丰富农民文化生活，改善村民生活品质。强化计划生育工作，落实奖励扶助利益导向政策，落实全面放开二孩政策。

综合治理开展“扫黑除恶”专项斗争，乡村两级成立专门工作机构，通过发放宣传单、入村入户宣讲等工作方式发动宣传。按照县领导小组工作要求对重点领域开展深入细致摸排，发挥村级组织、村内老党员等作用，带头宣传政策、提供线索。重视信访工作，妥善处理信访问题。

（办公室）

二份子乡

领导名录

书　　记：邢志恒
乡　　长：崔振华
人大主席：翟占海
副 书 记：郭志忠（蒙古族）
　　　　　曹智勇（挂职）
纪委书记：周　强
副 乡 长：皇甫小军
　　　　　李永刚
宣传委员：张银栓

概况　二份子乡距离县城可镇74公里。全总面积为763平方公里，辖15个行政村，132个自然村，居住点35个。辖区内耕地面积45万亩，其中水浇地1.86万亩，计税土地面积为22.38万亩，退耕还林6.9万亩，荒山荒坡19.7万亩，围封各类草场草坡18万亩。户籍人口1027户23569人，常住人口2111户4069人，占户籍人口的17.26%，年老体弱、伤残孤寡者居多。有低保户2092户3417人。

乡党委下属基层党组织25个，其中：党总支2个，党支部23个，有党员672名，其中流动党员411名，在村党员261名。预备党员10人。

综合效益　2019年，在南苏计村引进蛋鸡养殖场，投资360万元（京蒙资金），在花西村引进内蒙古呼和浩特市庆隆座垫有限公司。扶持厂汉此老村恒鑫源养殖专业合作社、纳令河馒头加工厂等中小型企业，实现企业增收、农民致富。

深化特色优势产业发展，马铃薯产业提质增收，亩产4000公斤以上；在晟源山茶合作社示范引领下，辖区内种植山茶200余亩；在姚家村肉牛养殖成功经验带领下，在全乡推广圈养，农民通过养殖肉牛、肉羊增加收入，至2019年年底，全乡范围内养殖肉牛2175头、肉羊31866只。

推进电子商务工作，在东红胜、二份子、西红山3个自然村建立电子商务点3个，完成了牛肉、羊肉、鸡蛋等农产品区域品牌创建工作。

社会保障　2019年，打大口井43眼，解决辖区内人畜饮水问题。为辖区内所有居住点进行水质检测。

全年集中宣传养老保险、医疗保险制度4次，发放宣传单2000余份。2019年度养老保险参合人数7581人，参合率95%，医疗保险参合人数16548人，参合率90%。按时完成养老保险、医疗保险费用征缴工作。

加强农村公共文化服务体系创建，15个行政村均建设文化广场、图书阅览室。

农业保险、动物防疫　2019年，全乡9.2万余亩农作物加入农业保险，补贴金额53.8万余元，大小牲畜6.2万余头只进行防疫。

退役军人服务　年初制定党管武装工作制度，开展征兵动员工作。全年发放退役士兵自主就业经济补助216075元、医疗补助费5.3万元。

债务化解　全年化解政府债务520.91万元，清理拖欠农民工工资59万元。

民族宗教　2019年，辖区内有基督教聚会点3个，分别在五份子、花西、黑浪壕村，教徒200余人。乡党政主要领导在国庆节期间给各个聚会点送国旗等；分管领导带宗教工作干事入各聚会点6次，发放宣传资料1000余份。

扫黑除恶　乡党委成立扫黑除恶专项斗争协调推进组，成立由乡人大、纪委组成2个扫黑除恶督导组，制定扫黑除恶专项斗争制度8项（扫黑除恶专项斗争联席会议制度、例会制度、档案管理制度、保密制度、工作制度、重大案件会商制度、各级扫黑办资料信息报送制度、线索排查移交核查制度），制定《二份子乡扫黑除恶专项斗争行动方案》，明确职责任务，加强对重点地区、重点行业、重点场所摸排掌控，从源头上遏制消除黑恶势力蔓延。一月一排查，乡扫黑办收到信访举报1件，县扫黑办转办1件，县公安局转乡派出所4件，已办结。乡纪委接到上级纪委转办交办问题2件，办结2件。

法治建设　乡党委、乡政府落实普法责任制，全年进行普法教育2次，参加人数150余人次，在法治宣传月出动宣传车进行走村入户宣传。2019年，乡本级“三务”公开事项762条，村级“三务”公开事项1328条。

从严治党　2019年，乡党委组织集体学习24次，书记专题讲座3次。结合“两学一做”学习教育制度化常态化、“不忘初心、牢记使命”主题教育，组织党员干部学习习近平新时代中国特色社会主义思想和中共十九大、十九届三中全会精神，领导班子成员讲党课、干部集中研讨抓好党员常规教育。落实各项学习制度，坚持每月干部集中学习制度。

开展“不忘初心、牢记使命”主题教育活动。制定《二份子乡“不忘初心、牢记使命”主题教育工作安排》、印发《关于在主题教育中广泛征求意见的方案》等相关文件，开展“不忘初心、牢记使命”主题教育专题研讨3次。

落实党风廉政建设主体责任意识，履行第一责任人责任，班子成员各负其责、落实党风廉政“一岗双责”，乡党委研究部署全年党风廉政建设和反腐败工作，制定《二份子乡2019年度党风廉政建设和反腐败工作计划》《关于落实党风廉政建设党委主体责任和纪委监督责任的责任清单》，集中组织干部开展警示教育3次，参观得胜沟展馆2次。全年立案处分3人，诫勉谈话3人。

（郑慧卿）

得胜沟乡

领导名录

书　　记：王四虎

乡　　长：李冬生

人大主席：杨占平

副 书 记：田凯宏

纪委书记：姚玉平

基层党建　2019年年初，党委与9个党支部书记签订党建目标责任承诺书，落实第一责任人职责。落实三会一课、党员活动日、民主评议党员、流动党员管理、党务公开等制度。实施党员素质形象提升行动，加强党员干部教育培训工作，常态化开展“两学一做”学习教育，开展各类支部书记培训5次、党员集中培训13次。培养入党积极分子5名，发展对象2名，递交入党申请书6人，发展预备党员3名。

开展“不忘初心、牢记使命”主题教育。召开专题会议，传达学习中央、自治区党委、市委和县委“不忘初心、牢记使命”主题教育工作会议精神，先后召开专题会议5次，对主题教育进行安排部署、总体谋划。成立主题教育领导小组和办公室，明确时间表、路线图和任务书，细化任务，强化措施。组织集体学习16次，围绕八个主题开展专题研讨4次，组织机关党员干部集中观看《榜样4》和中华人民共和国成立70周年大型成就展，召集8个村支部书记进行轮训，发放主题教育相关学习资料，印发资料192册。

全年开展廉政建设专题会6次，廉政警示教育学习3次。

结合党性教育基地建设，按照“一村一特色”思路，打造得胜沟“红色党建品牌”，传承红色基因，弘扬老区精神。发挥基层党组作用，以中药材种植与加工、特色种养业、农家乐旅游引领产业发展，打造“党建＋产业发展＋红旅”党建新格局。依托红色旅游资源和“杨柳沟自然生态风景区”等绿色生态资源，拉动“红＋绿”乡村休闲旅游。

意识形态　在意识形态工作中结合实际，制定工作方案，成立意识形态工作领导小组。实行领导班子成员包片责任制，定期听取意识形态工作汇报，研究解决工作中存在问题。围绕“两学一做”学习教育，落实“三会一课”，各村党支部、乡直各单位学习习近平总书记系列重要讲话精神、党章党规、中国特色社会主义理论体系等，将每周二上午定为乡机关集中学习日。

统战工作　按照县委统战部民族宗教调度会会议精神要求，根据属地管理原则，组织村支部书记、驻村第一书记召开民族宗教工作专题调度会。

脱贫成效　实施乡村振兴战略，落实各项扶贫政策，推进产业扶贫，提升脱贫攻坚成效。定期对未脱贫人口、已脱贫人口和非建档立卡低收入人口开展排查走访。

在传统种养业基础上，打造中药材产业园，引导有劳动能力群众种植中药材；发展庭院经济，为贫困户免费发放20只雏鸡，为在村常住户补贴发放15只雏鸡，增加收入。鼓励农户种植药用茴香、红花等作物，争取订单回收方式提升产业项目成效，让农户受益。

发动和组织贫困群众参加技能培训。邀请县就业局、农牧局人员开展农牧业、就业培训2次。贫困人口参加就业局举办劳动技能培训1次。

对接京蒙对口帮扶工作，2019京蒙帮扶项目覆盖6个贫困村194名贫困人口。

扫黑除恶工作　开展扫黑除恶专项斗争工作，进行专题研究，制定行动方案，成立领导小组，扫黑办公室，抽调业务骨干专门负责。强化责任落实。召开乡党委会议、专题会、推进会，传达学习习近平总书记重要指示批示精神和各级扫黑除恶专项斗争会议精神，制定印发《得胜沟乡扫黑除恶专项斗争行动方案》《得胜沟乡扫黑除恶专项斗争宣传工作方案》和13项制度、1项工作机制。明确全乡扫黑除恶总体安排、重点任务、实施步骤和工作要求。乡党委、政府与各行政村、成员单位签订责任状12份和承诺书10份。召开扫黑除恶专项斗争工作推进会7次、乡党委会议10次、培训会2次、党委中心组专题学习会议6次、调度会议6次，专题研究解决综治及“扫黑除恶”专项工作中难点问题。成立线索摸排专班，摸排重点行业领域26家80余次，对常住户785户摸排2600户次。满意度、知晓度调查表填写700余份；发放免费举报信封2900余份。发放“扫黑除恶”专项斗争宣传材料（信、图、册、画等）1.74万余份，发放明白卡1000份。制作宣传标语160条，15类黑恶势力宣传画30卷下发到村，公路沿线悬挂标语。每个自然村张贴“扫黑除恶”公告，设立群众举报信箱10个，在全乡醒目位置书写固定标语13条。

特色产业“大青山抗日游击根据地党员干部党性教育基地”原为蘑菇窑乡学校旧址，通过评估、回购以及装修工作，打造集红色住宿、红色餐饮、红色会议、红色培训于一体红色党员干部党性教育培训小镇，统一整治街景、村容村貌、农家院、广场，形成具有地域特色红色街区，既可以作为党员干部党性教育培训基地，也可以作为青少年红色研学、文化创意基地。基地可容纳136人住宿、300人就餐、培训，中长期计划可接待500～800人培训。

配合党员干部党性教育基地，在东坡村实施党员党性教育接待中心项目。依托农家乐、家庭旅馆、农副产品销售，结合传统民俗和抗战主题，完善红色景区和红色示范村配套设施建设，引导当地农户通过调整种养殖产业结构，探索“培训+产业+扶贫”融合发展。

药材产业 结合县委、县政府“生态立县、绿色强县”发展战略，依托中国通用集团帮扶优势，发挥内蒙古通用中药材公司龙头作用，发展药材产业。

在得胜沟乡酒馆村、黄芪窑村、圪塔村、前营子村，流转土地4600亩，打造药材种植园区。依托红色旅游资源，发展中药材种植观光产业。为改善种植条件，新建截伏流大口井2眼、2.5万立方米蓄水池1处，采用滴灌节水灌溉技术，将旱地改造为水浇地。园区采取“公司+基地+农户”统一种植、统一管理模式，建设药材繁育基地200亩、规范化种植基地3000亩，项目带动周边农户种植中药材1400亩。带动老区农民100余户到药材种植基地务工，增加工资性收入。借助内蒙古通用中药有限公司药材加工厂入驻，安排当地农民到药厂打工，增加打工收入。示范带动农户种植中药材，增加种植业收入，吸引游客到园区观光旅游，为当地农户增加旅游性收入，助力脱贫攻坚。

通过科技创新与政府引导及政策扶持，将分散农户土地集中种植，提高种植业集约化、产业化，成为特色种植和绿色种植典型样板，推进“药材之乡”产业和区域经济发展，加快产业结构调整和乡村振兴。

基础设施建设 配合药材种植园区发展，争取资金，捆绑使用150万元实施黑沙兔村2019年节水灌溉工程，新增水浇地1000亩；投资170万元实施药材园区水土保持项目，治理土地469公顷；争取扶贫资金，分别投入西窑子村40万元、黄芪窑村80万元新建维修节水灌溉工程，新增水浇地2400亩，促进农业生产可持续发展。

实施“畜禽养殖粪污资源化利用项目”，解决养殖业环境整治，美化人居环境，提升畜禽粪污资源化利用。

争取基础设施建设项目，分别投入30万元和70万元修建大路耗村和前窑子村护村护坝工程，解决汛期安全隐患，保障村民生命财产安全。

村集体经济 在东坡村争取资金实施旅游接待点项目，项目以租金收益方式发展村集体经济。争取资金，采取委托管理方式，注入日欣隆惠农种植专业合作社80万元、德胜宏业养殖专业合